KB233923

순수 교회의 회복:

복음적 교회의 원리

임원주 지음

도서출판
누가

순수 교회의 회복: 복음적 교회의 원리
· 초판1쇄 발행 2006년 8월 26일

· 지은이 임원주
· 펴낸이 정종현
· 펴낸곳 도서출판 누가

· 등록번호 제 20-342호
· 등록일자 2000. 8. 30.
· 서울시 동작구 상도2동 186-7(3층)
· Tel (02)826-8802, Fax(02)825-0079

· 정가 10,000 원
· ISBN 89-89344-90-5   03230

침례교회가 다른 개신교회와 구별되는 독특성을 갖는 이유는 교회론에 있습니다. 침례교회의 조상들은 침례교회의 교회론은 종교개혁의 원리를 더욱 철저히 교회에 적용한 결과라고 주장했습니다. 그러므로 침례교회는 구교(舊敎)도 신교(新敎)도 아닌 어중간한 교회 형태가 아니라 도리어 "더욱 철저한 개신교회"라고 확신하였던 것입니다.

임원주 목사님이 침례신학대학원에서 오랜 강의 경험과 침례교회 격월간지 「뱁티스트」에 기고한 작품들을 모아서 침례교회의 독특한 교회론을 종교개혁 사상부터 조명한 역작을 내어놓게 된 것을 기쁘게 생각합니다.

오늘날 한국의 침례교회는 장로교, 감리교가 융성한 토양에서 침례교회의 아이덴티티가 자칫하면 희석될 위험 속에 처해 있습니다. 이런 상황에서 순수교회, 복음적 교회를 지향하는 침례교회의 이상을 이처럼 확신 있게 역사적 논거를 가지고 서술한 책은 큰 유익을 줄 것이라고 확신합니다. 특별히 지방회제도를 역사적으로 조명하고, 오늘날 한국의 침례교회가 추구해야 할 지방회제도의 근본과 이상을 제시한 것은 크게 주목할 내용입니다.

2006년 8월 10일

강남중앙침례교회 피영민 목사

"더 좋은 성도, 더 좋은 교회"

우리는 교회의 머리이신 예수 그리스도를 통하여 영원한 구원에 참여합니다. 우리는 하나님의 은혜로, 구세주 예수 그리스도로 말미암아 구원받은 "자"가 될 뿐만 아니라 하나님의 자녀들로 이뤄진 거룩한 가정에 속하여 "성도"(聖徒)가 됩니다. 영적 구원은 이렇게 우리에게까지 전가(轉嫁)되어 확장되고 성취됩니다. 그래서 하늘나라는 지금 성도 각자 안에 있고 더욱 완성될 것입니다. 그러나 그 나라는 "우리" 가운데서도 나타나야 하는 동시에 우리가 적극적으로 나타내야 합니다. 그것이 신약성경에서 바울의 삶과 사역을 통해 명확히 드러난 교훈입니다.

지상에서 믿음의 한 형제들이 하나님 나라의 모습을 드러내는 아주 특별한 기관이 "교회"입니다. 교회는 성도들이 능동적으로 구성하고 세워나가야 하는, 적극적 책임의 영역에 속해 있는 기관인 동시에 성도들 자신의 연합체입니다. 그러므로 우리는 "잘 믿고 잘 사는 법"에 대한 관심 이상으로 "좋은 교인"으로 존재하는 방법에 관해 매우 특별하고도 지극한 관심을 기울이지 않으면 안 됩니다. 은혜가 내게 임하였다는 것, 특별한 축복과 하나님의 지극한 돌보심이 나를 떠나지 않는다는 것만으로는 "좋은 교인" 즉, 건강하고 성숙한 지상성도가 될 수 없기 때문입니다.

이 책은, "더 좋은 성도, 더 좋은 교회"(The Better Christians, The Better Churches)라는 소망을 자신의 지상과제로 삼는 것이 하나님 나라로 옮겨지기 전에, 이 땅 위에서 수행해야 마땅한 자신의 지상과제이며 이 표어가 가리키는 바가 성취될 때 하나님이 가장 기뻐하신다는 확신을 공유하는 분들을 위한 글입니다.

어느 누구도 좋은 성도로 태어나지 않습니다. 길러지고 성숙되어 좋은 성도가 되는 것이고 그 좋은 건강성을 유지하는 것입니다. 좋은 성도가 있어야 좋은 교회이며, 좋은 교회가 될 수 있습니다. 좋은 성도들과 좋은 교회는 낳음과 나뉨 즉, 분가(分家)와 이식(移植)을 통해 또 다른 좋은 교회들을 이루는 것이 하나님 나라의 확장에서 간과해서는 안 되는 매우 중요한 측면입니다. 본서에서는 이 주제를 충분히 깊게 다루지 못하고 후일로 미루지만 옛 침례교인들이 이 주제를 실현한 기본 원리만큼은 충분히 소개하려고 노력하였습니다.

맞습니다. 이 한 권의 책으로는 많은 것들을 논증하지 못합니다. 그러나 기독교 교회가 무엇인지를 확인하고 우리의 교회가 역사적으로 어떻게 모습을 갖추었고 그 내외에서 작동하는 원리가 무엇인지, 지금부터 우리는 어떤 교회를 이뤄야 마땅한지를 확인하려고 시도하였습니다. 성경에서 가르치는 참 구원의 도리는 성도들 간의 교제, 예배와 섬김의 공동체, 공동체 간의 평등하고 독립된 교제와 하나님 나라의 완성에 이르기까지 확장되어야 함을 밝히고자 하였습니다. 예수 그리스도의 사도 바울의 교훈, 첫 번째 지상교회(초대교회) 시대, 종교개혁을 일관하는 성경적 교회원리와 그 원리를 순수하게 회복하고자 하는 갈등을 최대한 단순하게 정리하고자 하였습니다.

목차를 훑어보다가 이 책의 논지가 침례교회가 가장 좋다는 방향으로 흘러간다는 사실을 발견하고 기분이 상하는 독자들도 있을 것입니다. 장로교회나 감리교회가 논지의 당당한 중심을 차지해야 옳다고 여기는 독자들도 있을 것입니다. 침례교회가 가장 좋다는 변증서라고 최대한 양해해 주시는 분들도 있을 것입니다. 물론, "침례교회의 원리"를 밝히고 그 성경적 정당성을 주장하는 책이라는 판단도

틀린 것은 아닙니다. 이 책을 구성하는 글들의 기본이 그랬기 때문입니다. 이 책의 가제는 "침례교회의 정체성과 원리"였습니다. 그러나 침례교인들 역시 기독교인들이며 종교개혁의 특히, 개혁파의 후예들이고 침례교회는 잉글랜드의 청교도 종교개혁의 결실 가운데 하나이기 때문에 그 원리들을 근원부터 서술하면 기독교 그 자체에 관한 설명에 자연스럽게 연결됩니다. 그래서 그 본령에 충실하고 한국사회에서의 사명과 역할을 고려하여 주제의 폭을 넓혔고 제목을 "순수 교회의 회복"이라고 바로 잡았습니다. 물론 종교개혁가들의 정신과 특수침례교회의 교회관을 철저히 따르는 표현은 "더욱 순수한 교회" (Purer Churches)일 것입니다. 이 책의 논점을 이렇게 이해하셔도 좋습니다. 그러므로 이 책은 침례교인들만을 위한 것도 아니고, 목회자들만을 위한 것도 아닙니다. 그리스도의 몸된 교회를 사랑하는 모든 성도들을 위한 책입니다.

　그렇습니다. 우리는 "침례교회의 원리"가 오직 침례교인들에게만 의미가 있는 것이 아님을 깨달아야 합니다. 오늘날 쇠퇴와 쇠락에 직면한, 위기의 한국교회가 주목하고 재발견해야 할 귀중한 자산입니다. 16세기 종교개혁은 16세기 교회들을 2세기 혹은 3세기의 교회로 되돌려 놓았기 때문에 위대한 것이 아니라, 성경이 제시하고 사도들이 구현한 순전한 교회의 원리들을 발견하여 자신의 교회에 적용하기 시작하였기 때문에 위대한 것입니다. 신성한 진리의 말씀을 순전하고 명료하게 가르쳤기에 성령 하나님이 부흥의 불길을 지펴주신 것입니다. 마찬가지로 오늘날 위기의 한국교회는 1907년의 대 부흥으로 돌아가거나 그 사건이 오늘날 반복됨으로써 재도약할 수 있는 것이 아니라 순수교회의 원리들을 재발견하여 오늘날 우리의 교회에 적용하고, 더욱 순수한 교회들을 이뤄나감으로써 장엄한 발전을 이룰 수 있다고 확신합니다. 회중주의 교회관을 가장 철저하게 구현한 침례교회는 이 점에서 한국교회에 큰 공헌을 할 수 있을 것입니다.

한국에서 침례교회는 아직 할 일이 많습니다. 어쩌면 위기의 한국교회가, 이 땅의 성도들이 의존해야 할 귀중한 역사적 유산을 내놓을 사명을 침례교회가 짊어져야할지 모르겠습니다. 하지만 우리 침례교인들조차도 아직 "침례교회"를 제대로 알지도, 경험하지도 못하였다고 고백해야할지 모르겠습니다. 교단창립 100주년을 맞이한 지금, 장로교단은 2백 개 가까이로 분열하고 난립하지만 침례교회는 그것과는 다른 모습을 보여준다는 사실을 먼저 직시해야 합니다. 미국의 경우에도 남북전쟁으로 인해 남침례교단과 북침례교단으로 분열하였을 뿐 한국적 의미에서의 교단분열은 없었습니다. 최근 CBF가 미국 남침례교단으로부터 분열한 양상을 보여주고 있습니다만 교단분열이라고 단정 짓기에는 아직 이릅니다. 한국 침례교회 안에서도 교권투쟁과 갈등, 분열이 있었지만 장로교단이나 감리교단과 같은 식의 분열과 재통합을 위한 별도의 치열한 과정이 필요 없을 정도로 해소되는 것으로 끝나곤 했습니다.

침례교단에서도 분란이 일어날 수 있습니다. 그러나 옛 침례교회의 가치와 원리는 교단분열이 파고들 여지가 매우 작고 신앙생활의 성향이나 심지어 신학이 달라도 신학적 타협 없이 형제처럼 공존할 수 있게 할 수 있는 "지방회제도"를 통해 보존되어 왔습니다. 이 책의 제 3 부의 핵심주제인 침례교 지방회제도(associationalism, 지방회주의)는 장로교의 노회제도(presbyterianism, 장로주의)와 비슷해 보이고 비슷한 점도 많습니다만 사실 다른 점도 많습니다. 한국의 침례교회들이 이 지방회제도를 원형대로 복원하고 실천하는 것이 과제이지만 다른 교파 제도들의 경우처럼 특별히 어려운 점은 없습니다. 침례교회의 지방회제도는 침례교회의 독특한 특징과 정체성을 형성하는 요소이긴 하지만 한국교회가 주목할 가치가 있다는 것이, 또한 침례교인들은 옛 침례교회의 중요한 원리를 이 땅에서 실연(實演)해야 할 책임이 있다는 것이 본인의 확신입니다.

이 책을 처음 구상할 때보다 그 구성이 경직되었고 문투도 어려워졌지만, 평범한 성도들과 함께 나누고 싶은 생각에 학술적인 글처럼 만들지 않으려고 끝까지 노력하였습니다. 본인 자신이 학자연하기에는 아직 너무나 부족한 탓도 있지만 평신도라고 불리우는 성도들이 건강하고 바른 교회의 가장 중요한 몸체를 이루고 있기 때문입니다.

침례교회의 정체성에서 매우 중요한 한 축을 구성하는 침례에 관해서는 불과 얼마 전에 비슬리머레이(G. R. Beasley-Murray, 1916-2000)의 Baptism in the New Testament를 본인이 번역하여 「성서적 침례론」(검과 흙손, 2006년 6월)으로 출간하였습니다. 따라서 여기에서는 침례를 옹호하는 논증을 직접적으로 다루지는 않고 다만 교회사적 관점에서만 다루었습니다.

이 책은 여러 학자들의 글을 모으고 인용하고 정리하는 방식 즉, 논문 쓰듯 하는 그런 방식을 취하지 않았습니다. 오늘날까지 배우고 익히고 독서한 많은 정보를 소화하여 "침례교회 혹은 복음적 교회의 원리"라는 주제에 맞춰 일관된 맥락으로 정리한 것이라고 보시면 됩니다. 과거 몇 년 동안 수행해 온, "잉글랜드 교회의 역사," "복음주의 신학사," "칭의교리의 역사," "중세교회사"와 같은 강의들과 지난 2년 동안 격월간지 「뱁티스트」에 11회에 걸쳐 연재한 "침례교회의 정체성" 원고들이 밑바탕에 깔려 있습니다.

어 에이치 카와 그의 스승 콜링우드, 그리고 코로체 등과 같은 역사철학에 관한 논저들, 합동신학원의 김재성, 고신대학의 최덕성, 고려대학의 중세역사학 서적들과 강만길 명예교수 같은 분들의 글, 침례교회의 역사를 바라보는 눈을 크게 일깨워준 글을 쓴 Barrington R. White 특히, 그가 *The English Baptists of The Seventeenth Century*에서 보여준 놀라운 통찰력을 밑거름으로 하고 있습니다. 그리고 옛 침례교회 지방회들의 신앙고백서와 지방회 회의록들을 간략하게나마 읽을 수 있음으로 인해 이 책이 하나의 결실로 나타날 수 있었습니다.

- Concise History of Kehukee Baptist Association.

- History of the Ketocton Baptist Association.

- History of the Charleston Association of Baptist Churches.

- Minutes of the Philadelphia Baptist Association.

- The Hephzibah Baptist Association Centenial History.

- A History of the Georgia Baptist Association.

- History of the Sandy Creek Baptist Association

- History of the Shaftsbury Baptist Association.

예민하신 분들은 이 책은 인용과 각주가 몹시 부실하다는 것을 쉽게 발견하실 것입니다. 이 책의 중요한 어떤 부분을 저 자신의 것으로 훔치기 위함이 아니며 옛 저자들의 노고를 무시하기 때문도 아닙니다. 단지 저 자신의 게으름 때문이라고 이해해주시기 바랍니다.

감사의 글

언제나 가장 큰 감사는 은사이시며 강남중앙침례교회를 담임하시는 피영민 목사님께 드려야 마땅합니다. 더구나 침례교회의 역사와 원리에 관한 글이라면 말로는 다 형언할 수 없는 감사를 드리지 않을 수 없습니다. 사제로서 신학대학원과 대학원에서, 선후배 목사로서 교단에서 함께 보낸 세월은 그 자체가 가르침이었고 가장 소중한 지침이었습니다. 시골에서 조금 한가한 탓에, 먼저 스승의 가르침을 훔쳐 책을 내는 무례조차 너그러이 품어주시는 도량에 또한 감읍할 따름입니다. 강남중앙침례교회의 지체들에 대한 감사를 또한 거론하지 않을 수 없습니다. 자신들을 직접 섬기지도 않는 본인을 언제나 진심으로 후원해주고 격려해줌으로써 이 결실을 맺을 수 있었습니다. 이 책을 강남중앙침례교회의 지체들이 읽고 침례교인으로서의 역사적 자부심과 당당함, 한국교회에 침례교회가 어떤 공헌을 할 수 있는가를 공감할 수 있다면 그것이야말로 제가 강남중앙침례교인들의 사랑과 자비에 드릴 수 있는 작은 답례입니다.

성환 수향리의 벧엘중앙장로교회의 매우 특별한 성도들과 김옥주 담임전도사님, 그리고 방서교회 강병선 권사님과 한정아 자매, 대전 장태산기도원 김숙자 원장님과 정민호 집사님 등, 제게 평생 잊을 수 없는 사랑과 은혜를 베푼 분들의 그리스도와 하나님을 향한 순결한 열망을 이 책에 조금이나마 담아낼 수 있어서 또한 감사를 드립니다.

원고를 여러 차례 철저히 읽고 많은 충고와 조언으로 바로 잡아준 지체들이 있습니다. 총회에서 수고하시는 김병제 목사, 권애리야 자매, 진리교회 정귀영 전도사, 늘빛교회 황영식 목사가 그들입니다. 저는 이 분들을 시도 때도 없이, 헤아릴 수 없이 많은 질문과 전화로 괴롭혀드렸습니다. 단 한번도 싫다 않고 성실히 원고를 읽고 도움을 주신 것을 다시 한 번 감사드립니다. 잘 쓰지도, 큰 영향력을 미칠 것 같지도 않은 원고를 단지 그 주제와 정신만 보시고 침례교회와 한국교회에 좋은 책을 내놓겠다는 열망으로 다듬어 제대로 된 책으로 빚어주신 누가출판사의 정종현 목사님과 표용혜 자매님께도 감사를 드립니다.

Sursum Corda

2006년 8월 20일

임원주 배

제1부

기독교 신앙과 교회의 원리

1장 기독교 신앙의 5대 원리

2장 기독교 교회의 5대 원리

1장   기독교 신앙의 5대 원리

사람인 이상 종교를 피할 수 없고 신(神)과 구원 그리고 사후세계의 문제를 피할 수 없다. 종교의 불가피성을 외면하고 기존 종교를 부인할지라도 여전히 "종교"와 분리될 수 없는, 인간으로서의 삶을 살아가고 있기 때문에, 사람다운 삶을 살기 위해서는 종교가 반드시 필요하다. 신앙을 단지 자기 자신의 마음과 양심으로 충분하며 따라서 "외적" 종교, 기존의 종교는 필요 없다고 말하는 사람은 자신이 유일한 참 하나님이라고 주장하는 셈이므로 이런 태도도 역시 "종교"이다. 종교 혹은 절대적 존재로서의 신(神)은 그 필요성 때문에 발명해낸 것이라는 오만한 편견 역시 "종교"이다. 하나님을 의존할 수밖에 없고, 하나님과의 관계성 속에서만 인간의 삶이 의미를 갖는다는 현실을 외면하기 위하여, 하나님과의 관계성을 종교라는 영역에 몰아넣고 봉인한다 해도 진실은 바뀌지 않는다.

인간은 만물의 척도(尺度)라는 말이 사실이라면 진정한 신(神)은 자신이 신(神)인 줄도 모르고 희노애락(喜怒哀樂)으로 점철된 삶을 사는 것이며 이 세상은 신들의 전쟁터인 셈이다. 이 세상에 속하지 않은 그 어떤 인격적 존재에 의해 능력과 지혜 그리고 구원을 얻을 필요를 느끼게 된다면, 이 세상의 신들은 이 세상에 속하지 않은 신(神)을 필요로 한다는 점에서, 신들에게도 "종교"가 필요하다는 명제는 여전히 살아 있는 것이다.

반드시 세상보다 먼저 존재하고, 세상의 가장 깊은 비밀을 알고 다스리며, 사람의 구원과 영원한 삶을 주관하는 권능과 지혜의 근본인 하나님이 존재하고 그 하나님이 구원을 계획하고 그 구원계획을 실행하고 세상 사람들 가운데 그 누군가에게 자신의 뜻을 밝히고 그 뜻을 이룰 수 있도록 역사하는 것에서 "종교"는 존재하지 않을 수 없는 것이다. "종교"란 사람의 마음속에서 자발적으로 시작되는 종교적 확신 즉, "자기 멋대로의 종교"로부터 시작하는 것은 분명하지만 그것이 진정하고 유효한 종교가 되기 위해서는 반드시 "외적"이지만 "참된" 종교에 부합해야 한다.

인간은 전적으로 의존적인 존재이다. 사람은 존재의 시작과 발전과 종식뿐만 아니라 그 이후에도 타인을 의존할 수밖에 없는 입장을 벗어나지 못한다. 무지하고 유약한 갓난아기로 태어나서 양육을 받아 성장하고 타인의 손에 의해 무덤에 묻힌다는 그 변경 불가능하고 명백한 사실은, 구원의 종교는 "역사와 전통"을 외면할 수 없다는 명제를 입증해준다. 그 역사와 전통이 참인지 거짓인지의 문제는, 그 개인의 취향에 맞느냐 혹은 그 개인이 이해하기 쉬우냐 등과 같은 문제로부터 아무런 영향을 받지 않는다.

한 개인이 어떤 기존 종교를 받아들여 신앙인(信仰人)이 된다는 것은 그 종교와 종교체계의 "신도(信徒)"가 된다는 것이며 그 종교의 역사와 전통에 따른 가르침을 배우고 익히기 시작하였다는 뜻이다. 한 개인이 어떤 종교에 속하여 그 신자가 된 이상, 그 개인은 자신의 취향에 따라 그 종교에 변화를 줄 수 없다. 종교에 변화가 일어난다는 것은 더 이상 "참"된 종교가 아니라는 뜻으로 해석될 수 있고 "그 종교" 및 그 신앙의 대상을 인정하지 않는다는 뜻을 가질 수도 있기 때문이다. 그런 점에서는 변화를 주어서도 안 된다. 참된, 구속의 종교라면 "신자인 사람"은 그 종교의 가르침과 명령에 순복하는 것 이외의 일은 상상할 수 없다. 그 종교에 정통한 최고의 인물이라 할지라도 참된, 구원의 종교를 그 자신이 창안하지 않았기 때문에 즉, 그 자신이 바로 참된 신(神)이 아니기 때문에, 그 종교의 핵심과 근본원리를 창안(創案)한 것이 아니라 전래받거나 발견하거나 새로운 표현을 찾아낸 것뿐이다. 더구나 그 새로운 발견과 새로운 표현조차도 그 종교의 이름으로 살아가는 모든 선한 사람들 특히, 권위 있게 체득(體得)하였다고 인정받는 사람들로부터의 인정과 그 종교의 후예들로부터의 추인(追認)이 반드시 필요하다.

참된 한 분 하나님이 존재하시고 그 하나님이 자기 백성들에게, 자기에게로 도달하는 길을 주시고, 그 백성들을 이끄신다면 창조로부터 그리스도의 재림과 심판의 날까지 역사적으로 일통하는, 변경할 수 없는 원리가 없을 수 없다. 16-17세기 (종교)개혁가들이 당시

(서유럽)교회를 상대로 벌인 투쟁은 단순히 교회의 도덕적 부패에 대한 싸움이 아니었다. 14세기에 본격적으로 제기한 "진정한 기독교란 무엇인가?"와 "그 진정한 기독교를 어떻게, 어떤 모습으로 회복해야 하는가?"에 대한 교회내적 갈등의 연장선이었다. "교회내적 갈등"이었기 때문에[1] 당대인들의 취향과 그 선택으로 만족할 수 없고, 성경과 그리스도와 사도들, 그리고 초대교회들의 가르침의 본질과 공통분모 속에 들어있는 변경 불가능한 원리를 찾고 회복하고, 당대인들의 것들과 비교하며 자신을 최대한 수정해나가며 그 회복된 근본원리에 자신을 "일치"시켜 나가는 종교적 "수신제가"의 갈등이었다. 또한 성경과 그 해석을 놓고 벌인 싸움이었기에 교리와 신학적 갈등이었고 그 유산은 "신학체계"로 남게 되었다.

루터의 95개조 반박문으로부터 한 세대쯤 지났을 때 열린 트렌트 공의회(the Council of Trent, 1545-1564)는 이미 루터의 면죄부 반박 문제가 핵심이 아니었다. 진정한 기독교로의 복귀 즉, "당시 교회는 개혁가들의 문제제기에 따라 그리스도와 성경의 기독교로 돌아갈 것인가?"라는 함의를 가진 것이다. 서유럽 기독교교회의 전체 회의인 트렌트 공의회는 그 입장을 명확히 정리하지 못하였지만 개혁가들과

---

1) 오늘날 우리가 생각하는 "국가"는 서양에서는 18세기 이후에 출현하였다. 따라서 사실상 "국교"(國敎), "국가종교," 혹은 "국교회"라는 용어는 편의상 사용하는 용어에 불과하다. 엄밀하게 말해서는 "교회가 국가를 낳았다"라고 말해야 옳다. 잉글랜드의 경우엔 차라리 "군주의 종교"와 "교회의 종교"간의 투쟁으로 보는 편이 정확하다.

그들을 추종하는 자들을 파문하기로 결정하고, 이들은 이단자들이며 기독교 교회에 속하지 않았다는 교회적 결정을 내렸다. 그러나 최고 수준의 종교회의라 할지라도 "진리와 진실"을 바꾸지는 못한다. 따라서 이 결정은 결국, 개혁가들이 제시한 "기독교의 본질적 모습"을 거부하고 다른 길을 걸어가겠다는 결정인 셈이었다. 여기에서 "로마교"와 "개신교"가 갈라진 것이고, 로마교는 1564년 당시의 자기 모습이 가장 옳다고 보고 "1564년 트렌트 신조와 신앙문답서"를 작성하여 표준으로 삼아 그 현상태를 그대로 보존하기로 하였다. 그러므로 로마교는 그 뿌리를 아무리 길게 잡아도 당시로서는 몇 백 년밖에 되지 않은 "신교"(新敎)이고 로마교회 자체의 진정한 역사는 1564년 이후 지금까지이다. 개혁가들이 제시한 신학과 그에 따른 종교체계는 중세교회의 오류를 수정하고 그리스도와 성경, 초대교회의 원리를 회복하였다는 점에서 참되고, 뿌리 깊은, "오래된" 종교이며, 인류의 역사와 함께 하는 참된 종교의 역사 그 자체이다.

개혁가들 자신도 "새로운," "신식(新式)" 종교체계를 제창한 것이 아니라 "근본적인 것들을 새롭게 깨달음"에 입각하여 "변질된 종교체계"에 항의하였기에 "프로테스탄트" 즉, "저항자"라는 명칭으로 불리게 된 것이다. 그러므로 "프로테스탄트"를 "개신교"(改新敎)로 번역한 것은 지극히 잘못된 것이다. "프로테스탄트"는 "고쳐서 새로 만든 종교"가 결코 아니고 오히려 "좁고 협착하여 사람이 다니기 힘든 옛 길"을 회복한 것이기 때문이다.

초대교회의 성도들과 16세기 종교개혁가들 그리고 우리는, 그 무엇인가 반드시 공유해야 하는 공통점이 있기에 "기독교"라는 이름을 함께 사용한다. 세상에는, 그리고 역사 속에는, "기독교"라는 명칭을 자유롭게 붙이는 사람들과 단체들이 넘쳐난다. 기독교라는 명칭을 참되고 합법적으로 붙일 수 있는 사람들, 그럴 자격이 전혀 없지만 기독교라는 명칭을 무단으로 붙이는 사람들, 기독교적인 것과 비기독교적인 것을 의도적으로 뒤섞어서 새로운 것으로 만든 사람들, 자기도 모르는 사이에 그 두 가지 요소가 뒤섞여 혼동을 일으키는 사람들이 있다. 그러므로 필연적으로 우리는 참된 기독교를 확인할 수 있는 원리가 무엇이며 그 내적 원리들을 외적으로 구별할 수 있는 단서 혹은 징후를 명확하게 제시할 수 있어야 한다. 그것이 먼저 된 자의 도리이다. 이 과제를 수행할 때 "기독교"라는 보통명사를 사용할 진정한 자격이 있는 것이다.

종교개혁의 후예인 우리들은 모두 이 문제에 직면한다. 하나님은 구원을 오직 교회 안에만 두었고 교회는 세상에 있는 유일한 구원기관인데 그 교회가 잘못된 교리체계를 고집하고 개혁가들을 파문하여 교회 밖으로 던져버렸기 때문이었다. 교회 밖에 던져진 그들은 자신들이 여전히 구원받은 성도요 교회 안에 있으며 하나님이 자신들을 받아들인다는 확신의 근거가 무엇인가를 고민하지 않을 수 없었다. 결과적으로, 개혁가들의 신학적 고민의 결과로 생성된 거의 모든 건전한 신학적 유산에는 오늘날 우리가 소위 "화이브 솔라스"(5 Solas)

라는 명제로 정리할 수 있는 원리들이 내장되어 있다.

그러므로 오늘날 참된 기독교를 표방할 수 있기 위해서, 기독교의 참된 경건과 수행을 구현하기 위해서, 수없이 널려 있는 "교회"들과 "종파"들 사이에서 길을 잃지 않기 위해서, 또한 자신이 속한 "교회"가 올바른 항해를 하기 위해서, 우리는 먼저 "화이브 솔라스"를 잘 이해해야 한다.

- 솔라 스크립투라(Sola Scriptura) 즉, "오직 성경으로"
- 솔라 그라티아(Sola Gratia) 즉, "오직 은혜로"
- 솔로 크리스토(Solo Christo) 즉, "오직 그리스도로"
- 솔라 피데(Sola Fide) 즉, "오직 믿음으로"
- 솔리 데오 그로리아(Soli Deo Gloria) 즉, "오직 하나님의 영광을 위해"

[화이브 솔라스(Five Solas)]

16세기 종교개혁은 기독교의 역사적, 합법적 정통성이 어디에 있느냐에 관한 다툼이며 결과적으로 "기독교"와 "로마교"가 갈라지게 한 사건이다. 그것은 거대한 단체가 이권다툼으로 분열하거나 구파 기득권 세력과 젊은 신진세력의 주도권 다툼 끝에 분열한 것이 아니다. 기독교 신앙의 정수(精髓), 변경불가능한 원리는 무엇인가에 대한 재발견이며 각성에 도달한 결과 일어난, 깨달은 자와 깨닫지 못한 자 사이에서 벌어진 사건이다. 그 자각은 어느 한 개인만의 발견물도, 역사의 어느 한 시점에서만 존재하기 시작한 것도 아니다. "교회"의 씨가 뿌려지고, 참된 신앙과 더불어, 그리고 그 밑받침에 언제나 존재하고 있는 것들을 발견하고 천명한 것이다. 그러므로 16세기 종교개혁 사건은 세상에는 기독교의 구현체인 "기독교 교회"와 로마교의 구현체인 "로마교 교회"로 갈라져 존재하기 시작한 분수령이다. 바로 여기에서 "참된 교회"와 "거짓 교회"의 논제가 등장함으로써, 순수교회를 향한 추구가 시작된다.

세상에 "부패"가 존재하고 "부패"는 "변질"을 의미하는 한, "진짜 기독교회"를 찾는다는 것은 의미가 없다는 말도, "완전무결한 교회"는 이 세상에는 존재하지 않는다는 말도, 비록 일면 타당한 점도 있지만, 그것은 진실에 대한 무지에 불과하다. 하나님은 성도들에게 "성화" 혹은 "완전"으로부터 시작하거나 그것을 지키라고 요구하지 않으셨다. 하나님은 성도들에게 "의롭다고 칭함 받는 것"으로부터 "성화"와 "완성"을 향하여 출발하도록 하셨다. 개혁가들이 "순수한 교회"가 어떤 것이며, 어떠해야 하는지를 발견하는 과제를 수행하였다면 우리의 과제는 그 순수한 교회의 원리들을 우리 안에서 확인하고 실현하는 과제를 끊임없이 수행하는 것이라 하겠다.

로마교회와 결별하였고 중세교회의 오류를 거부하고 개혁노선을 취한 "순수한 기독교"는 크게는 일관된 신학체계를 성취한 부류와 그것을 성취하지 못한 부류로 나뉜다. 전자는 개혁파, 루터파, 앵글리칸이라는 세 주요체계로 나뉘어 발전하였다. 중세의 신학적 오류에 대항한 종교개혁 진영은 상당한 노력을 기울였음에도 결코 하나로 통합되지 못하였다. 그것은 지역성과 문화에서 차이가 있지만, 이 "화이브 솔라스"에 대한 이해의 깊이와 넓이가 달랐던 데에서도 그 원인을 찾을 수 있다. "화이브 솔라스"는 이들 세 체계 모두에서 찾아 볼 수 있는 원리인 동시에, 이 세 체계가 하나로 통합할 수 없는 원인 이기도 하였다.

기독교의 각 교파가 이 "화이브 솔라스"라는 용어를 사용하지 않 았어도 가장 성경적인 교회가 되기를 추구할 때마다 사실상 그 정신 을 구현하고 있음을 발견할 수 있다. 건강한 교회가 간직하고 발전시 키는 성경적 신학도 "화이브 솔라스"를 기준으로 검증해 볼 수 있다. 이 다섯 원리를 가장 철저히, 이를 악물고 고수하는 것이 개혁주의 (Reformed)요 개혁신앙(Reformed Faith)이다. 그런 점에서 이 "화이 브 솔라스"야 말로 칼빈주의 5대 교리라고 말해야 마땅하다.

종교개혁 당시 영국인들은 루터신학과 먼저 접촉하였으나 당시 영국인들은 루터파로부터 의미 있는 신학적 영향을 받아들이지 않았 다. 영국에 있어서 참된 교회의 회복은 개혁주의 신앙체계에 입각한 교회개혁운동이었으며 개혁신앙은 "스코틀랜드 교회"(the Church of Scotland)뿐만 아니라 "잉글랜드 교회"(the Church of England)[2]의 신 학적 기초였다. 그 기초자들의 후예인 청교도들 가운데 "분리주의자

---

[2] 이런 방식을 따라 한국교회(The Church of Korea)라고 하는 것은, 영적인 의미에 서 한국에 있는 교회들을 통칭하는 대강의 용어라면 몰라도 엄격한 의미에서는 사용할 수 없는 명칭이다. 단일한 국가교회(state church) 혹은 민족교회(national church)를 이룬 적이 없기 때문이다.

들"로부터 잉글랜드 침례교회가 나왔다. 그러므로 침례교회인들은 청교도 개혁주의를 통하여 기독교 신앙원리를 공유하는 동시에 더욱 순수한 교회를 실현해나간 사람들이었다.

1. 솔라 스크립투라(Sola Scriptura)
"오직 성경으로"

기독교는 성경의 종교, 말씀의 종교이다. 말씀이신 하나님이 예수 그리스도로 성육신하심으로써, 말씀에 입각한 지상교회가 모습을 드러냈다. 그러므로 "초대교회로 돌아가자"라는 말은 초대교회는 "원시교회" 즉, 기독교의 가장 순수한 모습을 가장 완전하게 드러냈고 그 이후에는 지속적으로 퇴보하였다는 전제를 암시한다. 게다가 그 이후 교회의 개혁운동은 초대교회로의 회복운동이라는 복고주의를 의미할 수 있다. 그런 점에서 "초대교회로 돌아가자"라는 표현은 사실상 문제가 있고 대신에 "초대교회와 동일한 원리를 구현하고 전진하자"라는 식의 구호가 훨씬 현실적으로 타당하다.

초대교회는 우리에게 매우 귀중한 유산을 물려주었다. 짧게는 200년에서 길게는 700년의 기간동안 성취하여 후세에 물려준 유산 가운데 가장 귀중한 것은 "성경," 정확하게는 "정경"(正經, Canon)을 확정해 준 것이다. 특히 신약성경은 초대교회 시대에 저술이 시작된 것이기에 구약보다 쉽지 않은 과정이었을 것이다. 지상교회가 출현하는 순간부터 이단 문제가 발생하였고 신비주의가 교회를 어지럽혔다. 교회 안팎의 문제를 해결하기 위한 선결과제는 기독교의 근본원리를 찾고 의존할 수 있는 기준으로서의 경전을 결정하는 일이었다.

객관적 규범으로서의 경전이 확정되고 그 표준적인 본문을 정해두면 어떤 종교적, 신학적 논쟁도 해결의 가능성이 있게 되고 기독교 신앙의 공통분모를 찾아낼 수 있게 된다. 자기 편한 대로 아무것이나 경전으로 삼고, 자의적 해석과 행태를 일삼으면 "기독교"라는 종교는 무엇을 가리키는지 도무지 알 수 없게 되기 때문이다.

초대교회 시대에 저술이 시작된 신약성경의 정경을 확정하는 것 또한 하루 아침에 손쉽게 만들어낸 일이 아니다. 정경의 확정은 "기독교"라는 명칭을 공유하고 "기독교인"이라 불리는 사람들의 가장 중요한 사무이므로 존경받을 만하고 권위가 있다고 인정받는 사람들과 설득력 있는 절차와 시간, 그리고 무엇보다도 성령의 인도하심 그리고 전체 기독교인들의 합의와 수납이 필요하였다. 오늘날과 거의 비슷한 신약성경 목록은 2세기 후반의 이레네우스 시대에 나타났다. 367년 아다나시우스의 편지에서 신약성경 27권의 목록이 언급되었고, 382년 로마 회의, 393년 히포 회의, 395년 카르타고 회의 등 기독교의 크고 작은 회의에서 성경 목록이 작성되었음을 확인할 수 있다.

성경의 표준적인 목록이 작성되고 확정되었다는 사실은 다음과 같은 중요한 신학적인 전제를 담고 있다.

1. 유한(有限)은 무한(無限)을 담지 못한다.

바가지로 바닷물을 측량할 수 없고, 500ml짜리 우유팩으로는 태평양 바닷물의 양을 잴 수 없다. 피조물은 조물주를 판단할 수 없고, 조물주의 생각을 헤아릴 수 없다. 너무나 당연한 이 명제는 기독교 신앙과 신학을 관통하는 근본 전제 중에서도 근본적인 것이다. 그러므로 피조물에 불과하며 유한한 존재인 우리 인간은 하나님이 자신에 관하여 알려주시는 것만큼만 알 수 있다. 더구나 그것조차도 무한한 지혜자인 성령이 우리 안에서, 그리고 우리 가운데서 직·간접적으로 깨우쳐 주실 때 조금씩 알아갈 뿐이다. 그러므로 정통적이고 건강한 기독교 안에서는 용맹정진, 관조 등을 통해 득도하듯이 통달한다는 것은 "정상적"으로는 있을 수 없는 것이다. 단지 선지자, 사도 등과 같은 매우 특별한 시대의, 선택된 특별한 사람들에게만 그런 일이 일어나지만 그것조차도 그들이 "신령"하거나 "영험"해서가 아니라 하나님의 뜻이 그렇기 때문에 하나님이 잠시 그들을 그렇게 사용하신 것이다.

정경의 확정은 성경의 결집이 끝났고 이제는 폐쇄되었다는 의미이다. 이것은 그 폐쇄 이후에는 구약시대의 선지자, 신약시대의 사도와 같은 예외적인 활동가의 존재를 인정할 수 없다는 뜻이기도 하다. 오늘날에는 기록된 말씀인 성경의 권위에 버금가는 "신령한 사람"은 존재하지 않는다. 여전히 유한한 존재인 지상의 성도들은, 무한하신 하나님이 유한한 문자에 담아주신 글월을 통해, 그리고 그 말씀을 통해 역사하시는 성령에 의지하여 알려지는 것만큼 하나님을 알아간다. 그러므로 성경은 모든 인류에게 주신 책인 동시에 하나님의 자녀들에게 주신 주권적 은혜의 선물이다.

2. 일반계시나 기적은 불충분하다.

정경이 확정되었다는 것은, 개인적인 영감이나 영적 통찰력은 구원의 열매를 맺게 하는데 불충분하다는 뜻이다. 본래 하나님의 계시는 그 자체로 충분하다. 어떤 무지하고 둔한 사람도 자신의 무지를 핑계 삼아 하나님을 모른다고 말할 수 없을 만큼 명확하고 뚜렷하게 창조주에 관한 지식을 자연 그 자체에 새겨놓았다. 하나님의 창조와 섭리 그리고 거기에 새겨지고 드러나는 일반계시는 삼위일체 하나님의 사역이기 때문이다.

그러나 일반계시를 통해서는 중보자 그리스도에 관한 계시, 특별 은혜와 죄용서가 전달되지 않는다는 점에서 불충분하다. 일반계시를 통해서는 구원의 능력과 역사가 나타나지 않으며 부패된 인간의 본성으로 인해 오류가 뒤섞인 지식으로 끝나게 마련이다. 그러므로 우리의 구속자요 우리의 중보자이신 그리스도의 위격과 특별 사역, 구속의 성취와 전달에 관한, 하나님으로부터의 특별한 계시가 필요하고 그 계시를 문자로 기록하여 전달토록 할 필요가 있었던 것이다. 그러므로 정경이 확정되었다는 것은 기록된 말씀인 성경을 통해 일반계시를 판단하는 시대가 되었다는 뜻이다.

기적이란 자연법칙을 중단하거나 바꾸는 것이라고 이해해서는 안 된다. 기적은 하나님이 돌연히, 자연법칙을 중단시키고 자연 속에 끼어들어 일으킨 돌발적인 현상이라고 생각하는 것은 전적으로 피조물의 관점이다. 하나님은 창조주이며 주권자이시다. 자연법칙을 정한 것도 하나님이시다. 이적을 일으키는 것도 하나님이 영원 속에서 계획하심과 정하심에 따른 것이다. 하나님은 자신이 창조하신 피조세계보다 크시고 그 위에 초월적으로 계시지만, 동시에 이 피조세계에 계신다. 결코 물러나신 적도 양도하신 적도 없다. 그러므로 하나님은 자신이 기뻐하시는 대로 자유롭게, 인간의 눈에 놀라운 일을 행하신다.

이적은 우리에게 큰 도움이 되고 많은 위로를 준다. 이적은 하나님의 존재하심을 알려준다. 이적은 그 이적을 일으키는 자가 범상한 존재가 아니라는 것을 알려준다. 그러나 하나님이 어떠한 분인지, 구세주가 어떠한 분인지, 하나님의 참된 형상 혹은 하나님이 기뻐하시는 참된 지식과 의와 거룩에 관하여 혹은 거기에 이르는 길을 구체적으로 알려주지는 못한다. 그러므로 우리의 신앙과 신학은 자연법칙에 의존할 수 없는 것처럼 이적에 의존할 수 없다. 하나님의 자녀들에게는 그 이상의 것이 필요하다. 그러므로 보이지 않는 말씀이신 성자께서 보이는 문자의 옷을 입고 우리에게 오신 것이다. 이것은 신성이 인성을 입고 오신 "성육신"에 못지 않은 놀라운 이적이며 신비이다.

3. 특별계시 즉, 성경은 교회의 책이다.

하나님의 특별계시를 기록물로 주셨다는 것 그리고 나아가서 정경을 확정해 주셨다는 것은, 하나님의 은혜 중의 은혜이다. 단순히 하나님의 이름을 부르짖는 곳이 아니라 그 "정경"만을 성경으로 존중하는 그 곳이 하나님의 지상교회이다. 죄로 인하여 우리 안에 자리 잡은 어둠과 혼란을 물리치고 하나님을 더욱 잘 알기 위해서는 먼저 우리 밖에 말씀을 두어 비춰보게 하시고, 눈과 귀를 통해 우리 안에 들어온 말씀이 성령의 능력을 힘입어 우리 안에 영적 변화를 일으키고 우리는 그 변화를 경험한다. 그러한 영적 변화는 우리는, 하나님이 특별히 자기에게로 가까이 부르신 자들이라는 증거이다. 아담, 노아, 아브라함, 이삭, 야곱과 같은 성도들은 하나님에 관한 특별한 지식으로 인해 세상과 구별되었다. 특별계시는 하나님의 특별한 백성들에게 하나님 자신과 계획을 드러내신 것이다.

기록된 특별계시를 통해 지상교회 즉, 그리스도의 교회가 세워지고 부름을 받았다. 그러므로 성경을 중심으로 모이고, 사람들이 성경을 통하여 하나님의 뜻을 알아가는 그곳이 지상에 있는 하나님 나라 즉, 교회이다. 성경을 바르고 깊고 건강하게 알고 실천하는 교회가 건강한 교회이고, 성경을 성경답게 받아들이지 않는 교회는 병든 교회이다.

개혁가들이 로마교회에 저항하여 제기한 가장 중요한 도전은 "오직 성경으로" 였던 것이다. 개혁가들에게 있어서 이 말은 성경이 가장 중요하다는 것 이상의 의미가 있다. 그 말의 의미를 다음과 같이 이해할 수 있다.

(1) 신자뿐만 아니라 "교회"도 하나님의 말씀을 통해, 신앙 안에서, 말씀으로부터 태어났기 때문에 결코 "말씀"을 능가하거나 말씀 밖으로 나갈 수 없다는 뜻이다. 루터는 어거스틴의 말을 인용하여 "이 성경의 권위는 모든 인간의 타고난 능력보다 크다"라고 말하였다. 따라서 성경은 인간의 모든 가르침, 책, 결정을 판단할 수 있다고 말하였다.

(2) "오직 성경으로"라는 말은 하나님으로부터 성경해석의 은사를 받은 사람은 지위고하를 막론하고 어떤 누구라도 성경을 해석할 수 있다는 뜻이다. 성경은 모든 사람에게 주신 책이며, 성경 앞에서 모든 피조물은 평등하다는 원리이다. 참된 교회 안에서 존경과 권위는 무조건적으로 지위에서 나오는 것이 아니라 올바르고 적절한 해석적 깊이에서 나오는 것이다. 그러므로 교회 안에서는 인위적인 교권주의, 지식 없는 권위가 설자리가 없다.

(3) 성령은 결코 성경 없이 구원의 역사를 일으키지 않으며 성경과 다른 것을 가르치지 않는다. 성경은 사람의 구원에 필요한 것들과 하나님의 뜻에 관해 우리가 알아야 할 것들을 충분히 담고 있는 하나님의 책이며, 성령은 성부와 성자 하나님의 뜻을 역사 속에서 성취하신다. 그러므로 성경과 성령 사이에 모순이 생길 리 없고 생길 수도 없다. 성령의 내적 사역에 의하여 객관적 기록물에 불과할 수도 있을

성경이 내적 말씀이 된다. 그렇게 해서 참된 교회는 내적 말씀과 외적 말씀 모두를 가진다.

(4) 애매한 구절로 교리를 작성하지 않으며 애매한 구절은 명확한 구절에 의해 해석되어야 한다. 성경은 문자의 옷을 입은 하나님의 말씀이며, 하나님의 무한한 지혜에서 나온 결과이기 때문에 성경은 그 자체로 무오하고 확실하며 그 자체로 명확한 뜻을 드러낸다.

(5) "오직 성경으로"라는 말은 "자구주의"(字句主義)에 그치는 말이 아니다. "오직 성경이 말하는 대로만," "성경의 발걸음에 맞춰," "성경으로부터 생각하고 말하는" 정신을 의미한다. 칼빈은 이 정신을, "하나님의 말씀 밖에서는 어떤 것도 찾지 않고 하나님의 말씀을 가지지 않고는 어떤 것도 생각하지 않으며 하나님의 말씀을 통하지 않고는 어떤 것도 말하지 않는 것"이라고 표현하였다. 또한 "성경으로부터, 성경 안에서, 성경과 더불어, 성경을 통하여 생각하고 말하되, 지나친 호기심으로 공허한 사색을 하거나 성경이 말씀하시는데도 침묵으로 지나쳐가는 것은 옳지 않다"라고 하였다.

그러므로 "솔라 스크립투라"는 종교적, 신앙상의, 신학적 문제의 최종판단권은 인간의 해석, 인간의 합의에 있지 않고 성경 그 자체에 있다는 의미로서, 종교의 "객관화"의 원리이다. 이 원리를 통해 기독교에 침투한 인간중심적 원리, 인간 편의주의적 발상을 제거할 수 있다. 참된 종교의 규범을 개관적으로 묶어둠으로써 언제든 순수한 원리와 모습을 회복할 수 있는 것이다.

참고. 제 2 런던신앙고백서 1:1-10, 7:3, 20:4.

2. 솔라 그라티아(Sola Gratia)
"오직 은혜로"

기독교는 은혜의 종교이며, 은혜는 기독교의 본질적 요소이다.

유한은 무한을 담을 수 없고 따라서, 유한은 무한을 알 수 없기 때문에 무한하신 하나님이 우리에게 말씀하시고 깨우쳐 주신다. 마찬가지로 유한은 결코 무한에 도달할 수 없기 때문에 전적으로 무한이 유한을 찾아오고, 유한 속에는 무한에 도달할 수 있는 능력이 전혀 없기 때문에 전적으로 무한이 유한을 자기에게로 이끌어주는 경우에만 유한은 무한에 도달할 수 있다. 이것을 "은혜"라고 말할 수 있다.

"은혜"란 받을 만한 공로나 자격이 없는데도, 받을 만한 이유가 없는데도 받는 것이다. 그런 그가 받을 수 있는 유일한 이유는, 주는 자가 주고 싶어서 그냥 주기 때문이다. 결코 어떤 사람도 "영원한, 참된" 교회를 알아채고 붙잡아 신자가 되는 법은 없다. 거듭나지 않은 사람에게는 "보이지 않는 교회"는 보이지 않고, "보이는 교회"조차 참된 교회인지 알 수 없고 거기에 뒤섞인 오류를 분간할 수 없다. 신자가 "보이는" 교회에 다니는 것은 자신은 "보이지 않는" 교회에 속한다고 확신하기 때문이며, 그 확신은 거짓이 없다는 자기 나름의 자신감 때문이다.

엄밀하게 말해서, 보이지 않는 교회가 불결한 죄인에게 다가가, 보이는 교회로 인도해주고, 보이는 오류 속에서도 그 오류에 갇히지 않게 만들어준다. 그리고 참된 구원이 그에게서 실현되도록 만들어준다. 그렇게 함으로써 구원을 향한 죄인의 갈망과 자신이 구원받은 백성이라는 것을 확증해 준다. 이것이 은혜이다.

콩을 심으면 콩이 나오고 팥을 심으면 팥이 나온다. 이 사실은 쉽게 이해된다. 그러나 죄인의 행위는 그 어떤 것도 죄이고, 썩을 것을 심으면 썩을 것이 나온다는 진리는 쉽게 이해되지 않는다. 그것은 아무리 심성이 고약한 농부라도 좋은 품종의 콩을 심으면 좋은 품종의 콩이 나오기 때문이다. 심성이 고운 농부가 게으르게 농사지은 것보다 탐욕스러운 농부가 열심히 농사지은 것이 훨씬 좋은 결과를 맺는다. 농부의 심성이 아니라 농부의 근면성실함과 지혜로운 실천이 결과에 영향을 미친다. 우리가 경험하고 확증하는, 따라서 쉽게 부인할 수 없는 이런 특성이 종교적 진리에도 적용된다는 생각에서 사람의 종교가 나온다.

금 덩어리를 부당하게 탐하는 욕심은 금 덩어리에서 나오는 것이 아니라 사람의 마음에서 나온다. 사람은 그 사람의 탐욕을 보지 못하고 그의 행위를 본다. 사람의 선악은 결국 그의 겉으로 드러난 행위만을 보고 판단한다. 이것이 사람의 윤리이다. 이런 윤리에 입각하여 쌓아가는 것이 사람의 종교이다.

그러나 하나님은 사람의 마음을 보신다. 겉으로는 드러나지 않았으나 그 마음의 샘에서 솟아나오는 탐욕, 이기심, 동기를 벌써 아시고 판단하신다. 사람이 악한 꾀를 내어서 그 탐심을 충족시키는 행위를 했을 때 그를 악하다고 하는 것은 사람의 기준이다. 사람의 마음을 감찰하시는 하나님은 그 악행을 행하기 전에 그 사람의 마음속에 이미 있던 악한 꾀, 악한 마음을 먼저 보신다. 악행은 그 씨가 낳은 열매요 증거일 뿐이다. 이런 방식에 입각한 것이 하나님께 속한 윤리이며 하나님의 종교이다.

하나님을 마음에 둔 적도 사랑한 적도 없고, 피조물을 숭배하는 종교만 내놓은 죄인은 하나님의 기준에 충족된 종교를 내놓을 수 없다. 그런 그에게, 참 하나님을 섬길 수 있는 마음을 주시고 참 하나님을 만날 마음의 준비를 갖춰주시는 것이 은혜이다.

"오직 은혜로"라는 표어는 사람이 구원받을 수 있는 근본적인 원인은 오직 하나님 안에만 있으며, 오직 하나님의 뜻대로만, 오직 하나님의 설계대로만, 오직 하나님의 구원성취에 의해서만이라는 진리를 선언하는 것이다. 구원의 근본 원인은 하나님의 외부에는 조금도 없다는 것이다. 또한 그것은 하나님의 마음속에서조차, 사람에게 구원을 주셔야만 하는 어떤 필연적 이유가 없다는 진리이다. 하나님에겐 천지를 창조하시고 사람을 만들지 않으면 안 되는 이유가 없었다. 마찬가지로 사람을 구원해야 할 이유도, 어떤 특정한 인물에게 구원을 건네주어야 하는 이유도 없으시다. 구원은 피조물이 조물주에게서 끌어낸 어떤 것이 아니라, 영원불변한 주권자 하나님이 이유 없이, 원인

없이, 조건 없이 베푼 것이다.

그러므로 죄 많은 유한한 피조물인 사람이 자신의 믿음, 자신의 공로, 자신의 어떤 상태 혹은 조건 때문에 구원받는다고 선언하거나 그렇게 여기는 것은 기독교 신앙의 본질이 아니다. 그런 마음으로 드리는 예배는 기독교적 예배가 아니다.

사람이 하나님의 인정과 칭찬을 끌어낼 수 있는 무엇인가를 행할 수 있다고 여기는 가치체계를 "인본주의," "인간중심적 사고방식"이라고 한다. 종교개혁가들의 항쟁은 수백 년에 걸쳐 서유럽 교회의 신앙 안에 침투해 들어와 자리 잡은 일체의 인본주의적 가치를 제거하기 위한 투쟁이었다. 소위 중세교회의 "면죄부"라는 것도, 사제에 의한 사죄의 선언도 구원의 효력을 사람의 행위에 좌우되고, 대가를 주고 사는 행위로 만들어버리는 것이다. 결국 회심과 구원의 교리가 심하게 부패되고 만 것이다.

하나님의 은혜는 인류 가운데 있는 어떤 제도나 기관 혹은, 어떤 특정한 부류의 집단에게만 한정된 것이 아니라 하나님께서 직접 선정한 각 개인이 직접 그 은혜를 받는다. 그러므로 각 개인의 모든 것이 하나님의 은혜로 시작되었고, 은혜로 유지되며, 은혜로 완성된다는 원리는 개인의 신앙 원리일 뿐만 아니라 기독교 전체를 처음부터 끝까지 관통하는 원리이며, 기독교 신앙 및 신학의 중심적인 건축원리이다.

이것을 다음과 같이 정리하여 나타낼 수 있다.

① 사람은 자신의 선행 때문에 구원받지 않는다. 구원받았기 때문에 참된 선행을 할 수 있다.

② 사람은 자신의 거룩 때문에 구원받지 않는다. 구원받았기 때문에 참된 거룩을 이룰 수 있는 것이며, 우리를 거룩하게 만들기 위하여 구원하신 것이다.

③ 사람은 자신의 믿음 때문에 구원받는 것도 아니다. 하나님이 그리스도의 공로와 구원을 적용시켜 주고 내 것으로 삼도록 해 주셨기 때문에 믿음이 생긴 것이다.

④ 사람이 믿음을 간직하고 믿음을 유지하였기 때문이 아니다. 하나님의 주권적 은혜와 능력으로 구원을 주셨고 구원을 유지해 주셨기 때문에 끝까지 믿음을 간직할 수 있다.

참고. 제 2 런던신앙고백서 2:3, 7:1-2, 9:1-4, 10:1-2, 16:2, 5.

3. 솔로 크리스토(Solo Christo)
"오직 그리스도로"

기독교는 예수 그리스도의 종교이며, 그 교회는 그리스도의 몸이다.

"오직 그리스도로"라는 원리는 구속자인 동시에 하나님과 사람을 잇는 통로는 그리스도 예수 밖에 없다는 선언인 동시에 인간이 성취하였다고, 성취할 수 있다고 자부하는 모든 것이 헛된 것임을 선언하는 원리이다. 또한 인간의 손으로 빚은 모든 종교적 숭배의 대상, 구원의 방편 역시 헛되며 거짓 종교임을 드러내는 원리이다.

영원한 구속을 단번에, 성취한 구속자는 하나님이시되 우리의 본성을 입고 우리에게 다가오신 예수 그리스도 밖에 없다고 고백하는 그 곳에 참된 기독교가 존재한다. 그리스도는 육신을 입기 전에는 영원한 참 하나님이셨으나 그 신적 본성을 유지한 채 신성이 아닌 것을 취하셨다. 자신이 취한 것으로 자신의 신성에 무엇인가를 더한 것도 변화를 일으킨 것도 없으며 불완전하든 완전하든 그 어떤 것도 인성으로부터 받아들인 것도 없으셨다.

그와 같이 행한 까닭은 죄인들 가운데 하나님이 영원 전부터 자녀로 삼으시기를 즐거워하신 자들을 향한 하나님의 사랑 때문이다. 그들은 죄악으로 인해 비참한 상태에 있지만 결코 비참한 자들이 아니다. 하나님의 영원불변한 사랑은 독생자 그리스도를 구속자로 주시고 그들을 그리스도와 함께 죽고 함께 살아나도록 하셨기 때문이다.

하나님은 오직 그리스도 안에서, 오직 그리스도를 통해서, 오직 그리스도에 의하여 우리에게 자신을 충분히 드러내시고 부르시고 구속의 은혜를 베푸신다. 그리스도는 우리의 유일한 구속자이며 오직 그리스도의 공로에 의지해서만 하나님께로 돌아갈 수 있다. 오직 그리스도께서 우리를 대신하여 공로를 쌓고 하나님이 우리를 무조건적으로 사랑하심 때문에 그 공로를 우리에게 전가시켜 주심으로써 우리는 값없이, 자격 없이 하나님 앞에 설 수 있는 것이다.

하나님은 그리스도 안에서 자기 자녀로 삼은 자들에게 "나의," "너의," "우리의," "너희의" 하나님이 되어주시기로 하셨다. 하나님은 자신이 창조하신 모든 것을 사랑하시지만 그리스 안에서 택하신 자들에게는 그리스도를 통하여 특별한, 구속적 사랑을 베푸신다.

로마교회는 중세적 오류를 그대로 간직하여 외적인 제도와 조직체 그 자체를 교회의 본질로 보았고, 교황과 사제들을 그리스도의 대리자로 간주하였다. 그리스도에 대한 신앙, 그리스도를 통한 하나님과 개인 사이의 직접적인 만남을 필요로 하지 않는 종교를 만들었다. 하나님은 그리스도의 교회를 하나님과 직접적인 교제를 나누는 "성도의 회"로 세웠으나 로마교회는 그리스도의 교회를 그 외적 측면에만 머물게 만들었고, "사제들의 회"로 만들었다.

인류는 첫 조상이 지은 죄로 인하여 하나님의 형상 즉, 참된 지식과 거룩과 의를 상실하였다. 성령의 매는 띠로 우리와 하나로 연합한 그리스도는 본질상 하나님이시기에 하나님의 참된 형상을 우리 안에 회복시켜 주신다. 그리스도 이외의 어떤 존재도 그리스도를 대신할 수도 대신해서도 안 된다는 것이 기독교 신앙의 본질이다. 그리스도께서 오시는 날 우리는 그를 즉각적으로 알아 볼 수 있고, 하나님의 심판대를 지날 것이기 때문에 우리는 이 땅 위에서 그리스도를 참칭하는 자들에게 속을 수 없고 속아서도 안 된다.

참고. 제 2 런던신앙고백서 2:5-6, 8:1-10, 11:1-6, 16:6, 17:2, 20:1-2.

4. 솔라 피데(Sola Fide)

"오직 믿음으로"

기독교는 믿음의 종교이다. 믿음은 신뢰하는 가운데 받아들임으로 시작한다. 믿음이 믿음을 낳음으로써 우리의 믿음이 시작되고 우리에게 믿음이 있기에 하나님께 속한 것을 맛본다.

"오직 믿음으로"라는 원리는 우리를 향하신 그리스도의 구속적 공로를 어떻게 붙잡아 내 것으로 삼을 수 있게 되었는가에 관한 선언이다. 우리의 구속은 전능한 주권자 하나님이 영원 전부터 불변적으로 설계하고 정하셨다. 따라서 우리의 구원은 하나님 아버지의 마음에서 시작되었다. 또한 사람의 본성을 입으신 그리스도께서 우리의 모든 죄를 짊어지고 십자가에서 죽고 부활하심으로 단번에, 영원토록 완성하셨다. 성령이 적절한 때, 적절한 장소에서 그리스도의 공로를 우리에게 전가시켜 주고 적용시켜줌으로써 우리가 그 구원을 맛본다.

이때, "오직 믿음으로"라는 표현에 들어 있는 "믿음" 즉, "구원을 얻어주는 믿음"은 우리 자신의 노력이나 결단에서 시작한 그런 믿음을 가리키지 않는다. 오히려 믿고자 하는 우리의 노력과 결단을 가능케 하는 믿음, 하나님이 우리 안에 씨 뿌려 주신 그런 믿음, 우리 믿음의 근본 뿌리인 그런 믿음을 가리킨다. "구원을 얻어주는 믿음"과 이 믿음에서 자라나온 믿음 즉, 결단과 헌신으로서의 믿음이며 신앙생활로서의 믿음을 실제적으로는 구별하기가 어렵지만 신학적으로, 논리적으로 구별한다.

종교개혁가들은 "오직 믿음으로만 의롭게 된다"(justification by faith alone)라는 주장으로 로마교회의 "믿음과 성례전들로 **의를 이룬다**"(justification by faith and sacraments)라는 주장에 맞섰다. 이 두 표어는 "성례전들"이라는 단어에서만 차이가 있는 것이 아니다. 개혁가들은 "저스티피케이션"(justification)을 법정에서 판사가 죄인을 풀어주면서 선언한 "무죄"의 개념으로 받아들여 "의롭다함을 받는다"(稱義)라고 좁게 보았다면, 로마교회는 그 단어를 "구원" 혹은 "구원의 과정"으로 폭넓게 이해하여 "의를 이루었다"(義化)라고 넓게 보았다. 따라서 로마교회에서는 "칭의"의 선언과 "성화"(聖化)의 과정을 개념적으로 구별하지 않았고, 구별할 수도 없었을 뿐만 아니라 개념적으로 구별한 자들을 이단으로 정죄하였다. 로마교회의 신학에서 "무죄하다는 법정적 선언"의 개념 자체를 인정하지 않는 것이 아니라 개념적일지라도 "내면의 실제적 변화"와 "거룩케 됨"을 논리적으로 구분하는 방식을 받아들일 수 없었다. 더구나 "의롭다"는 선언을 사제로부터 하나님의 각 개인을 향한 직접적인 행위로 만든 것도 역시 받아들일 수 없는 것이었다. 루터신학도 후기에는 "저스티피케이션"에서 "법정적 선언"의 측면이 있다는 것을 강하게 인정하면서도 "성화"와 분리하기를 거절하여 절반의 종교개혁에 머물렀다. 종교개혁 즉, 순수 교회의 회복을 위한 투쟁에서 믿음을, 구원의 씨앗인 믿음과 그 결과로서의 구원을 맛보며 살아가는 믿음으로, 논리적으로 구별하는 것은 이런 배경 때문이다.

로마교회에서 "성례전"은 지상에서 사람이 할 수 있는 가장 선한 행위이고, 가장 큰 공로를 쌓는 행위이며 7 성례전에는 믿음이 없이, 사제의 명령에 순종하여 참석하는 것만으로도 구원의 공덕을 쌓을 수 있는 행위이다.

종교개혁 신학에서 볼 때, 우리는 아직도 죄의 원리를 가지고 있고 여전히 죄인이지만 하나님이 그리스도를 통하여 우리에게 씨 뿌려주신, 살아 있는 믿음을 근거로 우리를 의롭다고 선언하신 것이다. 그러나 로마교회에서는 사제의 도움을 받아, 믿음의 결단과 성례전에 참여함으로써 끊임없이 "구원"을 획득하고 유지해야 한다. 그런 점에서 기독교는 "행위 없이 구원에 이르는 종교"이고 로마교는 "행위로 구원에 이르는 종교"라고 말할 수 있다. "행위 없이 구원에 이르는 종교"란 사람의 행위는 없지만 구원을 성취하기 위한 하나님의 영원한 행위가 먼저 있고, 하나님이 주도권을 잡는다는 의미이고 하나님이 먼저 다가오신다는 뜻이다. 로마교는 사람이 행하지 않으면 안되는 종교, 사람이 "진전"(進展)을 이뤄야 하는 종교를 추구한다. 전자에게 있어서 종교는 우선적으로 하나님의 문제인데 반해 후자에게 있어서는 사람의 문제이다.

"솔라 피데"는 그리스도의 구속을 개인의 것으로 사유화(私有化) 혹은 전유(專有)하는 원리는 무엇인가를 밝힘으로써, 종교의 외적 측면 즉, 제도나 기관, 절차 등의 의미가 무엇인지를 확인하였다. "솔라 피데"는 구원은 오직 하나님으로부터 오는 선물이라는 말이 무슨 뜻인지를 명확히 밝혀, 오랫동안 기독교로 자처하였으나 변질된 이방 종교의 가면을 벗겨냈다.

참고. 제 2 런던신앙고백서 14장.

5. 솔리 데오 그로리아(Soli Deo Gloria)
"오직 하나님의 영광을 위해"

기독교는 하나님의, 하나님을 위한, 하나님에 의한 종교이다.

"오직 하나님의 영광을 위해"라는 원리는 창조와 구원의 궁극적, 최종적인 동기와 목적이 무엇인지를 밝힌다. 하나님은 하늘과 땅과 바다, 그리고 거기에 있는 모든 것들을 창조하신 최고 목적은 오직 하나님을 드높여 찬양하고 하나님께 영광을 돌리는 것임을 분명히 하는 원리이다. "하나님께 영광," 이것이 영원 전부터 영원 후까지의 최고 목적이라면 기독교의 존재이유와 존재목적도 바로 이것이다.

"오직 하나님의 영광을 위해" 혹은 "오직 하나님께 영광"이라는 원리는 인간의 모든 동기들, 모든 헌신들, 모든 목표들 속에 여전히 숨어 있는 궁극적인 동기와 목표를 검토하여 인간중심적이고 이기적인 모든 것을 제거하는 원리이다. 타종교의 신도들과 수행자들이 막연하게나마 참된 하나님을 추구하면서도 왜, 결국 하나님 앞에 도달할 수 없는지를 보여주는 원리이다.

참된 종교는 참되신 하나님이 자신의 영광을 위하여, 자신의 택하신 자녀들을, 자신의 방법대로 이끌기 위해 베푸신 것이다. 하나님은 자신의 존재를 유지하기 위하여 혹은, 무엇인가를 성취하기 위하여 피조물을 필요로 하시지 않는다. 하나님이 하나님 되기 위하여 피조물을 창조하신 것이 아니다. 피조물을 자기 자녀들로 택하시고 그 나라로 이끄시는 것도 무엇인가 필요하기 때문이 아니다. 그 모든 것이 하나님의 영광을 위한 것이며, 우리 또한 하나님을 영화롭게 하는 영광에 참여토록 하기 위한 것이다.

이 원리에 의하여 참된 종교를 가장한 거짓 종교를 식별하고, 교회 안팎에 기생하는 가증스러운 것들의 정체를 확인할 수 있게 된다. 그리고 모든 성도들의 삶과 사역, 교회로 모여 협력하는 것, 각종 활동이 올바른 방향을 향하고 있는지를 알 수 있게 해준다. 세대를 뛰어넘고, 인종과 언어를 뛰어넘고, 신학적 차이가 있어도 궁극적으로 삼위일체 하나님의 영광을 위한다면 하나가 될 수 있는 가능성을 열어주는 원리이다.

참고. 제 2 런던신앙고백서 2:2-3, 5:1-5.

2장 기독교 교회의 5대 원리

구원은 분명, 개개인의 내면에서 시작된다. 구원적 신앙 즉, "구원에 이르게 하는 믿음"이라는 씨가 뿌려지고 믿음이 자란다. 믿음은 칭의와 동시에 "성화"의 과정을 시작케 한다. 그러나 "성화"는 개인적 차원에서만 존재하는 것이 아니다. 타인들에게 복음을 전하는 것만이 다른 사람들에게 줄 수 있는 혜택이 아니다. 복음을 전하는 것 이상으로 자비와 양선을 보여주어야 마땅하다. 그리스도인은 세상에 둔 "소금"과 "빛"의 소명이 있다. 성화는 이처럼 관계적 차원, 사회적 차원이 존재한다. 복음의 원리는 타인과의 관계설정 및 사회적 관계 설정의 방식을 규정해 줌으로 그 나름대로의 복음적 "정치원리"(政治原理)를 포함한다.

침례교회의 정체성을 다루는 옛 신학문서들을 읽을 때 빈번하게 만나는 생경한 단어가 "특수"(particular) 혹은 "특수주의"(particularism)라는 용어이다. 일반적으로 이 용어는 웨슬리의 "일반 예정"에 대항하는 고전적 개념인 "특수 예정"을 가리키는 것으로 사용된다.[3] 대개는 "특수한"(particular)이라는 단어를 "특별한"

(special)과 혼용하거나 그 차이점을 간과한다. 본래, "특수한"은 대상의 "개별성"을 강조한다. 지금은 이 용어를 사용할 필요성이 있을 때에 특히 교회론에 관련하여 "개인적인" 혹은 "개별적인"(individual)이라는 단어를 많이 사용한다.

침례교회의 선조들은 복음과 종교개혁 신학에 내포되어 있는 원리들의 내용과 가치를 어느 누구보다 깊이 간파하였고, 각 개인의 신앙으로부터 교회간의 교제에까지 일관되게 실천하였다. 그런 점에서 침례교회는 종교개혁 신학의 정수를, 종교개혁가들의 눈을 통해 재발견한 신약교회의 원리를 최종단계까지 펼친 형태라고 할 수 있다.

1. 개별성(individuality)의 원리[4]

그리스도의 교회는 집단주의, 혈연주의, 전체주의에 입각하지 않는다. 어떤 집단에 대한 소속 그 자체, 어떤 교회나 교파에 속해 있다는 사실 그 자체가 그의 구원을 보장해주지도 않고 그의 신앙이 복음

---

3) 지금은 드물게 사용되는 이 용어는 잉글랜드 침례교회의 칼빈주의 그룹을 "특수침례교회"라고 언급할 때 주로 찾아볼 수 있다. 이때 "특수"라는 용어를 "예정론"에 관한 입장에 입각해서 사용하지만 당시 문헌을 살펴보면 "특수"라는 용어는 교회론까지 확장되어 있는 것을 감지할 수 있다. 따라서 침례교회 교회론을 "특수주의 교회론"이라고 말할 수 있고 그런 의미에서의 "특수침례교회"라고 간주해야 한다.

4) "개별적인"(individual)이라는 형용사의 명사형으로서 "개별성" 혹은 "개별주의"(individuality)는 괜찮지만 "개인주의" 혹은 "개교회주의"(individualism)라는 명사는 매우 신중하게 사용해야 한다. 신학적, 도덕적으로 문제가 많은 "이기주의" 혹은 "자기중심주의"라는 의미를 가질 수 있기 때문이다.

적이며 구원 얻기에 충분하다고 선언하지 않는다. 아브라함과 족장들, 모세와 이스라엘 백성들 즉, 구약의 성도들도 우리처럼 그리스도의 복음을 알았고 믿음으로 구원받았다. 그러나 전반적으로 볼 때 그들은 출생 및 혈연의 혜택을 받았다. 이스라엘은 하나님의 백성으로 태어났고 그들의 부모는 낳은 지 8일 만에 하나님의 백성이라는 흔적을 몸에 새겨주었다. 그러나 신약성경 이후에는 육적 이스라엘이 아니라 영적 이스라엘이 하나님의 참 백성임을 분명히 하였다. 이 원리에 따르면 목사의 자녀, 집사의 자녀라고 해서 자동적으로 입교교인이 되지 않는다. 그 자신이 하나님의 백성에 속하기 위해서는 자기 스스로 구원의 문제에 도전을 받고 믿음의 결단을 내려야 한다.

신자가 된다는 것은 이처럼 철저히 개인이 직접 해결해야 함을 의미 한다. 그렇다고 해서 신앙에 있어서의 개인주의, 교회에 있어서의 개교회주의가 기독교 신앙의 건전한 특성이라고 이해해서는 안 된다. 이런 이기주의적이고 자기본위적인 입장을 개교회의 독립성(independency)과 혼동해서는 안 된다. 개인도, 개별 교회도 완벽하게 독립되어 있고 독립된 자주적 의사결정과 행동을 해야 하지만 머리이신 그리스도를 중심으로 한 몸으로 연합되어 있음을 잊어서는 안 된다.

2. 자발성(voluntariness)의 원리[5]

구원에 이르는 신앙뿐만 아니라 신앙 행위와 참여 활동 또한, 외적 압력에 의하거나 외적 조건에 휩쓸려 마음의 열망과는 반대로 행동해서는 안 된다. 기독교 신앙은 모범답안을 외우거나 베껴 쓰는 것이 아니다. 자기 안팎의 어떤 이기적, 피상적 이유 때문에 믿기로 하는 것이 아니다. 오직 하나님을 향하고자 하는 마음, 그리스도를 갈망하고 더 원하는 순전한 마음으로부터 진정한 기독교 신앙이 시작된다. 하나님의 구원사역의 첫 번째 움직임은 세상을 향하고, 자기중심적이며, 탐욕에 지배되는 그 마음을 하나님 쪽으로 돌이키고 돌아서는 것이다. 은혜를 받고 싶은 마음을 갖는 것 그 자체가 그 개인에게 주어진 최초의 은혜이다.

하나님의 계명을 지켰다는 사실도 중요하지만, 하나님의 영광을 위하여 하나님의 계명을 지키고 싶어서 지켰다는 그 마음이 근본적으로 소중하다. 구세주 예수 그리스도를 마음으로 영접하고 싶어졌고, 진리를 사랑하는 마음이 스스로 우러나와 고백하고, 말씀과 계명에 대한 자발적 순종과 헌신을 하게 되는 것을 신앙과 교회 선택의 원리가 되어야 한다. 그런 점에서 자발성의 원리 "(영적) 기쁨의 원리,"

---

5) "자원주의"(自願主義, voluntarism)라고 말할 수도 있다. 그러나 "자발성"은 종교의 근본원리를 능가할 수 없는 경우가 많고 "voluntarism"은 주의주의(主意主義)라는 철학적 입장을 가리키는 것으로 오해될 수 있다. "voluntariness"가 훨씬 좋은 용어라고 생각한다.

"즐거움의 원리," 혹은 "행복의 원리"라고 말할 수 있다. 그러나 "하고 싶을 때, 하고 싶은 대로 하면 된다"라는 것이 원리가 되어서는 안 된다. "자원주의"가 최대한의 효과를 낳기 때문에 원리로 택한 것이 아니다. 하나님이 자기 자녀들에게, 구원은 "영원한 복된 생명"의 회복이라는 의미가 있고 참된 행복과 복된 위로를 주기 위하여 세상에 교회를 허락하셨다는 의미가 있다.

3. 양심의 자유(Liberty of Conscience)의 원리

내면의 자아인 영혼과 그 영혼을 담는 그릇인 육신은 하나로 결합하여 "사람"을 이룬다. 보이는 부분인 육신과 영혼의 접합이 어떤 식으로 이뤄졌는지 우리는 아직 모른다. 이것은 또 하나의 "신비적 연합"이다. 멀리 떨어진 사물은 망원경을 통해 우리 시야에 들어와 시각을 통해 우리의 뇌에 그 정보가 전달되지만 어떻게 물질에 구애받지 않는 우리의 영혼이 그 물리적 정보를 통해 "지각"하고 알게 되는지는 아직 밝혀지지 않고 있다.

우리의 내면적 자아, 마음 깊은 곳에 있는 "양심"은 그러므로 어떤 물리력에 의해 억압되거나 간섭받지 않는다. 두려움에 사로잡혀 뜻을 굽히거나 타협하거나 포기하는 것은 사람의 마음과 생각이 스스로 내린 타협이다. 그런 경우에도 양심은 물리적으로 간섭받지 않고 자유로운 상태이다. 그러니까, 양심은 본래 자유한 것이다. 그럼에도 불구하고 양심의 자유를 주창한 것은 중세적 신앙원리 때문이며, 폭압(暴壓) 때문이다.

"유럽"이라는 것은 프랑크 왕국의 샤를마뉴(768-814) 시대에 윤곽이 잡히기 시작하였다. 군사정복자인 샤를 마뉴는 오늘날 프랑스, 벨기에, 네덜란드, 오스트리아, 독일, 이탈리아의 상당 부분, 스페인 북동쪽에 해당하는 지역을 자신의 영토로 편입시켰다. 772년에서 804년까지 독일 북서부의 섹슨족을 병합한 뒤에 그 지역 전역에 선교사들을 보내고 주교구를 설치하여 강제 개종을 실시하였다. 당시 샤를마뉴가 제정한 "섹슨법"의 몇몇 조항을 살펴보자.

> 4조. 기독교를 멸시하여…거룩한 사순절 금식기간에 고기를 먹는다면, 그를 사형에 처할 것이다.
>
> 5조. 주교나 사제를 죽였다면 효수에 처한다.
>
> 8조. 섹슨족 중에 세례6)를 받지 않기 위해 숨거나 세례를 받으러 오는 것을 조롱하는 사람이 있다면 즉, 그대로 이교도로 남아 있기를 원하는 사람이 있다면 사형에 처한다.

게르만족은 이미 초대교회 당시부터 로마세계로 이동하기 시작하였고 5세 이후부터는 유럽의 주민이 되었다. 이들을 기독교화하는 데에는 신약성경과 바울이 보여준 방식과는 근본적으로 다른 방식을 사용하였다. 간단히 말하자면 소위 "강제개종"과 "참회의 (외적) 제도화"였다. 당시에는 이런 방식으로 이교도화 된 유럽을 복음화시켰

---

6) 당시에는 이미 변질되어 "침수침례"가 아니라 "세례"를 준 것으로 보인다.

다면, 16세기에는 특수주의 특히, 개별성과 자발성의 회복과 "내적 (영적) 참회"의 회복은 유럽을 재복음화하는 원리라고 볼 수 있다. 즉, 중세 유럽 교회의 개혁과 복음화는 이 섹슨법의 유산과 교구제도의 복음적 해체, 참회의 내면화에 있었다.

그러므로 성령과 말씀의 빛에 의해 내면으로부터 참과 거짓을 분간하게 되고 참 하나님을 경배해야 한다는 양심의 외침을, 그 어떤 제도 혹은 권력이 압력을 행사하거나 불이익을 주어서는 안 된다는 원리가 표출되는 것은 당연한 것이었다.

4. 고백주의(confessionalism)의 원리

믿음은 마음속에서 생성되고 마음의 결단을 내리는 것으로 시작한다. 그러나 참된 믿음은 마음속에만 머물러 있어서는 안 된다. 입술로, 삶으로 표현되어야 한다. 내적 경건은 외적 경건으로 자연스럽게 흘러 넘쳐야 한다. 믿음의 초보는 그 초보적 믿음을, 성숙한 신자는 성숙한 믿음을 하나님과 사람 앞에 드러내고 증거해야 옳다. 마음에 있는 믿음을 겉으로 드러낼 때 그 진정성을 확인할 수 있을 뿐만 아니라 서로의 부족함을 채워줄 수 있게 된다.

그 고백을 자신의 언어로, 기록으로 남긴 것이 신앙고백(서)이다. 이러한 신앙고백 자체는 구원이 아니며 구원에 대한 보증이 아니다. 개인 안에 실현된 구원을 표현하는 것이며 자신이 맛본 하나님의 은혜를 언어로 나타낸 것이다. 그러한 고백을 통해 비로소 참다운 신앙에 대한 전반적인 모색이 가능해지고, 같은 신앙을 가진 사람들이 함께 모일 수 있게 된다. 사실 이 고백주의 단계에 와서야 진정한 의미에서의 지상교회가 구현될 수 있고, 교파교회가 형성되는 것이다.

마치 경건하며 영성이 깊은 신자들은 신조서 혹은 신앙고백서 따위에 연연해하지 않으며 구애받지 않는 태도를 갖는 것이 훨씬 성경적이며 온건하고 포용력이 있는 것이라고 여기거나 말하는 사람들이 있다. 그러나 그러한 주장은 역사적 진실과는 거리가 멀다. 그러한 경향은 정상적인 것이 아니다. 종교개혁은 신앙고백의 세기를 낳았고 그러한 세기를 치열하게 살다간 사람들에 의해 순수교회의 기초가 회복되었다. 종교개혁의 정당한 후예들이며 그 정신을 계승한 사람들은 자신들의 신앙을 정확한 표현으로 나타내는 것을 두려워하지 않았기에 무수히 많은 신앙고백서들이 나타났다. 교회를 세울 때에도, 교회의 대표자들이 만나 하나가 되었음을 나타낼 때에도 신앙고백서를 발표한 경우가 허다하였다.

5. 결사(혹은 연대)의 자유(Freedom of Association)의 원리

"고백주의" 원리는 세속적인 방식으로 말하자면, "언론출판의 자유"에 해당한다. 그러나 "언론출판의 자유"와 "고백주의"는 교회와 세속의 차이 이상의 차이가 있다. 전자는 개인의 의견이나 자유로운 비판을 핍박받지 않고 공표할 수 있는 권리를 말하지만 "고백주의"
는 기독교 신앙인의 권리인 동시에 의무이다.

그 고백된 신앙과 신학이 일치한 사람들이 하나의 공동체로 결합
하여 자발적이고 자유로운 섬김을 통해 하나님의 영광을 도모하고
성도들의 행복을 위해 기여하고 그 교회의 존립목적을 충실히 수행
하는 데까지도 나아가야 한다. 이 종교개혁 신학의 정신을 교회론까
지 철저히 밀고나가, "교회"를 구성하는 핵심원리로 삼아야 한다는
주장을 회중주의라고 볼 수 있다. 옛 침례교인들은 이 정신의 실질적
이고 유효한 실현방안은 각각의 독립된 교회들이 지방회로 "연대"
하는 것이라고 보았다.

성도의 신앙은 개별적이고 자발적이며 고백주의적인 것이므로
자신의 신앙고백과 일치하면 필요할 때 연대하고, 불일치하면 혹은
필요하다고 여겨지면 물러나기를 자유롭게 하는 것이 옳다. 경우에
따라서는 신학이 달라도 존경할 만한 기독교인으로 인정해주고 기독
교적 사업에 연대할 수 있는 것이다. 그렇기 때문에 "결사"(結社,
association)라는 단어는 침례교회가 등장하고 최초의 "연대(連帶,
association)" 즉, 지방회(association)를 만들 때부터 애용된 단어이며,
교회와 교회 간 원리의 두드러진 특성을 드러낸 단어이다.

건강하고 성숙한 기독교교회에서는 기독교 신앙의 5 대원리(5
Solas)와 특수주의(particularism) 즉, 교회론의 5대 원리가 성숙된 모
습으로 구현되어야 한다. 종교개혁의 후예들이 교파교회로 나뉘고

하나가 되지 못하는 것은 교파가 형성될 당시까지 자신들이 발견한 원리를, 선배들로 물려받은 것을 최종적인 것으로 간주하고 주저앉았기 때문이다. 1630-40년대에 침례교회의 참다운 정체성을 가진 교회가 등장하였다는 것은 시기적으로는 종교개혁에 뒤늦게 동참한 것처럼 보이지만 자신들이 물려받은 유산을 결코 최종적인 유산으로 간주하지 않고 훨씬 더 성숙되고 순수한 모습의 교회를 보여주었다. 다시 말하자면, 종교개혁 신학의 최종적 단계를 보여주는 것은 침례교회의 방식이다. 기독교 신앙의 5대원리와 특수주의 원리들을 개인의 구원과 신앙생활뿐만 아니라 교회론까지 철저하게 적용한 그 방식과 원리는 오늘날 한국 침례교회들뿐만 아니라 기독교계 전체를 위해 매우 귀중한 모범이다.

제2부

순수 교회의 회복

참되고 좋은 교회가 세상에 존재한다는 것만큼 큰 즐거움이 없고 그런 교회의 지체가 된다는 것만큼 큰 축복이 없다

구원을 찾는 자는 구원을 "찾은 자"를 만나야 한다. 구원의 체험자 즉, 증인을 통하지 않고서는 그리스도와 그의 안에 있는 구원을 올바로 알 수 없기 때문이다. 구원을 찾았다고 해서 모든 일이 끝나는 것은 아니다. 성도의 신분이 시작되면 새로운 일도 시작된다. 성도가 되었으면 맨 먼저 해야 할 책무는 하나님의 "참된" 교회를 찾아가 그 "구성원"이 되는 일이다. 하나님의 참된 교회를 찾아가는 것은 복음 전도자가 손을 붙잡아 이끌어주는 대로 순순히 따라가는 그 이상의 매우 적극적인 의무수행을 의미한다. 그러기 위해서는 먼저 하나님의 참된 교회를 "분간"할 수 있어야 한다. 거짓된 인도자, 잘못된 지침을 제아무리 성실하고 정성껏 따라도 그 자체로는 참된 교회, 참된 하나님께 도달하기가 불가능에 가깝다.

기독교 신앙에 처음 입문한 자에게 있어서 "좋은" 교회를 골라잡는 것도 지극히 어려운 일이지만 "참 교회"와 "거짓 교회"를 분간한다는 것은 사실상 불가능에 가까운 과제이다. 그러나 현실적으로 불가능하다고 해서 그 일이 불필요해지는 것은 아니며 적당히 넘겨도 좋은 것은 결코 아니다. 초신자가 보기에 좋고 느낌이 "좋은" 교회가 곧 "참된" 교회가 아닐 수 있기 때문에 좋은 교회를 찾는 선에서 멈출 수도 없다.

신약성경 특히, 바울의 서신들을 읽어보면 계시의존적 사고와 교

회중심적 사고(思考)는 하나님께 속한 사고방식의 중요한 특성임을 분명하게 발견할 수 있다. 그러나 오늘날 신자들에게서 교회중심적 사고방식은 점점 소홀해지고 있다. 건강한 가정과 건강한 삶 사이의 관계는 건강한 교회와 건강한 신앙과의 관계와 같다. 게다가 신앙의 "참됨"과 "건강성"의 회복과 유지가 절실히 요구되는 오늘날 "참된" 교회를 찾고 그 교회의 "참됨"을 유지하는 것은 그 무엇보다도 우선되어야할 과제이다. 하나님의 영광은 교회 안에서 가장 지속적으로, 가장 찬란하게 빛나기 때문이다. 참된 교회에 속하지 않고는 신앙의 지속적인 성숙은 지극히 힘들고, 온전한 신앙을 가진 다음 세대를 양육하고 그들에게 참된 교회를 물려주기는 더더욱 어렵기 때문이다.

개인 혼자서라도 영성을 도야하며 경건한 사람이 되고 거룩한 삶을 살아가야 하지만, 종교의 본질을 다 담아내지 못한다. 기독교는 분명, 모든 신자의 합, 모든 경건의 합보다 크다. 참된 신앙의 원리를 충분히 갖춘 신자들의 합 그 이상의 것이 교회이다. 신자가 신자다움을 추구해야 하는 것처럼, 교회도 교회다움을 각별히 추구함으로써 기독교신앙과 특수주의 원리들이 더욱 순수하고 더욱 선명하게 빛나도록 해야 한다. 이것이 종교개혁의 후예로서 우리가 해야 할 일이다. 제 2 부에서는 종교개혁 신학이 '교회다움의 회복과 어떤 관계에 있는지를 살펴보고자 한다.

1. "교회"란 무엇인가?

"교회"를 어떤 전문적인 용어와 수사로 정의하든 "기독교 신자들이 무리지어 모인 것"이라는 내용에서 벗어나지 않는다. "종교"라는 것이 "종교성" 그 자체로 존재하고 발전할 수 없는 노릇이다. 종교는 그 종교성을 현실적으로 구체화하는 그 무엇을 통해 존재를 드러내고 발전 계승된다. 불교의 경우에는 불가(佛家)의 삼보(三寶) 즉, 불(佛) · 법(法) · 승(僧)을 말한다. 이것은 중이 특정한 곳(사찰)에서 부처를 모셔놓고 불법을 연마하는 곳에 불교가 있다는 뜻이다. 그래서 사찰(寺刹)을 "절집"이라고도 한다. "중이 사는 집"이 곧 불가(佛家)라고 보면 될 것이다. 로마교회의 경우에도 불교처럼 "사제"(司祭)계급이 존재하기 때문에 현실적으로 "사제들이 미사를 드리기 위해 건립한 사원(寺院)"이 "교회"다. 그렇게 보면 로마교회에서 교회란 "사제의 회(會)"이며 "사제의 집"이다. 이런 경우들은 일반 신도들은 그 사제들 혹은 승려들을 추종하는 사람들이다. 그런 점에서 불교나 로마교의 원리는 크게 다르지 않다고 볼 수 있다.

기독교교회의 경우에는 어떤가? 세속적인 관점에서 보면 불교나 로마교회와 그리 큰 차이가 없어 보인다. 육적인 눈에는 "보편교회," "무형교회," "그리스도의 몸" 같은 것은 보이지도 않고 볼 수도 없다. 성도 개인의 마음이 "성령의 전(殿)"이라고 아무리 생각해도 정해진 시간에, 정해진 장소에 있는 물리적 "교회"를 찾아간다. 신앙의 깨달음이 약하고 낮을수록 감각적 사고에 치우쳐져서는 "본래적 교회"는 추상적이고 비현실적인 것으로 간과하게 된다.

가장 낮은 차원에서 기독교 "교회"는 "건축물"이다. 그곳을 교회라고 부르는 까닭은 라틴 십자가를 세워두었고, 교회라는 현판을 붙였고, 무엇보다도 교인들이 그곳을 교회라고 생각하고 정해진 시간에 모여들기 때문이다. 그런데 로마교회의 사찰인 "성당"이나 불교의 사찰인 "절"은 신도입장에서는 단지 그런 정도로만 인식해도 크게 불편하지 않다.[7] 그러나 기독교 교회는 "장로교회," "감리교회," "성결교회," "침례교회"로 나뉘어져 있다. 그래서 기독교에서 "교회"란 각 교파별로 나뉘어져서 기독교 예배의식을 거행하는 장소를 가리키고, 교회를 선택하는 것은 "교파교회"를 선택하는 것이다. 그러므로 세상 사람들의 눈에는 사실상 기독교가 존재하는 것이 아니라

---

[7] 그렇다고 해서 불교나 로마교에 종파가 없는 것은 아니다. 불교의 경우 수행방법, 주로 의존하는 경전 등에 따라, 로마교회는 신학과 전통에 따라 많은 파가 나뉘어져 있다. 그러나 이러한 분파는 성직자 계급의 문제이고 일반 신자의 경우에는 전혀 무관심해도 불편하지 않다.

"장로교," "감리교," "성결교," "침례교" 등이 존재하는 셈이다. 결국 기독교 신자의 입장에서는 "어떤 이름의" 기독교가 진짜일까라는 문제가 제기되는 셈이다. 교회를 선택하는 행위는 교파를 선택하는 행위와 다를 바 없이 되었다. 대개 특별한 설명이 없기 때문에 교회 즉, 기독교 교파의 선택은 자신의 관계, 분위기, 소문 등 비본질적인 것에 의존하여 선택한다.

불교와 로마교는 사제계급이 존재한다. 사제계급은 신자들 중에서도 특별히 구별된 자들로서 그 종교의 본질을 이루는 신분의 사람들이다. 그러므로 불교와 로마교의 종교성은 사제계급에 좌우된다. 그러나 기독교에 사제계급이 없다. 이것은 계급체계의 효율성을 모르거나 단순히 혐오해서 없애버린 것이 아니다. 종교의 본질을 전적으로 다르게 파악하였기 때문이다. 기독교에 있어서 종교의 본질은 한 마디로 신자 개개인에게 즉, 성도에게 있고 "교회"란 한 신앙을 가진 자들이 하나로 묶인 것을 가리킨다. 그러므로 기독교에 있어서 "교회"란 "성도의 교제"이다.

"성도의 교제"란 단순하게 파악할 때는 "동시대를 살아가는 사람들 가운데 같은 신앙을 가진 사람들의 모임" 정도의 의미를 가질 수 있다. 그러나 "성도"는 신자가 되기로 결단한 사람을 가리키지 않는다. "화이브 솔라스"에 입각한다면, "이미 신자가 된 사람"을 가리킨다. 하나님이신 성령이 기록된 말씀에 입각하여 그리스도의 구속을 적용시켜줌으로써 하나님께로 불러냄을 받은 사람을 가리킨다. 기독교적 원리에 따르면, 기독교인은 어떤 가시적 교회에 가입하기 전에 "이미" 그리스도 안으로 심겨진 성도가 되었고 그 변화가 인격과 삶으로 드러나기 시작했을 뿐만 아니라 그 교회와 더불어 그리스도의 멍에를 함께 짊어지겠다는 합의에 다름 아니다. 이렇게 받아들이는 것을 "입교"(入敎)라고 부르고 이렇게 "허입"(許入)된 신자를 "회원" 혹은 "지체"라고 부른다. 정규적인 예배출석자들이라고 해서 자동적으로 "회원권"이 부여되지 않아야 하는 것이 기독교적 특성이다.

그렇다면 불교나 로마교회에서는 입교(入敎)란 종교의 정수를 간직한 사제들이 그 추종자들을 받아들이는 것이고, 기독교 교회에서는 교중(敎衆)이 신앙의 일치를 확인하여 교중으로 받아들이는 것이다. 이 때문에 기독교에서는 교회를, "지역 내 신자들의 모임(會衆)"이며 그리스도와 그의 사도들이 하나님의 뜻에 따라, 그리스도의 가르침에 따라 세운 것이라고 정의한다. 이렇게 함으로써 기독교 신자는 사제의 추종자가 아니라 하나님과 그리스도의 추종자이며 따라서 "하나님의 교회," "그리스도의 교회"라고 부른다. 또한 각 개인에게서 나타난 신앙의 원리들은 회중 속에서 다시 한 번 확증되고 확대된다. 지상의 모든 기독교 교회는 그리스도의 교회로부터 번져나간 것이며 따라서 여전히 그리스도의 교회이다. 이렇게 연장된 관점으로 "교회"라는 말을 사용하면 기독교를 가리키는 총괄적인 명칭이 된다(마 16:8). 그런 점에서 눈에 보이지 않는 교회의 가시화된 실체이다.

"교회"란, 기독교 신앙의 근본 원리 즉, "화이브 솔라스"가 사회적으로 철저히 구현되는 곳이다. 교회는 하나님의 영광을 위하여, 하나님의 기쁘신 뜻에 따라, 그리스도의 계명을 실행하기 위해 무리지어 유기체적으로 한 몸을 이룬 지상적 실행부서이며, 하나님 나라의 지상적 구현체이다. 그러므로 교회는 그리스도의 계명을 개폐할 권한이 없고 새로운 계명을 추가해서도 안 된다. 교회가 처음 세워질 당시의 모습과 상태, 본연의 사명을 순전하게 보존하고 회복하는 것은 모든 세대의 신자들의 본질적 임무 가운데 하나이다.

성경적 관점에서의 교회는, 성령의 역사로 말씀을 통해 회심하여 그리스도를 믿고 침례를 받은 자들의 모임으로서, 그리스도의 이름으로 말씀을 통해 하나님을 경배하기 위해, 그리스도께서 명령하신 모든 것을 행하기 위해 한 장소에, 함께 모인 것이다. 이런 모임 하나하나가 교회이다. 각각의 교회는 하나님과 직접적인 교제가 회복된 사람들(성도)의 모임이며 그리스도 이외에는 중보자가 없으므로, 모든 성도는 하나님 앞에서 평등하고 지배자와 피지배자라는 방식의 분류는 존재할 수 없다. 마찬가지로 교회 위에 교회 없고, 교회 아래에 교회 없으며, 교회 안에 교회 없고 교회 밖에 교회 없다.

신약성경에는 "예루살렘에 있는 교회," "안디옥에 있는 교회," "고린도에 있는 교회"라고 "지역적 총회"를 가리키는 것으로 보이는 명칭이 나온다. 또한 "모든 교회들에게"(행 14:23), "그들의 가정에 있는 교회에"(롬 16:5, 고전 16:19). "눔바와 그 여자의 집에 있는 교회에"(골 4:15)처럼 한 가정에 모였지만 하나의 지역총회로서의 교회임을 가리키는 말이 등장한다. 신약성경에는 "스코틀랜드 교회"(the Church of Scotland), 한국기독교장로회(the Presbyterian Church in the Republic of Korea), 기독교한국루터회(The Lutheran Chuch in Korea), 기독교대한감리회(The Korean Methodist Church), 대한예수교장로회(the Presbyterian Church of Korea),[8] 대한예수교장로회(The General Assembly of Presbyterian Church in Korea) 등과 같은 방식의 "통합된 교회" 즉, 교단(敎團, denomination)이라는 것이 없다. 즉, 교회와 교회를 묶어서 "교회"라고 간주하되 다른 명칭을 붙일 수는 있어도, 여러 교회를 체계적으로 묶어서 거기에 다시 "교회"라는 명칭을 붙이는 예가 없다.[9] 대신에 성경에는 "온 유대와 갈릴리와 사마리아 교회들"(행 9:31), "마케도니아 교회들"(고후 8:1), "갈라디아 여러 교회들"(갈 1:2), "아시아의 교회들"(고전 16:19)처럼 복수로 언급되었다.

그래서 여러 교회들을 묶은 단체를 가리키는 명칭에 "교회"라는 단어를 쓸 때에는 "교회들"(Churches)이라고 복수로 표기해야 옳

---

8) 통합측을 가리킨다.
9) 즉, 침례교회의 지방회, 장로교회의 노회, 총회 등은 독립된 교회들의 모임이다. 이렇게 묶을 때 그 영적 측면 즉, 보이지 않는 교회의 속성을 공유하고 있기 때문에 영적 의미에서 "교회"라고 생각할 수는 있어도 그 묶여진 덩어리를 별개의 교회처럼 이름 붙여서는 안 된다. 사람들이 하나로 모였다고 해서 그 모임이 "인격성"(법인격)을 가진다고 해서 다시 "사람"이라고 불러서는 안 되는 것과 마찬가지이다. 다른 말로 하면, 교회는 오직 독립된 개별교회만이 "법인격"을 가지고 교회들의 연합체는 법인격을 가지지 못한다는 것이 기독교의 (회중주의) 원리이다.

다.[10] 또한 어떤 교회에서 뻗어 나온 지교회라는 방식의 표현도 없다. 뻗어나고 자라나왔을지라도 하나의 독립된 회중을 구성하였으면 그 모체 교회의 일부분이 아닌 독립된 교회가 된 것이다. 사도들은 예루살렘 교회의 지교회를 세운 적이 없다. 사도들은 가는 곳마다 독립된 교회들을 세웠다.

교회를 단순히 교파교회의 일부분이거나 혹은 어떤 교파단체 산하(傘下)의 지교회라는 식으로 생각하는 것은 성경에 뿌리를 둔 교회관이 아니다. 따라서 우리 눈앞에 보이는 건물에 있는 교회가 장로교파에, 감리교파에 혹은, 침례교파에 속해 있기 때문에, 혹은 건전한 교단의 관리를 받기 때문에 건전한 교회라고 생각하는 것은 일종의 "허위의식"이다. 자기기만이다. 내가 속해 있는 교회가 어떤 안정된 교파에 속해 있기 때문에 문제가 발생했을 때 그들이 판단해주고 해결해주기 때문에 더욱 안전하다는 것 역시 현실적으로 그럴 수는 있지만 성경적 원리에 입각한 사고방식은 아니다.

그리스도의 교회들은 현실에서는 지역적이고 독립적인 몸체들이며, 따라서 개별적 혹은 분리된 자격으로 하나님의 기준에 따라, 그리스도의 법을 실행해야 한다. 한 장소에 하나로 모인 하나의 개별적인

---

10) 이것이 회중주의 교회의 정신에 부합하는 것이다. 침례교인들 특히, 특수침례교인들은 이런 전통을 가장 확고히 유지해온 사람들이다. 교단 전체를 가리키는 교단명칭의 영어표기에 "컨벤션"(convention)을 사용하는 것은 이 정신 때문이다. 침례교회에서는, 장로교회에서 교단을 가리킬 때 사용하는 "총회"(assembly)라는 단어를 "독립된 개별교회" 혹은 "지방회"(association)를 가리킬 때 사용하곤 하였다.

교회가 곧 그리스도가 인정한 최고의 독립된 교회권위체이다. 만일 교회법정을 하나 혹은 여러 단계로 설치해야 한다면 그 개별교회 안에 두어야 한다. 그 교회 밖에 법정을 설치하는 것은 중세적 교구교회의 찌꺼기일 뿐이다(마 18:15-17).

그러므로 각각 독립된 유기체인 교회는 다음과 같은 기본적인 활동을 자신의 이름과 권한으로 수행함을 알 수 있다.

(1) 회원을 받아들이는 것(롬 16:1, 행 2:41).

(2) 회원으로서 용납하기 어려운 자를 파문하는 것(마 18:17, 고전 5:5, 13, 살후 3:6).[11]

(3) 뉘우치는 자의 회원권을 회복시켜주는 것(고후 2:7-8).

(4) 사역자들을 따로 세우는 것(행 13:2).

(5) 집사들을 선택하는 것(행 6:5).

(6) 선교사들을 파송하는 것(행 13:3).

(7) 교회 안에서 혹은 교회의 분열을 야기하는 자들을 분간하고 피하는 것(롬 16:17).

성경에 따르면, 그리스도께서 개별 교회의 역량에 명확하게 맡겨둔 통치권을 행사하는 어떤 교회단체도 교회의 머리이신 그리스도께서 각 교회에게 맡긴 양도불가능한 권한을 찬탈하는 것이며, 하나님

---

11) 여기에서의 "파문"은 "excommunication"의 번역이다. 원문의 단어를 그대로 살리기 위해 "파문"이라고 번역하였다. 해당자에게 "구원이 없다"고 혹은 "구원을 취소한다"라는 선언이라기보다는 공식적으로 교제를 단절하고 "회원권"을 몰수한다는 선언으로서 "제명"에 해당한다.

의 명백한 명령을 자기 나름대로 적절하게 혹은 취향에 맞춰 조절하는 행위이다. 그러므로 교회의 통치와 치리는 독립된 하나의 몸체인 각각의 교회에 한정되어 있어야 한다. 각각의 교회는 그 자체로 교회의 참된 가치를 회복하고 유지해야 한다.

이러한 당위성과 교회에 관한 참된 이해에도 불구하고 교회를 선택하거나 건강한 교회를 만든다는 현실적인 과제는 쉽지 않다. 종교개혁 신학이 참다운 교회상을 회복하였을 때 "회중교회"로 나타났다. 이것은 로마교회의 교회체제인 "교구교회"를 대체한 것이라고 말할 수 있다. 로마교회의 성직계급체계를 주교정치체제라고 하는데 이것은 교구교회들의 상부에 있는 통치체계와 방식을 가리킨다. 일반 신자의 입장에서는 단지 교구교회를 다닐 뿐이며 교구교회에 묶여 있는 교구사제 역시, 성직계급체계와는 크게 상관이 없었다. 그러나 오늘날의 교회가 무엇인가를 이해하기 위해서는 교구교회와 회중교회, 그리고 그 사이에 놓여 있는 관계를 고찰하지 않을 수 없다.

2. 교구교회

종교개혁은 교회론에 있어서 매우 철저한 변화를 일으켰다. 흔히 중세교회의 본질을 성직계급주의 즉, 사제단의 계층화에 있었고 종교개혁은 그 사제계급을 철폐한 것으로 간주한다. 하지만 이는 두 가지 점에서 매우 만족스럽지 못한 시각이다. 첫째는 개신교의 주요 교단은 중세의 사제계급체계는 받아들이지 않았지만 그와 유사한 계급체계를 여전히 유지하고 있다. 중세체제를 철저히 거부한 동시에 성경적 체제로 돌아간 것은 침례교회체제뿐이다. 둘째, 중세적 교회관과 종교개혁적 교회관의 본질적 차이는 교구교회와 회중교회를 비교하면서 찾아야 한다. 첫 번째는 이 책의 3부에서 다루겠고 여기에서는 이 두 번째 논점만을 다루겠다.

초대교회 즉, 로마시대의 교회는 대도시 거점방식으로 퍼져갔다. 먼저 대도시에 교회를 세우고 그곳을 기지로 삼아 주변 농촌지역과 인근 도시로 전도활동을 전개하는 식으로 교회를 세워나갔다. 대도시를 중심으로 작은 도시들이 묶이고 각 도시들은 그 주변의 농촌지역을 묶었다. 결국 후대의 주교정치체제[12] 및 교구교회들과 엇비슷한 양상이지만 2세기 중반까지는 교회들 간에 지배 · 피지배의 관념이 존재하지 않았다. 이런 양상을 보인 것은 교회의 본질적 속성에 입각하여 의도적으로 발전시킨 것이 아니라 로마사회가 그런 식으로 연결되어 있었기 때문이다.

그러나 5세기 이후 게르만화가 상당히 진척되면서 그 전과는 거의 모든 것이 본질적으로 달라졌다. 게르만화된 로마교회는 군사지

---

12) 지역교회들을 봉건제도에 맞춰 교구로 편성하는 방식을 교구(교회)체제라고 한다. 이 하부체계를 구성하는 말단인 교구교회들을 지배하는 (교회내의) 상부지휘체계를 구성하는 방식이 "주교"를 정점으로 한 계급체계방식이기 때문에 주교(정치)체제(혹은 감독정체)라고 한다. 개신교회의 감독정체와 로마교회의 주교정체의 차이점은 그 체계의 상위에 다른 피조물 지배자를 두느냐 마느냐에 차이가 있다고 볼 수 있다.

도자의 선택에 따른 "집단개종," "군사적 충성서약과 다를 바 없는 개종과 입교," "군주의 명령에 의한 강제개종"을 정당한 것으로 받아들였다. 샤를마뉴는 이미 기독교가 들어간 지역을 새로 정복한 경우에도 자신의 주교를 파견하여 교구를 편성한 뒤 법과 칼로 개종을 강요하였다.

잉글랜드를 예로 들자면, 잉글랜드는 이미 로마시대에 기독교가 전래었지만 아일랜드-스코틀랜드의 켈트족이 본격적으로 선교활동을 전개하던 때에 로마교회도 잉글랜드에 선교사를 파견하였다. 켈트 기독교는 경건한 삶을 중심으로 한 자연적인 전도방식이었던데 반해 로마주교는 사회와 문화를 우선적으로 지배하는 것에 더욱 관심을 두고 질서체계를 도입하였다. 반면에 로마주교가 파송한 선교사들은 처음부터 잉글랜드-웨일즈를 북부의 요크를 중심으로 한 대주교구와 남부의 케터베리를 중심으로 한 대주교구로 나누고 각각의 대주교구에는 12개의 주교구를 두겠다는 복안을 가지고 있었다. 휫비회의에서 로마파가 잉글랜드 선교의 주도권을 장악한 뒤부터는 주요 종교회의도 교구경계선과 주교간의 서열 및 질서와, 그에 따른 지배권한에 큰 관심을 두었다.

유럽을 전체적으로 볼 때, 대략 10세기 말경에는 교구체제가 유럽의 구석구석까지 미쳤다. 즉, 유럽 전체를 교구체제로 편성 완료한 것에서 중세시대가 열렸고 오늘날까지 이어지는 유럽이 시작되었다. 잉글랜드의 경우는 1040년대부터 노르만 성직자들을 통해 노르만화가 진행되고 있었고 1066년에 노르만 공(公) 윌리엄의 정복 이후에 주교정체와 교구교회체제가 철저하고 본격적으로 정비되었다.

교구체제란, 유럽을 무수한 땅 조각으로 나눈 뒤, 그 땅의 명목상 소유자(왕)와 사실상의 소유자(일차 수봉자-대귀족) 그리고 경영자(2차 수봉자-기사계급)와 그 땅에 예속된 농노계급으로 나눈 봉건체제의 교회판이라고 볼 수 있다. 이론적으로는 지역별로 선교구역으로 나누어 각각의 구역에 있는 주님의 양들을 돌본다는 생각이다. 그러나 실제로는 그 땅에서 태어났다는 이유 하나만으로 그 사람을 영주의 땅에 속한 교회에 강제 편입시켜 관리한다는 편의적 발상이다. 교황은 명목상의 지존이고 사실상 주교가 대영주에 해당되는 교회군주였다. 개별 교회는 주교의 지배를 받든, 세속영주의 지배를 받든 중세 장원의 일부에 불과할 뿐이었다.

"좋은" 교회란 주교체제에 의해 교황 및 주교와 "잘" 연결되어 있고 "좋은" 관계를 유지하고 있다는 의미였을 뿐이다. 그러나 중세교회의 주요 문제는 교구체제와 봉건체제는 토지를 매개로 해서 하나로 통합되고 만 것에서 발생하였다. 사실상 봉건군주가 교회의 주인이 되었다. 교회의 헌금은 농노의 수익을 강제로 징수하는 수단이, 교회는 영주의 행정관서가, 목사는 영주의 비서가 되었다. 주교 또한 광대한 영토를 지닌 봉건영주와 전혀 다를 바 없게 되었다. 대개의 주교와 사제들의 일차적 관심사는 권력과 이해관계에 있을 수밖에 없었고 심지어 권력기반을 지키기 위해 칼을 든 전사주교(戰士主敎)까지 등장하게 되었다.

그런 점에서 중세는 기독교세계(Christendom)였기는 해도 진정한 의미에서는 복음화 된 적은 없었다. 중세 시대에 태어난다는 것은 본인의 의사와는 전혀 상관없이 교구교회의 신자로 태어난다는 것이며 중세 시대에 주민으로 살아간다는 것은 믿음의 여부와는 상관없이 봉건체제와 교구교회의 갖가지 굴레에 얽매인 삶을 기계적으로 살아간다는 의미였다. 이처럼 종교개혁 이전의 교회는 영주교회(領主敎會)이며 그 주민들은 자신의 신앙과는 상관없이 영주의 명령과 인습에 의해 신자노릇을 할 수밖에 없었다. 이 교회들은 기독교식 예전(禮典)들과 전통에 의해서 편입된 예전들을 수행하고, 그에 따라 로마주교와 그의 사제들에 의해 보장된 구원을 받을 수 있다고 여긴 점에서 "교회"였던 것이다. 그들이 교회에 간 것은 거기에 교회가 있었고, 외적 강제에 의해 교회에 출석하지 않을 수 없었기 때문이었다.

결국, 교구교회란 가시적(可視的), 현세적(現世的) 특성들을 교회의 본질로 간주한 전형(典型)이며, 자본화되고 이기적, 자기중심적 교회의 선례일 뿐이다. 중세신학은 단지 오류가 섞여 있어서 잘못된 것이 아니다. 우리의 신학은 하늘의 신학을 추구하는 우리의 노력 및 과정에서 필연적으로 오류가 발생하고 불순물이 끼어들기 마련이기 때문에, 사실 오류 그 자체가 문제의 핵심이 아니다. 중세신학은 "중세인들의" 신학이며 그런 의미에서 "우리의" 신학에 속한다. 중세신학을 조목별로 보면 매우 깊이 있고 그래도 많은 부분이 말씀에 입각해 있고 건전하며 우리 신학의 기초가 되었다. 중세신학의 가장 큰 문제점은 오류 그 자체보다는 잘못된 교구교회체제를 유지하고 옹호하기 위해 왜곡되고 뒤집혔으며 체제유지를 위해 그 왜곡을 끝까지 고집하여 진리를 거부하는 데까지 나갔다는 점에 있다. 그런 점에서 중세신학은 진리를 위한 신학이 아니라, 주교체제와 교구교회체제를 위한 신학이었다고 볼 수 있다. 따라서 중세체제를 탈피하고 교구교회적 즉, 주교체제를 거부한다는 것은 필연적으로 신학의 철저한 통찰과 재정립이 요구되었다. 그 결과로 전신자제사장직 교리가 제시되었고 이에 따라 회중주의 교회관이 수립되었다.

3. 교구교회에서 회중교회로

교구교회체제를 벗어나는 것은 주교정치체제를 부인하고 교구체제를 물리적으로 해체하는 차원에서 끝나지 않는다. 교구체제의 기반인 물리적 토대와 교회에 대한 세속적 지배권과 영향력을 물리치고 복음적 교회체제를 온전히 회복하는 지점까지 가야 한다. 이 변혁운동의 중심에는 참다운 기독교 신앙의 정수와 복음적 신학의 재발견 및 정립이 있어야 한다.   ˙

중세교회의 중요한 특징들을 열거하라면 7 성례전을 거론하고 복음적 개혁은 그 수(數)를 일곱에서 둘로 줄인 것에 의미가 있다고 말하는 것이 보통이다. 그리스도께서 자신의 교회에 제정해주신 예전은 둘 뿐이라는 점에서는 옳은 말이다. 그러나 일곱 개의 성례전을 두 개로 줄인 것에는 그 숫자 이상의 의미 즉, 교구교회체제의 족쇄를 파괴하고 그 원리를 해체하였다는 데 진정한 의미가 있다. 일곱 성례전 은 사람을 출생부터 사망까지의 삶 전체를 "물리적으로" 교회에 묶어두는 도구였다.[13] 이 체제에서 신앙생활이라는 것은 사제가 매우 중요하다고 평가한 7성례전과 기타의 (준)성사에, 사제의 명령대로 참여하여 사제단과 좋은 관계를 유지하고 있다는 것을 의미할 뿐이 었다. 7 성례전은 구원을 획득하고 유지하는데 너무나도 중요해서 참 여자의 "믿음"은 전혀 상관이 없었고, 준성사는 7성례전보다 영적 효력이 떨어지는 예전들이기 때문에 효과를 얻기 위해서는 참여자의 믿음이 요구되었다. 분명 "믿음"보다 "행위"를 중시하였다. 좀더 엄밀하게 말하자면, 신앙 그 자체보다 사제에 대한 순복이 훨씬 중요한 것이다. 이렇게 교구교회의 핵심인 성례전 신학은 종교의 본질적 특성인 "참회" 즉, 회개의 변질 및 참된 종교의 전복이 그 중심에 놓여 있었다.

(1) 중세교회 부패의 핵심: 참회의 제도화

눈에 보이는 것, 그리고 가시적인 그것을 손에 확실하게 쥐었을 때의 감각을 통해 그것이 진짜라는 확실감이 커진다. 반면에, 눈에 보

---

13) 물론 처음부터 나쁜 의도로 일곱 개의 성례전을 만든 것은 아니었다. 7성례전으로 확정되기 전에는 대략 30가지의 성례전이 난립하였다는 점을 감안하면 7 성례전으로의 확정 그 자체는 일단 좋은 의도였다고 볼 수 있다. 나쁜 점은 거기에서 멈춘 것이다.

이지 않고 멀리 있을 때에는 내 것이라고 실감하기 어려워지는 것은 인지상정이다. 복음적 의미에서 참회(懺悔) 혹은 회개(悔改)는 성령 하나님이 사람의 내면에서 일으키는 역사이다. 성령의 역사로 자신이 죄악 되며 멸망에 던져질 수밖에 없는 존재임을 깨닫게 되고 그리스도를 의지하여 거룩한 하나님을 향하는 것을 의미한다. 좁은 의미에서 참회는 하나님 앞에서 자신의 죄를 뉘우치고 자기 본연의 자아를 혐오하는 것이다. 이렇게 참회는 영혼의 일이며 내면에 본령(本領)을 두고 시작되어 인격 전체와 삶에까지 이르는 것이다.

8세기경 콜룸바(Columba)는 유럽의 새 주인 게르만족에게 매우 유용한 방편 하나를 소개하였다. 좋은 의도였다. "믿음의 벗"에게 자신의 생각과 마음을 털어놓게 하였는데 타인에게 자신에 관해 털어놓는 사실 자체는 자기 절제와 신앙의 추구에 많은 도움을 주었다. 그러므로 효과도 말할 수 없이 좋았다. 그래서도 이것은 개인의 경건을 고양하는 수도적 관행으로 자리 잡았고 그 너무나도 탁월한 효과로 말미암아 서서히 "제도화"되기 시작하였고 대략 9세기 말에서 10세기 경에는 제도화된 모습을 갖추게 되었다. 이렇게 제도화된 참회 즉, 고해성사(告解聖事)는 ① 심령의 비탄, ② 사제 앞에서의 고백, ③ 교회에 의해 규정되고 사제가 명령한 보속행위, 이 세 가지 요소를 갖추어야 적절한 것이라고 여겨지게 되었다.

첫 번째 요소인 심령의 비탄도 타인의 눈에 비치는 모습을 중시하는 쪽으로 전락하게 되었다. 사제 앞에서 고백해야 한다고 규정함으로써 하나님과 사람 사이의 중보자로서 사제의 역할이 도입되었다. 12세기 경에 이르러서는 성례전을 일곱 개로 확정하고 사제의 역할 가운데 중요한 것을 다음 세 가지로 규정하였다. 첫째, 죄인을 위해 용서를 간구하며 성자의 중재를 간구한다. 둘째, 하나님께 "부디 진정하여 주시옵소서"라고 기도한다. 셋째, 죄인을 향해 사면을 선포하고 보속행위를 정해준다. 결과적으로 사제가 그리스도의 자리를 차지하였다.

게다가 참회를, 내적 체험과 성령의 역사라는 영역에서 외적 행위의 영역으로 바꿔놓았다. 참회를 자발적 심령의 활동에서, 규정에 따른 의무적 행위의 문제로 바꾸고, 아버지 하나님과 사람 사이의 관계 문제로부터 비인격적 인과응보 관계의 문제로 바꿔놓은 것이다. 결국, 영적 영역에서 일어난 일을 외적 제도화를 통해 "외형적 종교"로, "행위의 종교"로 변질되었다. 마치 하나님의 활동을, "과속 감시 카메라"와 "스티커" 그리고 "범칙금 납부"의 관계처럼 만들어놓은 셈이다. 그리고 무엇보다도 "보속행위"를 물질적으로 규정하였고, 공정성과 편리성을 확보하기 위하여 일종의 "요금표"까지 등장하게 되었다. 경우에 따라서는, 미리 일년 치를 납부하거나 다른 사람들을 고용하여 보속행위를 하는 대행시키는 관행까지 도입하였다. 그렇게 해서 종교를 물질주의화하고 말았던 것이다.

참회 혹은 회개를 외적 행위로 만들게 된 것은 새롭게 유럽의 주민으로 이동해온 게르만족을 "복음화"하기 위한 너무나 편리하고도 효과적인 방편이었다. 하지만 이런 제도주의로 말미암아 기독교에 대한 이해를 낮고 천박한 수준으로 떨어뜨리고, 기독교의 영성을 심각하게 훼손하고 말았다. 이런 의미에서의 "복음화"란 기독교문화의 영향력 하에 들게 되었고 "신심이 깊다"라는 것은 사제의 말에 순종적이며 말대꾸하지 않는다는 것 이상의 의미는 없기 때문이다. 이것이 중세 교구교회체제의 본질이다. 따라서 개혁가들에 의한 복음의 재발견은 재복음화 즉, 진정한 의미의 복음화를 요청하고, 참회의 외적 제도성을 깨뜨림으로써 성경적 교회로의 복귀를 수반할 수밖에 없었다.

(2) 종교개혁적 돌파와 복음적 참회

중세 유럽교회의 7성례전은 기독교 신앙의 본질과 원리를 변질시켰고 교회를 세속적 도구로 만든 장치들이었다. 교구교회체제는 중세 봉건제도와 7성례전이라는 사슬에 묶여 유지되었다. 사제들을 "죽음의 장사꾼"으로 만들고 "죽음의 공포"를 신앙의 중심으로 삼게 만들었다. 그 상징적 실례가 "면죄부"로 나타났던 것이다.

1517년 루터의 "95개조 반박문"은 독일 농부들에 대한 동정심이 뒤섞여 면죄부를 비판하고 중단시키려는 단순한 의도로 시작하였지만 불과 4, 5년 뒤에는 중세 종교의 근본적인 중심문제에 도달하게 되었다. 오직 믿음으로만 의롭게 된다는 이신칭의(以信稱義) 사상의 정립으로 이어졌고, 1530년 무렵에는 참회 혹은 회개에 관한 복음적 정의에 도달하게 되었다.

참회 혹은 회개라는 말을 좁은 의미로 다룬다면, 죄지음에 대한 뉘우침이라는 의미이지만 넓은 의미로 사용하면 "구원"을 가리킬 수 있다. 따라서 참회에 대한 재규정은 종교의 근본인 구원관을 바꾸는 일이다. 종교개혁자들은 한 목소리로 "이신칭의"를 외쳤다. 이것은 복음적 구원원리를 주창한 것이고 진정한 기독교적 영성을 천명한 셈이다. 또한 중세적 회개의 원리에서 사제의 개입과 사면선포, 보속행위의 규정, 그리고 유아세례와 견진의 효용성 등을 전면적으로 부정할 것을 요구한 것이다. 이것들은, 중세적 로마교회와 개신교회의 특징을 나타내는 것 이상으로 기독교 구원의 원리 그 자체가 근본적으로 다르며 따라서 실질적으로는 서로 다른 종교라는 함의까지 내포한 것이다. 따라서 필연적으로 순수 교회의 회복을 요구한 셈이다.

교리에 대한 철저한 관심과 근본주의적 입장은 필연적으로 전쟁으로 이어진다는 주장은 진실이 아니다. 극히 일면적인 타당성을 전체적 진실로 호도하는 논리적 오류이며 우연적 원인을 본질적 원인으로 오판하는 오류일 뿐이다. 16세기 종교개혁을 교리적 각성과 체계화가 그 본질이지만 이 교회개혁이 사회전반의 혼란 혹은 전쟁으로 이어진 것은 당시 유럽의 정치질서, 권력관계 때문이다. 즉, 교구교회는 그 상부에 있는 주교정치체제를 통해, 봉건제도를 통해 세속권력과 밀접하게 연결되어 있었기 때문에 교구교회체제의 근본적 수정은 교회개편으로만 끝날 수 없고 자연스럽게 세속적 권력투쟁으로 연결되었다.[14] 네덜란드, 잉글랜드와 스코틀랜드, 프랑스, 스위스뿐만 아니라 보헤미아, 폴란드, 스페인 등의 교회개혁 및 종교전쟁의 양상은 각 지역의 통치체제와 권력관계에 따라 서로 매우 달랐다. 교회 지도자들의 입장과는 달리 대부분의 세속군주들은 자신들의 권력과 이권에 따라 움직였다.

결과적으로 중세유럽의 교회개혁은 기독교 신앙의 5대 원리라고 하는 것의 인식과 그에 따른 신학의 재구성을 필요로 하는 동시에, 권력체제의 재편 그리고 봉건체제의 해체(따라서 교구체제의 해체)가 수반될 수밖에 없었다.

(3) 회중교회와 교회회원권

교회를 "물리적 구축물," "외적 제도"로 보는 관점을 우리는 "세속화"라고 부르지만 유럽역사에서는 "중세화"라고 말할 수 있다. 그러므로 복음적 각성은 중세적, 물질주의적 관점을 복음적 관점, 영적 변화의 관점으로의 복귀를 요구한다. 이에 따라 교회를 "구원을 체험하고 그리스도의 형상을 닮아가는 자들의 모임" 즉, "성도의 회(會)"로 보지 않을 수 없게 되었다.[15] 즉, 교회답게 만들어주기 위한 교회적 제도들과 행위들이 있는 장소가 교회라는 생각에서, 성도들이 교

---

14) 결국 중세시대 내내, 세속권력 투쟁과 권력의 유지에서 "주교"와 "대수도원장"이 누구이며 누구 편을 들 것인가가 극히 중요하기 때문에, 그 임명권의 장악은 세속 권력가들에겐 피할 수 없이 중요한 문제였고, 교회 쪽으로서도 포기할 수 없는 문제였다. 그래서 서임권 투쟁이 벌어진 것이었다.

15) 이 때문에 종교개혁의 정신을 추구하는 "교회"나 신학은 그 신앙고백서에 "교회"에 관한 항목 외에 "성도의 교제"라는 항목을 둔다. 제 2 런던신앙고백서는 제 26장에서 교회, 제 27장에서 성도의 교제, 제 28장에서 성례전을 다룬다.

회로 모인 것이 교회라고 하는 관점이 종교개혁 신학의 기본적인 교회관이다. 여기에서 교구교회에 반대되는 성격의 교회를 가리키는 "회중(會衆, congregation)" 즉, "(신자들이)모인 교회"(gathered church)라는 용어가 나왔다. 그러나 종교개혁 교회는 단지 관점상의 변화로 발생한 것만은 아니었다.

종교개혁은 종교의 본질인 "믿음"과 "신앙생활"에 대한 성경의 가르침이 무엇인지에 관한 깨달음과 그에 따른 교회개혁이다. 교회의 관행을 무조건적으로 따른다는 의미에서의 믿음 및 순종은, 복음적 의미에서의 것들과는 본질적으로 다른 것이라는 발견이다. 종교개혁의 후예인 우리는 참된 믿음 즉, 예수 그리스도를 자신의 구세주로 참 마음으로 영접하는 것으로 영적 이스라엘, 하나님의 참된 백성이 된다고 본다. 그러나 중세교회는 구약의 방식을 그대로 답습하였다. 구약의 이스라엘은 하나님에 대한 믿음과 "할례"가 다 있어야 참이스라엘이라고 보았다. 중세교회는 "믿음"과 "뱁티즘"이었다. 중세교구교회의 문제는 그 뱁티즘을 교회회원권의 조건으로 만들었고, 당사자의 믿음이 아니고 부모와 대부모의 믿음에 근거한 자동가입이었다. 따라서 엄밀하게는 성경의 가르침과 달리 "갓 태어난 불신자"에게 "세례"를 주어 교회에 가입시킨 셈이기 때문에 "교회회원권"이라는 개념은 지금 우리의 개념과 근본적으로 달랐다.

또한 국가라는 개념도 행정제도도 갖추어져 있지 않았던 시대에 유아세례 명부는 오늘날의 출생신고와 주민등록 제도를 대신하였다.

그러므로 뱁티즘은 성인의, 마음의 문제이며 마음의 고백에 입각하여 주어야 한다고 말할 때 사회적으로 두 가지 문제가 발생한다. 첫째는, 주민에 대한 철저한 통제와 통계 파악을 어렵게 만들고 세금을 매기고 징수하기 힘들게 만든다. 둘째는, 주민들이 복음적 뱁티즘을 회복할 때 자신과 자신의 자녀들을 법의 사각지대에 놓이게 만들 수 있다는 점이다. 중세유럽에서 복음적 원리의 천명과 실천은 교구교회를 물러나오는 것에 있고 이것은 생존권의 박탈, 일체의 법적 보호로부터 벗어남, 그리고 심지어는 반란죄인과 동등한 취급을 받는 것을 의미하기도 하였다. 여기에서 양심의 자유, 결사의 자유 즉, 복음적 신앙에 따라 자유로이 성도의 교회를 세울 자유를 요청하지 않을 수 없었다. 그러므로 회중교회를 "자유교회"(Free Church)라고도 한다.

봉건제도의 굴레와 사제주의의 멍에를 벗은 회중교회 즉, 자유교회는 구원받은 신자들의 자유롭고 자발적인 신앙고백을 "회원권" 부여의 기준으로 삼았다. 이것은 죄인이 그리스도를 믿음으로 영적, 보편적 교회에 심겨졌기 때문에, 영적 교회의 회원권을 회복하였기 때문에 지상교회의 회원권을 인정받는다는 점에서 역시, 교구교회와는 상반된 원리를 갖는다.

그리고 뱁티즘은 의사결정 능력이 있는 성인(成人)의 문제이며, 자기 영혼의 운명에 대한 자기 고민과 갈등 그리고 자기 결단의 문제로 돌아왔다. 이렇게 해서 모든 현실적인 문제를 초월하여 교회의 기초는 그리스도에 있으며 "구도자들"이 아니라 "신자들"로 구성된 영적 기관이며 하나님 나라의 일부분이라는 교회관을 나타낸 것이 "회중교회" 즉, 복음적 교회이다. 유럽에서는 이 회중교회를 나타내는 영문표기가 "fellowship," "community," 혹은 "자유교회" 등이고 중세적 체제에 그대로 남아 계승된 교회를 "church"라고, 특별히 "기존(기성) 교회"(established church)라고도 한다.[16]

---

16) "교구교회"의 후신들을 "국가교회" 혹은 "제도교회"라고 부르는 것은 일면의 진실이 있고 편리한 명칭이지만 정확한 용어는 아니다. 교회개혁은 국민국가의 등장 훨씬 이전에 시작되었고, 복음적 교회가 유형적으로 존재하는 한 "제도"라는 측면이 있기 때문이다. 보통 신비주의, 경건주의 운동가들이 자신들의 참신성을 드러내고 다른 교회들을 배척하기 위해 이런 용어들을 사용하는 경우가 많다. 미국과 한국에서는 교구교회 전통이 없기 때문에, 교회를 바꾼다고 해서 사회적 권리의 박탈 등과 같은 불이익을 당하지 않기 때문에 "교회"(church)와 "회중"(congregation)을 구별하지 않고 사용한다. 이런 경우에는 어떤 용어를 써도 사실상 "회중"을 가리키기 때문이다.

2장　참된 교회의 징표와 기독교 예전

　　교구교회와 주교정치를 의미하는 중세체제를 벗어난 자유교회 즉, 회중교회의 등장은 외적 역사와 전통으로부터의 단절이기 때문에 그 존재근거를 입증할 책무가 발생하였다. 이것이 "보이지 않는 교회"와 "보이는 교회," 그리고 참된 교회와 거짓된 교회를 논하는 최초의 동기였다. 또한 중세교회의 발자취를 통해 지상교회는 성도의 인격처럼 지상에 존재하는 동안에는 결코 "완전"에 도달할 수 없고, 오류와 죄악들로 뒤섞여 부패할 가능성이 있으며, 참된 신앙과 참된 신자를 거부하고 핍박할 수 있다는 사실을 발견하였다.

　　그러므로 눈에 보이지 않는 영적 교회임을 확인해주는 가시적 증거들을 명확히 하는 것이 지상 성도에게 지극히 중차대한 문제이며, 이미 영적 교회에 결합하였다는 확신을 가진 성도들조차 그 가시적 증거들을 통해 교회의 영적 건강성을 확인해야 한다.

1. 보이지 않는(非可視的) 교회, 보이는(可視的) 교회

종교개혁으로 인해 두 가지 종류의 지상 교회가 출현하였다. 초대 교회를 외적으로 계승하여 유일한 지상교회임을 의심받지 않았던 주교체제의 교구교회들과, 그 교회로부터 이단자로 쫓겨난 자들이 "모인" 가난하고 소박한 "모임"으로서의 교회들로 나뉜 것이다. 전자는 로마주교 소위, 사도좌(使徒座)라는 최고 권위체요 그리스도의 대리자에게 외적으로, 성례전적으로 연결되어 있기 때문에 유일한 합법적 구원기관임을 자처하였다. 후자는 전자로부터 파문당하고 지금까지 교회로 여겨진 곳으로부터 "내쫓김을 받은 교회"였다. 교회의 주춧돌을 놓을 "땅"이 없기에 가난한 순례자의 교회였다.[17)

개혁가들의 신학 특히 교회론은 이 문제에 집중한다. 구체적으로 "사도계승권" 문제라고 하는 것인데 로마교회는 마치 아브라함의 약속과 권위가 육적 혈통을 통해 계승되는 것처럼 자신들만이 합법적으로 사도들을 통해 그리스도에게 연결된다는 주장을 한 것이다. 개혁가들은, 교회는 "사도"들의 교회가 아니라 그리스도의 교회임을 밝혀냈다. 사도들의 믿음과 행위에 의해 교회들이 퍼져나갔지만 "사도" 역시 은혜 받은 "사람"에 불과하고 "사도"들의 신앙은 좋은 신앙

---

17) 루터의 예정론과는 달리 칼빈의 예정론은 이런 함의를 가진다는 점에서 약간의 차이가 있다. 가난하며, 교회로부터 내쫓김을 받은 자들 및 그 "교회"는 오직 하나님의 택하심만으로도 충분히 성도이며 교회일 수 있다는 것이다. 성도의 성도됨, 교회의 교회됨은 하나님의 작정에 그 영원한 근거가 있다는 것이다.

의 본보기에 불과하였다. 사도들은 각기 세운 교파의 교주가 아니라 그리스도의 교회의 연장인 동시에, 그리스도께서 그들을 통해 하나님의 자녀들을 모아, 하나님의 영원한 결정을 역사적으로 실현해나간 것임을 분명히 하였다.

눈에 보이는 모든 유형적 교회는 창세 전부터 하나님의 마음속에 존재하는, 그리스도를 머리로 한 영적 몸 즉, 보편교회가 역사적으로, 지상에 구현된 일부였던 것이다. 교회는 하나님의 영원한 계획과 선택, 그리스도의 구속성취와 성령의 적용 그 자체에 권위가 있는 것이지 그 이외 피조물로부터의 어떤 재가(裁可)를 필요로 하지 않는 특별한 기관이다. 교회란 사제계급의 권위가 아니라 말씀과 성령의 사역 그 자체로 교회다울 수 있는 기관이다.

살아 있는 어떤 인간도 눈에 보이지 않는 보편교회를 본 적도 볼 수도 없다. 당대에 실현된 가시적 교회 전체도 보지 못한다. 인간의 인식과 활동의 한계 때문이다. 바로 앞 세대의 일부 교회와 옆 교회들, 후배 교회들의 극히 일부만을 볼 뿐이다. 그 영적 교회 전체에 비하면 교황의 교회들, 로마교회 전체도 보잘 것 없는 위세를 헛되이 자랑할 뿐이다. 그러한 가시적 피조물에 소속된 것이 아니라, 하늘로부터 선물로 주어진 믿음에 의해 영원한 그리스도의 몸에 영적으로 심겨진다는 것이 교회회원권에서 진정으로 중요하다. 다시 말하면, 중세교회는 가시적인 유형교회에 복종하였기 때문에 천국에 갈 수 있다고 가르친 반면에, 진정한 교회는 성령의 역사로 은혜를 입어 비가시적인 무형교회에 속하게 된 사람이 가시적 "성도의 회" 즉, 회중에 참여한다고 가르친다.

2. 참된 교회, 거짓된 교회

오늘날 우리는 종교개혁자들 이상으로, 어지럽고 복잡한 실타래를 풀듯이 교회를 선택해야 한다. 많은 시행착오를 거친다한들 문제가 쉬워지는 것도 아니고 역량이 쌓여 전문가가 되는 것도 아니다. 결국 대형교단, 대형교회에는 하나님이 그만큼 많은 축복을 준 결과이며 또한 그런 교회에는 좋은 신자들이 많을 것이 아닌가라는 사고방식으로 귀착하고 만다. 이것은 물질주의적 축복관, 통계적 확률에 의한 선택에 다름 아니고 교구교회로의 회귀에 다름 아니다.

우리는 개혁가들의 경험으로부터 도움을 받아야 한다. 그들의 경험에 의하면, 지상의 유형교회가 한 번 참되었다고 해서 언제까지나 참될 수 있는 것이 아니다. 참됨을 성취하고 유지하는데 성공하였다고 해서 언제나 최선의 상태에 머물러 있는 것이 아니다. 모든 성도가 언제나, 모든 세대가 항상 역량을 최우선적으로 집중해서 성취해내고 지속적으로 유지하기 위한 싸움을 벌이지 않으면 안 된다.[18] 그렇게 해서 참된 교회가 회복되었을 때 그 참된 교회에는 몇 가지 외적으

---

18) "개혁된 교회는 항상 개혁되어야 한다"(ecclesia reformata semper reformanda est)라는 원리이다.

로 드러난 징표(혹은 표징, 표)가 드러난다.

그 첫 번째 징표가 "말씀"이다. 66권 정경을 최고권위로 인정할 뿐만 아니라 하나님 말씀을 바르게 알고, 바르게 가르치는 것이 참된 교회의 첫 번째 특징이다. 종교의식 자체에 치중한 중세적 교구교회와 비교해 볼 때 참된 교회는 말씀중심의 교회이다. 본래적으로 교회는 그리스도의 교회이고 그리스도의 말씀에 따라 세워진 것이기에 당연히 교회는 말씀 위에, 말씀에 의하여, 말씀을 위하여 세워지고 존속되어야 한다.

엄격히 말하자면, 교회임을 분간할 수 있는 기본적인 징표는 "기독교식 예전"이다. 기독교식 예전을 거행하고 있는 모임이나 장소를 교회라고 보면 된다. 정규예배도 넓게 보면 "예배의식"(禮拜儀式) 즉, 예전이다. 그렇게 보면 기독교의 가장 중요한 예전은 하루 전체를 구별하여 하나님께 드리는 날 즉, "주님의 날에 드리는 예배"이다. 주일예배는 정해진 때에, 정해진 장소에서, 정해진 목회자들에 의해 하나님께 드리는 "제사"라고 할 수 있다. 그리스도 예수는 그 제단의 기초이며, 제물 그 자체이며, 그 제사를 하나님께 드리는 방편이며, 그 제물을 받으시는 주(主)이시다. 그러나 기독교의 종교성은 이 모든 것을 말씀에 함축하고 이 말씀에 참여자의 신앙이 화답하는 것에 있다. 그러므로 "말씀"을 말씀답게 담은 "예배설교"는 기독교의 본질을 드러내는 가장 중요한 부분이며, 교회를 교회답게, 참되게 만드는 근본적인 출발점이며 중심추이며 귀결점이다.

참된 교회임을 분간해낼 수 있는 두 번째 외적 표지는 바른 성례전이다. 성경의 가르침에 따라 두 개의 성례전만이 합법적으로 인정될 수 있다는 것인데 사실상 중요한 것은 성례전은 교회가 거행한다는 사실이다. 이것은 구역예배나 소모임 성경공부를 드리는 경우 그 모임을 가리켜 "교회"라고 하지 않고 "구역" 혹은 "소그룹"으로 말하는 이유이다. 사실 "가정교회"와 "구역"은 그 크기와 형태가 동일하고 똑같이 말씀을 증거하지만 전자는 독립된 목회자를 세우고 회원권이 존재하고 무엇보다도 성례전을 수행한다는 점이 다르다.[19]

세 번째 외적 표지를 치리(治理) 혹은 권징(勸懲)이라고 한다. 일반적으로는 소극적으로 해석해서 말씀대로 살지 못하는 신자들을 징치(懲治)한다는 의미로 사용하지만 본래는 매우 포괄적인 용어였다. "치리," "권징"은 근대에 들어 매우 협소하게 해석하고 세속정부와 부딪치는 것을 피하기 위해서 만들어낸 신조어이다. 본래 용어대로 하면 정부 혹은 통치이다. 교회는 하나님 나라의 가시적 실현체라는 점을 잊어서는 안 된다. 개별적으로 독립된 자치체이다. 그러므로 각기 성경의 가르침과 교회의 존재목적에 부합하는, 교회 자체의 통치체제를 갖춰야 하고 교회 간의 통치구조를 건설해야 한다. 교회다운

---

19) 소그룹을 "교회 속의 교회" 혹은 "작은 교회"라는 식으로 "교회"임을 인정하는 것은 종교개혁의 정통 신학이 아니다. 독일 경건주의 그룹에서 시작된 교회관이다. 루터와 칼빈은 이 교회관을 위험하다고 거부하였다. 오늘날 대학선교단체, 파라처치 그룹들 가운데 일부가 이런 교회관을 가지고 있다.

통치구조를 수립하고, 국가와 마찬가지로 공직자에 의해 그 통치기능이 건강하게 수행될 때 그곳이 참으로 회복된 교회임을 알 수 있는 것이다.[20]

첫 번째 표지는 지금까지 간략하나마 우회적으로 설명하였고, 두 번째 표지에 관한 전반적인 검토를 다음 장에서 다루고, 세 번째 표지 중에서 교회 간의 통치구조를 제 3부에서 다루도록 하겠다.

3. "예전"이란 무엇인가?

"성례"(聖禮), "예전"(禮典), 혹은 높임말로 "성례전"은 종교의식(宗敎儀式)이라는 뜻이다. 그러나 기독교 예전을 가리키는 단어는 라틴어의 "사크라멘툼"(Sacreamentum)인데 한글 번역어와는 전혀 다른 용례를 가졌다. "사크라멘툼"은 속전(贖錢), 공탁금, 보증금을 지칭하였고 넓은 의미에서 서약(誓約)을 의미하기도 하였다.

성경적으로 볼 때 성례란 종교의식이 발생하기 훨씬 전부터, 하나님의 백성에게 내린 특별한 증표, 언약의 보증을 가리킨 것에서 시작되었다(창 9:13). "이것을 보면 내가 하나님인줄 알 것이다," "이것을 보면 하나님의 말씀을 믿을 수 있겠구나"라고 깨달을 수 있도록 하는

---

20) 신학자에 따라서는 교회의 통치체제를 외적 징표로 보지 않고 교회의 본질적 특성으로 간주하기도 한다. 여기에서는 엄밀하게 따지지 않고 편의상 외적 징표로 간주하듯이 설명하였다.

상징물이었다. 따라서 백성들의 입장에서는 "이것을 보면 우리가 하나님의 자녀임이 틀림없구나"라고 생각할 수 있게 하는 증표였다. 그렇다면 복음적, 기독교 신앙이 존재하기 때문에 갖게 되는 징표인 셈이다. 올바른 기독교 신앙을 복음적이라고 하는 것은 그것이 말씀에 근거하고 말씀에서 비롯되기 때문인 것처럼, 성례전도 마찬가지로 복음적 성례전이어야 한다. 그러므로 말씀과 성례전의 관계성을 잘 이해해야 한다. 양자는 공통점이 있고 차이점도 있다.

(1) 말씀과 성례전의 공통점

첫째, 제정자와 그 혜택을 받는 자가 동일하다. 하나님이 먼저 자기 백성을 찾으셨고, 영원한 구원의 경륜을 베푸셨다. 하나님이 자기 백성에게 그리스도와 은혜의 말씀을 주셨다. 마찬가지로 그리스도께서는 제자들에게 성례전을 세워주셨다.

둘째, 말씀과 성례전은 그 중심과 내용이 동일하다. 또한 그 지향점 역시 동일하게 그리스도와 그의 구원이다. 그리고 말씀의 선포와 성례전의 시행은 삼위일체 하나님의 구속사역과, 오직 믿음으로 말미암아 얻는 의(義)를 드러낸다.

셋째, 말씀과 성례전은 그 작동방식이 동일하다. 말씀과 성례전 모두 성령이 역사해야 하고, 참여하는 자의 믿음이 전제되어야 한다. 또한 말씀과 성례전 모두 하나님의 약속에 근거한다는 점에서도 같다.

(2) 말씀과 성례전의 차이점

첫째, 말씀은 구원에 절대적으로 필요하다. 정상적으로는, 성령 하나님도 구원사역에 있어서 말씀의 외적 선포를 전제한다. 그러나 성례는 그렇지 않다. 성례전은 이미 구원받은 자에게 의미가 있다.

둘째, 말씀은 믿음을 일으키고 믿음에 능력을 더해준다. 그러나 성례는 구원의 믿음을 전제한다. 다만 약한 믿음을 증진해주기는 한다.

셋째, 말씀은 온 세상을 향해 선포되어야 하지만 성례전은 그렇지 않다. 성례전은 온 세상이 아니라 교회 안에 머물러 있어야 한다. 그럼으로써 성도들이 교회 안에, 그리스도 안에 들어와 있음을 확인하고 가시적으로 드러내도록 한다.

성례전이 진정한 의미를 갖추기 위해서는 말씀에 입각하고, 말씀을 드러내 돋보이고, 말씀의 의도를 추구해야 하는 동시에 그 말씀에 대한 성도들의 신뢰가 전제되어야 한다. 이처럼 단순한 "증표"가, 사제들에 의해 복잡한 의식체계로 발전한 이면에는 "제사장 계급"의 출현이 있다. "제사장 계급"이란 "제사의식"을 드리는 전문집단이고, 하나님께 드려지는 "제사"를 합법적으로 독점함으로써 종교적 권위를 갖는다. 중세의 교구교회와 로마교회는 성례전을 구원을 지배하는 도구로, 성례전의 효력은 사제의 권위에 좌우되는, "마술적"인 것으로 만들었다. 종교개혁은 중세교회가 7개로 만들어놓은 성례전의 수를 신약성경의 두 개의 성례전으로 줄여놓은 것뿐만 아니라 그 본연의 것으로 철저히 회복해 놓았다. 그러므로 예전을 가리키는 "사크라멘툼"이라는 용어를 그대로 사용할지라도 중세교회와 전혀 다른 내용을 갖는다.

성례전은 눈에 보이는 물질 즉, 요소(要素)가 있고 그 요소들이 가리키는 실체가 있다. 그리고 집례자와 참여자가 있고, 집례자가 주도하는 의식(儀式)이 있다. 또한 성례전을 거행할 때 기대하는 효과가 있다. 중세적 기독교(즉, 중세 교회와 로마교회)와 복음적 기독교에서는 이것들의 관계성과 이해가 매우 다르다.

4. 주의 만찬의 회복

(1) 화체설 대 공재설

주의 만찬 즉, 성만찬에 관한 이론은 셋인데 모두 "이것은 내 몸이니…"(마 26:26, 막 14:8, 눅22:19, 고전 11:24)[21]라는 구절의 해석에서 엇갈린다. 중세교회가 채택하고 로마교회가 계승한 이론은 "화체설"(transubstantiation)이다. 이것은 "실체가 변화된다"라는 뜻인데 사제의 축복에 의해 "빵"과 "포도주"라는 물질적 요소가 실제로 그리스도의 "살"과 "피"로 변화된다고 본다. 세상에 속하며 부패를 겪을 수밖에 없는 피조물이 "영원한, 신성한 물질"로 변한다는 선언은 매우 놀라운 것이다. 이 관점이 옳다는 입장에서는 그 성만찬 요소들이 주는 효력에 대해 이의가 있을 수 없고 그러한 변화가 "사제"의 축복에 의한 것이니 사제의 권세는 비할 바가 없는 것이다. 복음적 기독교 신

---

21) 고전11:24, "축사하시고 떼어 가라사대 이것은 너희를 위하는 내 몸이니 이것을 행하여 나를 기념하라 하시고"

앙의 관점에서 보면 이것은 물질의 신성화이며 우상숭배 그 자체이다. 심지어 사제의 신격화까지 나아갈 수 있는 이론이다.

루터는 화체설을 거부하고 "공재설"(consubstantiation)이라는 대안을 주장하였다. 성만찬의 요소인 빵과 포도주는 성례전의 처음부터 끝까지 물질 그대로이지만 사제가 축복할 때 그리스도의 진짜 "살"과 "피"가 공존하기 시작한다는, 따라서 "양체공존설" 입장이다. 루터는 그리스도께서 신자들과 세상 끝까지 함께 하시겠다는 약속이(마 28:20) 성만찬을 통해 이뤄진다고 믿었고 "이것은 내 몸이니(is)"라는 말을 자구적으로 받아들여 취한 이론이었다. 그러나 사제의 권세가 여전히 높은 위상을 갖고, 믿음과 상관없이 모든 사람이 그리스도의 진짜 살과 피를 씹고 삼킨다는 중세적, 미신적 입장을 완전히 벗어버리지 못한 문제가 있다.

(2) 공재설 대 기념설

루터의 공재설은 여전히 낮은 곳에 임하여 언제나 함께 해주시는 우리의 신실한 그리스도를 보존하려는 의도를 가진다. 그래서 그리스도의 승천을 그리스도께서 영광을 입으셨다고 상징적으로 해석하고 그리스도의 살과 피가 세상 모든 성만찬에 임재 하도록 하기 위하여 그리스도의 신성과 인성이 하나로 섞여 살과 피도 무한한 실체가 되었다고 보았다.

개혁파는 "이것은 내 몸이니(is)"의 "이다"(is)를 "의미한다"(signify, mean)는 말로 해석하였다. 또한 그리스도의 인성과 신성의 교류는 피조물의 신격화를 의미하기 때문에 정통신학에서는 받아들일 수 없는 이단적 이론이며, 그리스도는 하늘로 승천하여 지금 하나님 우편에 계신다고 해석하였다. 따라서 그리스도의 살과 피는 여전히 유한하여 모든 곳, 모든 세대의 성만찬에 직접 임재할 수 없다고 보았다. 성만찬의 임재와 성도와 항상 함께 하신다는 약속은 성령의 신성한 사역에 의해 성취된다는 입장이었다.

개혁파 입장에서 볼 때 로마교회와 루터파는 우상숭배적이며 신비주의적이다. 또한 화체설이나 공재설은 그리스도를 높인다고 하지만 사제의 권위에 좌우되는 종교이며 참여자의 믿음은 개의치 않으며 그리스도의 살과 피를 씹는 의식을 거행하는 것으로 보았다.[22] 반면에 로마교회와 루터파가 보기에 개혁파는 그리스도를 제거하고 무의미한 의식을 거행하는 부류로 보였다. 개혁파의 기념설은 그리스도의 약속과 성도의 믿음에 의해 영적 효력이 주어진다는 입장이지만, 로마교회와 루터교회에서는 그리스도의 실제 강림과 그 섭취에 의해 효력이 발생한다고 본다.

주의 만찬에 관한 입장만 살펴보아도 로마교회와 개신교는 "영성"(靈性)보다는 훨씬 포괄적인 의미에서 "종교성"이 다르다고 말해

---

22) 이를 "만두카티오"(manducatio) 논쟁이라 부른다. 빵과 포도주라는 요소를 씹고 마실 때 개혁파는 빵과 포도주를 씹고 마신다고 하지만, 로마교회는 그리스도의 살과 피를 씹고 마시며, 루터파는 빵과 살 그리고 포도주와 피를 동시에 씹고 마신다고 답한다. 로마교회와 루터파는 참여자의 신앙 유무와는 상관 없기에 불신자도 그리스도의 살과 피를 씹고 마신다는 입장이다. 따라서 "만두카티오" 질문은 그 신앙이 어느 신학을 따르는지 확인하는 용도로 사용된다.

야 하고 따라서 구교(舊敎)와 신교(新敎)라는 표현으로는 불충분하다. 이 표현은 옛 것과 새 것이라는 점에서 연속성과 동일성을 가지고 있다는 뜻으로 볼 수 있기 때문이다. 양자가 동일하게 기독교와 기독교적 역사성을 주장하기 때문에, 성경과 그리스도의 뜻에 "참"으로 부합하는 종교와 그렇지 않은 "거짓" 종교라는, 개혁가들의 분류방식이 전적으로 옳다. 그런 점에서 "로마교회"와 "기독교"라는 명칭이 올바르고 1564년 이전의 로마교회와 그 이후의 로마교회를 특별히 구분할 때 전자를 "중세교회"라고 해야 한다.

5. 복음적 뱁티즘의 회복

사제의 역할과 보속행위 따위는 성경에 없으므로 제거하면 그만이지만 심각하게 왜곡된 "뱁티즘"은 그 왜곡된 개념 이해를 바르게 할 필요가 생겼다. 워낙 깊이 왜곡되었으므로 그것은 간단히 바로 잡을 수가 없었던 것이다. 따라서 크게 두 단계로 나누어 회복하였다. 첫 번째 단계는 불신자의 뱁티즘에서 신자의 뱁티즘으로의 회복이고 그 다음 단계는 침수침례 즉, 그 양식의 회복이다.

그런데 침례교인 즉, 뱁티스트("baptist")와 아나뱁티스트("anabaptists")[23]라는 두 명칭의 외견상 공통점인 "뱁티즘"과 "뱁티

---

23) 일반적으로 "재침례파(교인)"라고 번역하는 것은 잘못이다. 거의 대부분의 아나뱁티스트들은 세례를 주었고 일부 분파만이 침수침례를 주었다. 따라서 "재세례파"가 옳은 번역이다. 이 책에서는 단지 "아나뱁티스트"로만 표기한다.

스트"를 무비판적으로 "침례"로 번역한 탓에 양자를 마치 "친족" 관계에 있는 것처럼 간주하는 경향이 있다. 이러한 관점을 가진 침례교인들은 자신들의 역사적 뿌리를 아나뱁티스트에서 찾으려고 노력한다. 그러나 심정적 동조와 역사적 사실은 다르다. 이 자리에서는 침례교회의 역사적 정체성을 정확히 확정하기 위해 형성기의 침례교인들과 아나뱁티스트들의 맥락과 논거들을 엄밀하게 확인하고자 한다.

(1) 그들은 무엇에 반대하였는가?

중세까지 신학자들이 "하나님의 참된 백성"이 되기 위한 요건과 "뱁티즘"을 어떻게 정의하였든 간에 현실적으로는 별다른 고민 없이 "유아세례"를 시행하였다. 신학적 논쟁이 벌어지자 유아세례의 성서적 근거로 고대 이스라엘의 "할례"를 전거로 내세웠지만 실제 설득력은 그 논거가 아니라 천년 남짓 계속되어온 교회의 관행이며 그 만큼 긴 세월동안 교회뿐만 아니라 사회적으로 결코 거부되지 않은 전통이라는 점에 있었다.

중세교회의 역사와 전통은 자연주의적 교회관을 취하였다. 즉, 하나님이 각 개인에게 구원사역을 직접 일으키지 않고 하나님은 그 구원사역을 사제를 중심으로 한 외형적 기구로서의 교회에 위임하였다. 따라서 구원을 분배해 주는 것은 교회 특히, 사제가 가진 특권이며 그 권한의 정점에 그리스도의 대리자인 로마주교가 있다는 교회관과 결합할 때 이 전통은 더욱 무서운 설득력을 가졌다.

그러나 "뱁티즘은 구약시대의 할례를 대체한다"는 발상은 사실상 신약성경의 원리와 상충한다. 이 문제의 중심테제를 설정할 때, "성도의 가정에 태어난 갓난아이를 성도로 간주해야 하는가? 아니면 불신자로 간주해야 하는가?"라는 질문과 "갓난아이 때에 혹은 햇빛을 보지 못하고 죽은 태아의 경우에 천국에 가는가? 아니면 지옥에 가는가?"라는 질문을 만나게 된다. 이 두 질문은 단일한 문제를 각기 다른 방식으로 제기한 따라서 사실 한 문제라고도 볼 수 있지만 엄밀하게는 약간의 차이가 있을 수 있다. 두 번째 질문은 "원죄"를 인정하느냐는 질문이다. 원죄는 분명히 존재한다는 입장이라면 유아 혹은 태아기에 죽은 자는 구원받지 못한다라고 대답할 수 있다. 두 번째 질문에 대해 이렇게 답한다면, 첫 번째 질문에 대해서도 자연스럽게 "비록 성도의 가정에 태어났을지라도 아이들은 불신자로 태어나는 것이며 따라서 개인적으로 예수 그리스도를 영접할 때까지는 불신자"라는 결론에 도달한다. 그러므로 신약성경에서 성도는 "마음으로 믿고 입으로 고백한 자"이며 "뱁티즘"은 이미 주어진 구원, 이미 그 인격 안에 존재하고 있는 믿음을 기념하는 의식으로서 그 공식적 선포행위일 뿐이며 "뱁티즘"을 통한 은혜의 증가는 성도들이 그리스도의 명령에 순종함으로써 약속에 따라 받는다는 것이 정확한 신학적 답변이다.

또한 성경에서 말하는 구원의 원리는 "성인"의 경우를 전제로 한 원리이며 자신의 의사결정 이전 단계의 경우에 대해서는 성경에서 충분한 자료를 구할 수 없다는 것이다. 따라서 위의 두 번째 질문에 대한 성경적 해답은 "갓난아이의 경우는 잘 모르겠다"라는 것이 된다. 그렇다면 첫 번째 질문에 대해서도 "유아세례를 주어야 할지 말아야 할지 잘 모르겠다"라는 판단이 일관성을 유지한 답변이다. 결국, 기독교에서 "유아세례"를 시행하는 것은 성경이 정확히 무엇이라고 가르치는지 잘 모르지만 일단 성도의 젖을 먹으니까 성도로 간주하자, 스스로 예수 그리스도를 거부할 때까지 성도로 간주하자고 전제한 셈이다. 게다가 그것이 현실적으로 가능한 유일한 답이라고 여긴 셈이다. 그러나 이들은 이 지점에서 신약성경의 가르침을 외면하였다. 신약성경의 가르침을 고려한다면 "뱁티즘을 성인이 될 때까지 뒤로 미뤄"야 한다. 자기 판단과 결단 그리고 인격적 변혁이 일어날 때까지 짧게는 15년에서 20년 정도 기다리다가 그가 자원하는 마음으로 그리스도를 영접한 성도의 징후가 나타나고 그것이 진정한 것이라고 검증되면 그때 "뱁티즘"을 주면 된다. 그리고 사실상 이것이 초창기 "뱁티스트들"의 문제의식이었다.

만일 우리의 논의가 여기까지라면 그런대로 침례교인들과 아나뱁티스트들은 "뱁티스트들"로서의 공통분모를 가진다고 말할 수 있을 것이다. 그런데 아나뱁트스르스트들은 전체의 역사에 "침수침례"를 일부에서만 실행하였고 대부분은 관수례를 주었다. 오늘날까지도 그렇다. 뱁티스트 즉, 침례교인들만이 "신자의 뱁티즘"을 넘어서 "신자의 침수침례"를 철저히 회복하는 데까지 나갔다. 이 점에서 침례교인들은 아나뱁티스트들과 사실상 상이한 정체성을 갖는다. 그러나 "뱁티즘"에 대한 개혁논리와 "유아세례 옹호론자들"과의 관련성에서도 아나뱁티스트들과 다른 면모가 있다. 이 점을 살펴볼 필요가 있다.

(2) 그들은 어떻게 반대하였는가?

앞의 글에서 언급한 것처럼 중세시대의 "뱁티즘"에는 신학적 측면 이외에도 "사회적 측면"이 존재한다. 그런 점에서 "유아세례"는 갓 태어난 한 개인을 교회에 그리고 사회에 결속시켜 주는 연결고리의 역할을 하였다. 그 뒤로 이어지는 중세의 "성례전체계"는 개인의 삶과 교회적 삶 그리고 사회적 삶을 하나로 묶어 중세 사회 전체를 결속시켰다는 의미를 갖는다. 이런 관점에서 볼 때, 방금 전의 질문 "… 왜 지속하려고 하였는가?"라는 질문은 "유아세례라는 그 연결고리를 이제 어떻게 해야 하는가?"라는 질문으로 바뀐다. 여기에서 "아나뱁티스트"들의 입장은 "철저히 깨뜨리고 단절하자"라는 것으로 이해할 수 있다. 이것이 사회적 측면에서의 답변이라면 "뱁티즘"은 사회적 측면으로 논의가 발전한 것이고 "교회의 연속성"이라는 측면에서라면 다시 교회론이라는 신학적 논의가 시작된 셈이다.

"철저한 개혁"(radical Reformation)이라는 말의 의미를 "교회의 연속성"이라는 점에서 볼 때 중세교회와의 철저하고 완전한 단절이라는 주장은 과연 용감하고 대담한 발언이며 남자다운 기세를 느낄 수 있게 한다. 하지만 실제로는 매우 심각한 이슈를 제기한 것이다. 당시 입장에서는 기성교회라고 할 수 있는 중세교회와 그 연장선에 있는 로마교회는 모든 것이 "거짓인 교회"이므로 철저히 거부해야 한다는 것이다. 그렇다면 "참된 교회"는 최하 500년에서 길게는 1,000년에 이르는 시기 동안 존재하지 않았다는 의미가 된다. 설혹 중간에 징검다리처럼 참된 교회가 존재하였다면 그 단절된 선은 어떻게 이어진 것일까, 그 시기에는 구원받은 사람이 없다는 말인가? 이 말이 맞는다면, "아나뱁티스트들은 어떻게 해서 참된 교회를 시작할 수 있었을까?, 새로운 사도(들)를 불러 새로운 교회를 세우기 시작하였다는 말인가?"라는 의문이 연속적으로 제기된다.

교회의 비가시적 측면, 생명력이라는 측면은 성령의 주권적 사역에 의해 연속성이 기적적으로 보장되지만 가시적 측면의 단절이 있었다고 말하는 것은 직계존속 없이 즉, 친부모 없이 조부모에게서 직접 태어난 아들 겸 손자라는 말처럼 현실성이 없는 말이다. 그래서 종교개혁가들은 사실상 "부드러운 단절"이라는 입장을 취하였다. 로마교회가 참된 교회의 특성을 버리고 거짓 교회로 바뀌기 전까지는 공통의 물줄기였다가 복음적 원리의 발견을 계기로 하여 개혁하여 초대교회 원리로 복귀한 무리들과 개혁을 거부한 무리로 갈라져 나간 것으로 본 것이다. 이때 침례교회는 비록 유아세례 문제에 있어서 기본 논리는 "아나뱁티스트"와 거의 같지만 이 "연속-단절"의 문제에서 "유아세례론" 측에 가까운 "부드러운 단절" 입장을 취한다. 신학적인 면에서는 거의 대부분이 동질적인 유아세례론자들을 형제로 간주한 셈이다. 다시 말해서, 로마교회 식의 "사도계승권"은 거부하였지만 성령의 사역과 몸된 교회의 연속성은 인정하였다고 볼 수 있다.

그런 점에서 침례교인들은 종교개혁 신학의 주류에 속한다.

(3) 뱁티즘을 "다시" 주는 사람들인가?

오늘날 개신교회 신학의 표준적인 관점은, 성례전의 권위는 "삼위일체 하나님의 이름"에 있다는 데에 대체로 동의한다. 예수 그리스도를 통한 구속사역과 성례전 집례자와 성례전을 받는 자, 이 세 가지 요소를 묶어주고 효력을 발생시키는 것은 삼위일체 하나님의 이름과 그 이름을 신뢰하는 믿음과 고백이다.

아나뱁티스트들은 개신교회의 이 표준적인 관점을 정면으로 거부한 것이다. 설혹 "유아세례"를 전면에 부각시켰지만 전체적으로 고려해 볼 때 "거짓 교회가 시행한 의식은 거짓된 것일 뿐이며, 삼위일체 하나님의 이름으로 시행하였더라도 무효이다"라는 관점을 가진 것이다. 비록 처음에는 자신이 스스로 고백한 믿음에 입각하지 않은 성례전은 무효라는 주장에서 출발하였을지라도 사실상 "거짓 교회가 시행한 것은 거짓된 것이다"라는 논리에 접근한 것이다. 따라서 아나뱁티스트들은 "거짓 교회가 시행한 것은 거짓된 것이므로 다시 뱁티즘을 받아야 한다"라는 논점에 도달한다. 이 논점이 가진 문제점은 "비록 갓난아이의 뱁티즘일지라도 사제 혹은 목사가 '거룩한 삼위일체 하나님의 이름으로' 뱁티즘을 준다는 선포는 어떻게 되느냐?"의 질문에 있다. 아나뱁티스트들은 "그 선언도 무효가 되었으므로 또 한 번의 선언이 필요하다"는 입장인 셈이다.

아나뱁티스트들은 거룩한 하나님의 이름을 경솔히 취소하게 되는 위험을 감수하는데 반해 유아세례론자들은 이 위험을 피하기 위해 로마교회의 "견진"이라는 성례전을 재도입한다. 견진을 말 그대로 하면 확인(確認) 혹은 확증(確證)하는 성례전이다. 즉, 자기 믿음이 없는 갓난아이 때 삼위일체 하나님의 이름으로 받은 세례를 청소년기에 이르러서 세례문답 교육을 한 뒤에 신앙을 고백한 경우에 유아 때에 받은 세례가 유효하다고 회중 앞에서 선언하고 재세례 없이 입교시킨다. 이렇게 해서 삼위일체 하나님의 이름을 취소시키지 않고 단일 세례를 유지하지만, 두 성례전만이 성경적 성례전이라고 인정한 뒤에 필요에 따라 한 성례전을 세 번 시행하는 셈이다.

침례교인들은 그런 어설픈 편법을 거부하고 차라리 기다리는 것이 옳다고 본 것이다. 그러나 현실적으로 "유아세례"를 받은 사람이 존재하기 때문에 이 문제를 피할 수 없다. 이 문제에 대한 17세기 침례교인들의 사상에 내재된 논리는, 뱁티즘은 개인의 참된 신앙의 존재를 전제하고 시행하는 것이다. 즉, 새로이 기독교인이 되기를 희망하는 자에게 주는 것이 아니라 이미 믿음으로 거듭난 기독교인을 추인하는 의식이다. 따라서 뱁티즘을 받는 당사자 자신의 믿음이 없이 시행된 성례전은 사실상 성례전이 아니며, 유아세례 때에 삼위일체 하나님을 선포한 것은 원인무효가 된다. 그러므로 성인(成人)이 자기 믿음을 고백하고 받는 뱁티즘 즉, 성인의 뱁티즘(adult baptism)이 첫 번째 성례전이라는 결론에 도달하게 된다. 그래서 침례교인들은 유아세례(infant baptism)를 부인하고 신앙에 입각한 뱁티즘을 "다시"

줄 때, 아나뱁티스트들처럼 "다시" 침례를 준다는 개념이 아니었다. 그러므로 침례교인들은 자신들을 "뱁티즘을 두 번 주는 사람" (rebapizer)이라고 보지 않고 "뱁티스트"라고 보았다.

성인이 되어 자발적으로 신앙을 고백한 뒤에 "세례"를 받은 사람의 경우는 그 논의가 달라진다. 침례교회의 초창기 역사에서도 이 문제로 크게 논쟁을 벌였는데 "열린 성찬" 대 "닫힌 성찬," "열린 회원권" 대 "닫힌 회원권" 논쟁이 그것이다. 오늘날에는 이 같은 "신자세례"를 인정해서 "침수침례"를 다시 주지 않으며, "신자세례"를 주는 타 교파교회들과 기꺼이 교제를 나누자는 "열린 회원권" 입장이 대세를 이룬다.

6. 복음적 통치의 회복

"바른 치리의 회복"을 참된 교회의 세 번째 징표로 설명하는 학자들이 있고 교회의 본질로 간주하는 학자들이 있다. 침례교인들의 경우에는 후자는 다시, 개별 교회가 원한다면 장로를 둘 수 있다는 입장과 "2 직분제"를 고수하는 것이 침례교회의 바른 정체성에 직결되는 문제라고 보는, 보다 엄격한 입장으로 나뉜다. 앞의 입장은 회중의 선택을 최종적으로 간주하는 회중주의 원리에 입각한 것이며 뒤의 입장은 전통적인 침례교회의 교회론에 입각한 것이다. 넓게 보면, 게다가 한국침례교회의 초기 역사를 고려하면, 어느 하나만이 전적으로 옳다고 할 수 없다. 이 문제는 치열한 연구와 현실적용 그리고 무엇보다도 발전적 합의를 도출해야 한다. 그러나 먼저, 교회의 치리의 근본 성격과 그 회복의 정신이 무엇인지를 살피는 일이 선행되어야 한다.

"치리"라는 말은 "디시플린"(discipline)의 번역이다. "치리"를 "바르게 함"(correction)의 동의어로 간주하고 "권징"(勸懲)으로 번역하기도 한다. 그러나 "치리"라는 말은 종교개혁 신학의 취지를 충분히 살리지 못할 뿐만 아니라 오히려 소극적 태도를 나타내는 용어라는 점에서 주목해야 한다. 종교개혁 정신을 반영한 신앙고백서의 교회론 부분에는 거의 예외 없이 "시민정부"(Civil Government)와 그 통치자와의 관계를 정립하는 항목이 있다. 그 정신을 유의해서 살피면, 교회론은 "교회정부"(Church Government)의 설립과 운용을 목표로 함을 알 수 있다. 따라서 흔히 교회의 "직원"으로 번역하는 "오피서"(officer)는 세속정부의 관리에 해당함을 알 수 있다. 그럼에도 근래에는 "정부" 혹은 "통치" 대신에 "치리" 혹은 "권징"으로 번역하는 것은 세속 정부와의 충돌이나 혼란을 피하려는 의도 때문이기도 하다.

중세교회의 개별교회인 교구교회는 실질적으로는 주교 혹은 영주의 봉건적 지배를 받는 체제의 말단에 놓임으로써 온전한 의미의 그리스도의 교회가 아니었다. 영적인 구원을 세속적, 물질적인 것에 속박해 놓은 사회단체에 가까웠다. 이 중세교회체제로부터의 이탈은 당연하게도, 복음적 통치체제를 회복할 때에만 완성된다. 그렇게 완성된 복음적 교회는 교회의 내적 통치제제에서 그리고 외적으로, 다른 교회들과의 연결방식 모두에서 복음적 원리를 구현해야 마땅하다. 간단히 말하자면, 이 책의 제 1 부에서 확인한 기독교 신앙의 5대 원리와 교회론의 특수주의 5대 원리가 교회의 차원에서 살아 움직이는 체제여야 한다. 이 체제는 또한, 다음과 같은 특징을 갖는다.

(1) 살아 있는 유기체적 몸으로서의 교회

교회는 머리되신 그리스도에게로 심겨져 그리스도의 영적 몸체를 이룬다. 그리스도와 지체인 성도들이 직접 연결되고 그리스도를 통하여 하늘로부터 모든 것을 공급받는다. 이것을 복음주의라고 하며, 중세적 교구교회는 그리스도와 성도 사이에 사제단을 개입시키는 사제주의 체제라는 점에서 다르다. 종교개혁의 복음주의 원리는 성도 개인과 그리스도 사이에는 거룩한 중보자 예수 그리스도 이외의 어떤 존재의 개입을 허용하지 않는다. 복음주의적 교회 안에서는 그리스도의 뜻을 따라 지체 간의 거룩한 사랑의 돌봄과 섬김이 있을 뿐이다.

(2) 회중중심의 교회

교구교회적 사고방식에서는 신령한 장소, 은혜를 받는 특정한 곳, 특별히 거룩한 곳으로 구별하여 사람보다 높여야 할 곳이 있다고 여긴다. 교회는 그중 거룩한 곳으로 성별되고 하나님의 것으로 드려진 중요한 장소이다. 그러므로 성도들이 그 특별한 장소를 위해 애쓰고 희생한다는 관념도 가능하다. 그러나 회중주의에서 교회란 성도들이 모이는 임시적 장소에 불과하며 단지 모일 수 있으면 족한 곳이다. 정작 중요한 것은 그리스도의 몸을 이루는 성도 자신이다. 건물인 "집"이 사람들의 결속체인 가족이나 가정보다 중요할 수 없는 것과 마찬가지이다. 그러므로 교회란 성도들을 섬기고 돌보기 위한 장소로 여겨질 뿐이고, 그 성도들의 총회가 섬김과 봉사의 중심체가 된다.

(3) 회중이 통치하는 교회

중세적 교구교회에서 사제단은 교회를 통치하는 지배계급이라고 볼 수 있다. 이들은 회중을 다스리기 위해 성경의 계명 이외의 법체계를 만들고 유지한다. 회중은 단지 다스림을 받고 관리되는 존재에 불과하다. 그러나 회중주의에서는 성경과 그리스도의 가르침에 입각한 정당한 교회회원권을 가진 자들이 하나님과 그리스도의 뜻과 말씀에 따른 통치를 의결하고 실행하는 주체들이다. 회중교회에서는 사제계급이 존재하지 않으며 따라서 지배계급도 존재하지 않는다. 교회의 여하한 직분자도 교회회원의 한 사람에 불과하고 회중의 위임에 한하여 업무상의 권한이 생긴다. 회중은 어떤 회원 혹은 특정한 사람이 그 교회의 유기적 기능과 발전에 도움이 되는 은사를 갖고 있다고 확인하였기 때문에 회중의 합의와 동의에 의해 권한을 위임한다. 직분자는 회중에게 책임을 지며, 회중은 회중에 의해, 회중을 위해, 회중의 통치를 실시할 양도불가능한 권한을 보유한다.

(4) 그리스도 이외에 항존직은 없다.

교구교회와는 달리 회중교회 안에는 한 번 세워졌으면 스스로 물러나거나 죽을 때까지 직분을 보유한다는 의미에서의 "항존직"은 존재하지 않는 것이 원칙이다. 로마교회의 사제단이나 목사회, 혹은 장로교회의 목사장로나 치리장로의 경우 항존직으로 규정하여 평생직으로 인정한다. 그러나 회중교회에서는 머리되신 그리스도 이외에 항존직은 없다. 심지어 목사조차도 목회자로서 성경을 잘 가르치고 주의 양을 잘 돌보는 은사가 주어지고 또한 회중이 그를 목사로 세우는 것이 하나님의 뜻임을 발견하여 즐거이 직분자로 세운 것이다. 원칙적으로 그의 목회사역의 범위와 종류, 방식은 회중이 회중의 필요에 따른 합의에 의해 규정된다.

침례교회는 "장로와 집사" 즉, 2 직분제를 취한다고 할 때 그 정신은 회중을 섬기는데 반드시 필요한 최소한의 직분자들을 세우고, 최소한의 단계만을 두겠다는 의도이다. 게다가 교회의 직분을 상하관계로 서열화, 계급화, 다단계화 함으로써 중세의 성직계급주의로 돌아가지 않겠다는 의지의 표출이다. 만일 복잡한 업무가 요구된다면 수평적, 평등적 관계방식으로 최대다수의 참여와 합의를 통해 해결방안을 모색하겠다는 뜻이다. 이렇게 할 때 회중중심의 공동체, 구성원의 신앙과 자발성 등의 원리들이 최대한 보존될 수 있기 때문이다.

옛 침례교회 칼빈주의자들과 장로교회 칼빈주의자들은 목사장로라는 직분은 교회에서 가장 중요한 직분이라는 점에서는 생각이 같았다. 그러나 장로교인들은 장로라는 엘리트 계급을 통해 인도되는 방식에서 생각을 멈추었다. 이것을 "양떼를 앞에서 이끄는" 목자상으로 그려낼 수 있을 것이다. 이에 반해 침례교인들은 목사장로의 본분은 양떼를 섬김에 있으며 양을 섬기고 돌보기 때문에 그 의의가 있다는 생각에까지 도달한 것이다. 이것을 "양떼를 뒤에서 몰아가는" 목자상으로 그릴 수 있을 것이다. 다른 말로 하면 목사는 회중을 동원하여 자신의 비전을 성취하는 것이 아니고, 회중의 비전 즉, 회중의 당연한 책무인 교회의 본질적 사명과 교회목적을 성취할 수 있도록 돕는 것이 목사 사명을 완수하는 것이라고 본 것이다. 그러기 위해서 목회장로와 회중의 사이에 다른 직분을 쌓아서 거리를 두는 것을 최대한 피한다는 것이 침례교회 2 직분제의 참된 취지이다.

1. 침례교인(Baptized Christian) 혹은 침례교회(Baptized Congregation)의 대두

대략 1630년대 말까지는 상대적으로 극히 적은 따라서 쉽게 눈에 띄지 않을 정도의 숫자만이 뱁티스트적 확신을 공유하였고 그 숫자는 느리지만 꾸준히 성장하였다. 어느 정도 그룹을 형성하게 되었을 때 같은 청교도 진영이지만 장로파, 독립파 등등의 사람들이 주목을 받고 그들과 논쟁을 벌이게 되는 단계가 찾아오게 되었다. 잉글랜드 종교에서 공식적으로 "뱁티즘" 문제가 주요 이슈로 주목받게 된 것은 대략 1640년대이다. 그러나 이때에는 신자세례가 옳다는 확신을 가지고 유아세례를 거부하고 참된 신앙고백에 입각하여 성인들이 "다시" 뱁티즘을 받아야 한다는 주장과, "관수례"를 거부하고 "침수침례"를 받는 관행 때문에 "뱁티스트"는 "아나뱁티스트"라는 오해를 받게 되었다. 그러므로 "뱁티스트"들은 이런 점들을 고려하여 자신의 정체성을 명백하게 표현할 필요가 있었다. 그 때문에 초창기 침례교인들은 자신들의 교회와 그룹들을 만들면서 신앙고백서를 작성하였고 그 첫 번째 신앙고백서 표지에 공통적으로 "아나뱁티스트로 잘못 불린" 자들이라고 자기 정체성을 표현하였다.[24]

레온 멕베스(Leon McBeth)같은 남침례교회의 역사학자들에 따르면, 1640년대에 침례교 외부의 사람들이 침례교인들을 가리켜 "뱁티즘 문제에 지나치게 집착한 무리"라고 비방하였다. 1650년대에는 침례교인들이 비방과 조롱을 뜻하는 그런 표현과 명칭을 자신을 지칭하는 이름으로 일반적으로 받아들였다고 언급한다. 하지만 이것은 위 두 문서만을 볼 때에는 특수 침례교회에 해당하고 일반침례교회에서는 연대가 다소 늦어지는 것 같다. 제 2 런던 신앙고백서를 보면 그 표지에 "자신들의 신앙 고백에 입각하여 침례를 받은" 이라는 표현을 명백히 하였다. 그리고 그 서문에 다른 개신교 그룹에 속하는 이웃들과의 차이를 분명히 하고 있으며, 그들과의 가장 중요한 그리고 실질적으로 중요한 항목에서의 차이는 뱁티즘에 있음을 암시하고 있다.[25] 1678년에 나온 일반침례교회의 "정통주의 신조"(Orthodox

---

24) "The Confession Of Faith, Of those Churches which are commonly (though falsely) called Anabaptists"(London Confession, 1644); "Set forth by many of us, who are (falsely) called Ana-Baptists…"(The Standard Confession, 1660).

25) "…Put forth by the ELDERS and BRETHREN Of many CONGREGATIONS Of Christians (baptized upon Profession of their Faith)…" 그리고 "We the Ministers and Messengers of … one hundred baptized congregations in England and Wales … have thought meet (for the satisfaction of all other Christians that differ from us in the point of Baptism) to recommend to their perusal the confession of our faith…"(The Second London Confession, 1677/1688).

Creed)도 이런 점에서는 마찬가지 입장이라 하겠다.[26]

주목할 만한 것은 미국에서 최초의 침례교회 지방회가 결성될 때 (1742년) 채택된 신앙고백서는, 제 2 런던 신앙고백서(1689년)를 채택하였음을 명백히 하면서 마찬가지로 "자신들의 신앙 고백에 입각하여 침례를 받은" 이라는 표현까지 채택하였다. 그리고 그 표지의 하단에 "필라델피아 침례교회 지방회" 라는 명칭을 채택한 것을 확인할 수 있다.[27]

참회의 외적 제도화가 고착된 "외형적 기독교" 가 중세교회인 셈이다. 제도화가 이루어지기까지는 그런대로 게르만족을 기독교화하고 기독교문화에 젖어들 수 있도록 하는 데에는 효과적이었으나 15세기 말에 한층 성숙해진 기독교 지성과 신학은 16세기 초에 초대교회 원전 특히, 어거스틴 전집의 라틴어 번역과 출판으로, 외형화된 중세 기독교에 대한 반성과 각성 그리고 도전으로 말미암아 8세기 말에서 11세기 말에 이르는 동안에 발생한 것과는 정반대로 "탈 성례전화" 를 위해 노력하였다. 따라서 외적 참회제도는 파기되고 "내면적이고 영적인 참회" 로 회복되었다. 그 결과 부모의 신앙에 입각한 유아세례로서의 뱁티즘은 신자의 뱁티즘으로 회복되었다. 그리고 청교도들 가운데 현실 사회생활에서 국가 권력과 부딪치면서까지 철저하

---

26) "…in the name of many baptized Christians or congregations in the several counties" (The Orthodox Creed, 1678).

27) "…(Baptized upon Profession of their Faith)…. Adopted by the Baptist Association met at Philadelphia, Sept. 25, 1742" (The Philadelphia Confession, 1742).

게 준수하고, 이에 입각한 보다 더 순수한 예배 공동체를 구성하는 그룹이 나타나게 되었다. 이들은 1660년대에 이르러서는 공식적인 문서에 자신을 가리키는 명칭으로 채택하여 이점을 명확하게 나타내기 시작하였다. 특히, 1677년과 1678년에는 한 걸음 더 나아가 "baptized Christians or Congregation" 즉, "신자침례를 받은 사람들 혹은 교회"라는 의미의 표현으로까지 발전하게 되었다. 1742년에 필라델피아 지방회가 그 이름을 표기할 때 "뱁티스트"(Baptist)라는 단어를 사용하였다.

결론적으로 정리하자면, "뱁티스트"라는 명칭은 종교개혁가들의 진정한 후예로서 종교개혁 정신을 통하여 초대교회의 순수성을 회복하기 위한 순교적 희생의 산물이라고 말할 만하다. 오늘날 우리는 더욱 순수한 복음적 교회를 세우고 전파함으로써 그 정신을 계승해야 할 것이다.

2. 일반침례교회와 그 명칭 "일반"의 의미

침례교회가 잉글랜드에서 시작할 때부터 칼빈주의와 아르미니우스주의라는 명백히 다른 두 조류가 공존하였다고 간주하며 "특수침례교회"와 "일반침례교회"라는 명칭이 이를 증명한다고 전제해 왔다. 그래서 현재 침례교회사 강의에는 대개 "칼빈주의 5대교리"라는 것과 "항론파[28] 5대 교리"를 비교하는 대목이 거의 예외 없이 초반부에 들어간다. 1891년에 양측이 합병되어 "(영국) 침례교 연맹"(Baptist Union)을 결성한 것을 지적하면서 침례교회사의 흐름은 자연스럽게 미국사로 넘어가고 단일한 교단으로 통합된 만큼 "중도통합 노선"이라는 평균적 중립주의 태도가 침례교인의 기본 입장인 것처럼 느끼게 만든다.

그런데 침례교회의 정체성과 그 뿌리를 찾고자 한다면 여기에서 몇 가지를 짚어봐야 한다. 1891년에 통합된 두 교단은 "특수침례교회"와 "뉴 컨넥션(New Connection)"이다. 비록 "뉴 컨넥션"이 "일반침례교회"와 관련이 없는 것은 아니지만 그렇다고 이름만 바꾼 것도 아니다. 용이한 구별을 위해서 "올드 컨넥션(Old Connection)"이란 용어로 나타내는 일반침례교회와 "뉴 컨넥션"은 독특한 행태를 보여 별도의 설명이 필요하지만 일단 별개의 뿌리를 가진 교단으로 봐야 할 것이다. 즉, 뉴컨넥션을 역사적인 "일반침례교회"와 동일한 것으로 봐서는 무리가 있다는 말이다. 그런데도 우리는 1891년의 "침례교 연맹" 결성을 중점으로 침례교회 초창기 역사를 매우 단순화시킨 설명을 채택하는 경향이 있다. 그 결과 "일반침례교회"의 명칭 가운데 "일반"의 의미도 마찬가지로 단순화시켜서 아르미니우스 신학의 영향을 받은 것이라고 단정한다. 그러므로 여기에서 일반침례교회의

---

28) "항론파"(remonstrants)라는 명칭은 1610년에 아르미니우스 사상 추종자들이 고다(Gouda)에서 모여 작성한 문서에서 자신들을 지칭하여 사용한 용어이다. 따라서 아르미니우스주의자들을 가리키는 자파의 공식용어인 셈이다.

명칭 가운데 "일반"의 의미를 새겨볼 필요가 있다.

(1) 뱁티스트 선도자(Baptist Pathfinder)와 항론파 신학

최근 미국 남침례교의 표준적인 교회사 서술은 특수침례교회보다는 일반침례교회, 존 스마이스(John Smyth), 토마스 헬위스(Thomas Helwys) 등을 언급하면서 시작한다. 그것은 특수침례교회의 의미 있는 첫 번째 신앙고백서가 1644년에 출현한 데 반해 일반침례교회 최초의 신앙고백서는 1611년에 나왔다고 보고 따라서 일반침례교회는 역사적으로 한 세대 앞서 발생하였다고 추론하게 만든다.

스마이스의 1609년 "숏 컨페션(Short Confession, 20개항)"이나 그 이듬해의 "숏 컨페션(38개항)"보다는, 토마스 헬위스가 1611년에 작성한 "홀란드 암스텔담 거주 잉글랜드인들의 신앙고백"(A Declaration of Faith of English People at Amsterdam in Holland)이 최초의 일반침례교회 신조로 간주된다. 스마이스와 헬위스가 갈라선 것은 홀란드에 건너온 뒤에 그동안의 교회는 (잘못된 뱁티즘으로 인해) 순수교회가 아니었다고 깨닫고는 일단 교회를 해산한 뒤 스마이스가 먼저 자신에게, 그리고 난 뒤에 다른 사람들에게 뱁티즘을 주는 자기-뱁티즘(시-뱁티즘, se-baptism)을 행하였는데 1610년에 무렵에 스마이스는 이 자기-뱁티즘의 정당성을 다시 의심하여 워터랜드 메노나이트[29]에 가입하고자 하였다. 이 때문에 헬위스가 반론을 제기하고 스마이스를 파문하였다.

그런데 이 두 사람은 순수 뱁티즘 그 자체보다는 순수교회 회복에 관심이 많았다. 뱁티즘에 관심의 초점을 집중할 때에는 스마이스와 헬위스가 "뱁티즘"에 치열하게 고민한 것만 눈에 들어오겠지만 사실 그 두 사람의 관심사는 그 보다는 폭이 넓었다. 그 두 사람은 같은 공동체에서 사역하였음에도 스마이스는 원죄가 없다고 하였지만 헬위스는 원죄가 있다고 함으로써 서로 상충한 신학적 입장을 드러냈다. 언제부터 양쪽이 이렇게 달랐는지는 아직 정확히 확인되지 않는다. 이런 사실 때문에 멕베스는 스마이스를 침례교인이 아니라 "침례교회로 가는 길을 찾는 사람"(Baptist Pathfinder)이라고 부름으로써, 그는 아직 침례교인의 정체성을 갖지 못한 과도기적 인물임을 암시한다.

헬위스의 신앙고백서에서 우리의 관심을 끄는 부분은 2항, 3항, 4항, 5항인데 4항에서는 "하나님이 은혜를 주실 때 인간은 은혜를 받거나 거절할 수 있다"고 함으로써 인간구원의 최종 결정권이 인간에게 있다는 요지의 주장을 하였다. 5항에서는 "하나님은 세상의 기초를 놓기 전에 그를 믿는 모든 사람들을 구원하기로, 믿지 않는 모든 사람을 정죄하기로 예정하셨다. 그 모든 것을 하나님은 미리 아셨다"

---

29) "워터랜드"(Waterland)는 "네덜란드"의 별칭이다. 메노나이트 자체에서는 네덜란드의 풍요로 인해 초창기 메노나이트의 질박검소한 삶의 태도와 엄격한 규율 준수의 정신을 버림으로써 스위스와 남부 독일 등지의 보수적·복고적 메노나이트와 갈등 관계에 놓인 자유파를 가리킨다. 이러한 갈등은 메노 시몬즈 생존 당대부터 있었다.

라고 하였다. 좀더 면밀한 분석을 필요로 하는 측면이 있지만 대략적으로 볼 때, 항론파(아르미니우스와 그 제자들)의 소위 "예지예정설"과 비슷한 주장으로 볼 수 있다. 이 때문에 특수침례교회와 일반침례교회의 신학적 차이를 설명할 때 원용하는 것이 도르트 캐논 가운데서 찾을 수 있는 "칼빈주의 5대 교리"와 "항론파(아르미니우스주의) 5대 교리"의 비교이다. 문제는 도르트 캐논은 1619년 문서라는 점에 있다.

스마이스나 헬위스가 항론파와 같은 "예지예정설"을 주장하였다고는 하지만 1609년에서 1611년 사이에 신앙고백서를 작성할 때 1618-19년의 도르트 회의의 신학문서를 참고할 수는 없는 일이다. 만일 일반침례교회의 신조가 1611년 무렵에 아르미니우스주의 쪽 신학문서를 참고한 것이라면 1608년에 아르미니우스가 작성한 "소감의 선언(Declaration of Sentiments)"이라는 글과 1609년 1월 14일에 로테르담 북동쪽 약 22km쯤 떨어진, 조이트란트 주(州)의 고다(Gouda)라는 도시에서 아르미니우스의 후계자 위텐보가르트를 위시한 40명의 아르미니우스주의자들이 모여 작성한 "항론서"일 것이다. 이 두 문서에서 "예지예정설"을 명백히 하였고 특히, "항론서"에서는 "세상의 구세주 예수 그리스도는 모든 사람 각각을 위하여 죽으셨다(Jesus Christ the Savior of the world died of for all men and for every man)"라고 보편속죄 사상 역시 명백히 하였다. 즉, 그리스도의 속죄 범위는 "모두"라는 입장의 "보편속죄론"이라는 점에서 두 문서는 공명하고 있다. 그런데 항론파 문서에는 보편속죄론을 가리키는 용어로 "모든" 즉, "올(all)"이나 "에브리(every)"를 사용하지 "일반(general)"이라는 단어를 사용하지 않는다. 그리고 신학문헌에서 "일반속죄(general atonement)"라는 용어보다는 "보편속죄(universal atonement)" 혹은 "무제한 속죄(unlimited atonement)"라는 용어를 선호한다.

그렇다면 그리스도의 속죄의 보편성을 주장한다는 것과 "침례교회"의 "일반"이란 명칭은 직접적인 연결점을 주장하기 어렵게 되고 특히, 아르미니우스와의 연결점은 더욱 찾기 어렵게 된다. 더군다나 헬위스의 1611년 신앙고백서의 표지에서도 본문에서도 "일반" 혹은 "침례교회"라는 명칭이 없다. 무엇보다도 그리스도의 속죄와 구원의 원리를 다루는 항목에서도 "all"(모두)이나 "every"라는 단어는 있어도 "general"(일반)이라는 단어는 없다. 헬위스의 신앙고백서를 일반 침례교회 최초의 공식적 문서로 인정하는 것과는 별개로 그 명칭 "일반"은 일반적으로 생각하는 것처럼 적어도 침례교회 발생기 당시의 속죄론 사상과는 직접 관련이 없을 가능성이 있다.

일반침례교회의 명칭과는 직접 관련은 없어 보이지만 헬위스의 1611년 신앙고백서와 항론파의 1610년 "항론서"와 관련한 또 한 가지 문제는 헬위스의 신앙고백서 2항에 "모든 사람이 죄를 지었다(all men sinned)"라는 표현과 "그의 죄가 모든 사람들에게 전가되었다(His sinn being imputed vnto all)"라는 표현이 있고 3항에는 "그의 의

(義)가 모든 사람들에게 전가되었다(His righteousness being imputed vnto all)"라는 선언이 있다. 이 점에 주목할 필요가 있다. "전가"(轉嫁, imputed, imputation)라는 용어는 칼빈주의 죄론과 속죄론의 특징적인 용어이기 때문이다. 1610년의 "항론서"에는 이 "전가"라는 용어가 나오지 않고 심지어 1618-19년 도르트 회의 당시에도 항론파는 "전가"라는 용어를 피하고 "(죄책의) 유전"이라는 식으로 표현하였다. 아르미니우스 계열의 신학에서 매우 중요한 용어인 "선행은총"(prevenient grace)이라는 용어와 개념을 헬위스는 채택하지 않았다. 이러한 사항들은 헬위스가 자신의 신앙고백서를 작성할 때 네덜란드 아르미니우스 신학사상을 전적으로 따르지 않았다든가 혹은 헬위스가 만일 어떤 신학문서를 참고하였다면 아르미니우스주의 쪽이 아니라 칼빈주의 쪽 문서를 주로 참고하지 않았는가 의심할 근거가 될 수도 있다.

지금까지 검토한 바에 따르면, 일반침례교회의 "일반"이라는 명칭이 사용된 정확한 계기와 시기에 관해서는 스마이스나 헬위스와 연결짓거나 네덜란드 항론파(아르미니우스주의)의 보편속죄론에 관련해서 이 "일반"이라는 명칭이 유래하였다고 단정하기 어렵다. 17세기 침례교회의 정체성을 가늠하는 참조점인 "신자침례," "침수침례," "이직분제," "메신저," "지방회제도" 등이 전혀 언급되지 않는다. 이런 점들을 고려하면 일반침례교회 최초의 공식적이며 실질적인 신앙고백서는 "30개 회중의 신앙과 실천"(The Faith and Practice of Thirty Congregations, 1651) 아니면 "미들랜드 지방회 신앙고백" (The Midland Association Confession, 1654) 가운데 하나이다. 좀더 연구가 필요하지만 본인은 개인적으로 일단 후자라고 본다.

(2) 웨슬리(John Wesley, 1703-1791) 부흥운동과 뉴 컨넥션

① 웨슬리 신학에서 "일반"의 의미

일반침례교회의 명칭과 관련하여 존 웨슬리와 그의 부흥운동을 거론해야할 필요성은 첫째, 그가 제시한 신학사상을 가리키는 용어에 "일반"(general)이 들어간다는 점과 둘째, 그의 새로운 신학사상이 뉴컨넥션 형성에 결정적인 영향을 미쳤기 때문이다.

웨슬리는, 칼빈주의적 예정교리를 반대하여 "조건예정설" (conditional election)을 취하였다는 점에서는 아르미니우스와 같지만, 약간 변형해서 "일반적·조건적 선택"을 말하였다. 여기에서 "일반(general)"이라는 단어가 나타난다. "조건적 선택"이라는 것은 하나님의 선택은 택자 안에 택함 받을 만한 조건이 발생할 것을 예견하시고 선택하였다는 의미이다. 그리스도의 구속사역은 그렇게 선택된 개별자들 모두를 위한 것이었다. "일반적 선택"은 그리스도의 속죄는 어떤 특정한 죄인을 위한 대속의 죽음이 아니라 인류가 구원받을 조건 자체를 확립하기 위한 것이다. 따라서 그리스도의 구속사역 당시에는 누가 구원받을지 장담할 수 없다고 보는 셈이다. 그 조건에 끝까지 부합하는 자들을 포괄적으로 구원하기로 하였기 때문이다. 이

입장에 반대되는 논조를 "특수선택"(particular election)이라는 것이며 그리스도는 속죄사역을 수행할 때 어떤 특정한 개인들 즉, 하나님이 미리 정하신 그들만을 위하여 돌아가셨다는 관점이다.

② 뉴 컨넥션(New Connection of General Baptists)의 등장

잉글랜드 기독교 및 신학의 역사에서 "일반(적)"이라는 용어가 신학적 의미를 가진 것은 웨슬리 이후 특히, 웨슬리가 옥외설교 활동을 본격적으로 시작한 1738년 이후이다. 웨슬리의 부흥운동의 영향력을 받은 사람 가운데 데이비드 테일러(David Taylor)와 댄 테일러(Dan Taylor, 1738-1816)라는 두 사람을 기억할 필요가 있다.

데이비드 테일러는 웨슬리의 영향을 받고 1741년에 잉글랜드 중부의 라이세스터셔(Leicestershire) 주(州)에서 교회를 개척하고 독립파로 등록하였지만 신약성경 연구를 통해서 침수침례가 옳다고, 1750년에는 성인침례가 옳다는 확신에 도달하였다. 1755년 11월에 자체적으로 침수례를 시행하였다.

댄 테일러는 광산노동자의 아들로 태어났고 그 역시 채탄부로 일하다가 웨슬리의 설교에 심취하여 웨슬리 운동에 가담하였다. 1761년부터 "평신도 설교자"로 활동하였으나 웨슬리의 교리가 아니라 독재적 리더십과 혹독한 규율에 염증을 느껴 독자적으로 활동하기 시작하였다. 1762년에 유아세례의 부당성과 신자침례의 타당성을 깨닫고 특수침례교회에 가입하기를 원하였지만 웨슬리의 영향을 받은 그의 속죄론 때문에 거절당하고 잉글랜드 중동부의 링컨셔

(Lincolnshire)의 갬스턴(Gamston) 일반침례교회로 갔다. 이틀간 면담을 한 후에, 1763년 2월에 인근 강에서 침수침례를 받고 7월에 목사 안수를 받았다.

링컨셔지방회에 가입하였으나 이 일반침례교회 지방회 소속 교회들의 영적 무기력함과 몰락해 가는 실상에 실망하여 테일러는 친구인 윌리엄 톰슨(William Thompson)과 함께 링컨셔 인근의 (웨슬리)부흥운동 교회들에게 이 일반침례교회 지방회에 들어와 변화의 바람을 일으키자고 도움을 청하였다. 테일러의 이런 요청을 이 교회들이 거부하자 오히려 자신이 동조자들을 이끌고 일반침례교회를 이탈하여 1770년 6월에 런던에서 새로운 교단을 만들었다. 그 교단의 명칭이 "일반침례교인들의 새로운 교단" 이라는 의미의 "뉴 컨넥션 어브 제너럴 뱁티스트"(New Connection of General Baptists)이다.

웨슬리가 메소디스트 운동을 시작한 것이 1739년 무렵이고 데이비드 테일러와 댄 테일러 두 사람이 등장한 것은 그로부터 한 세대 뒤이다. 1619년의 항론파와 1639년의 웨슬리를 연결하는 공통점이 칼빈주의의 "무조건적" 예정을 부인하는 것이라고 볼 때, 1660년의 일반침례교회의 신앙고백서인 "스탠더드 컨페션"(the Standard Confession)을 살펴보는 것은 매우 의미가 클 수 있다. 1660년은 도르트 회의로부터 50년 가량이 지난 시점이다.

1618-19년 도르트 회의 석상에서 아르미니우스주의자들은 자신들의 신학적 입장을 최종적으로 밝히면서 1610년의 입장을 스스로

뒤집어 원죄를 부인하였다. 1660년에 일반침례교회는 교단 차원에서 채택한 최초의 신앙고백서에서 원죄와 원죄의 전가를 인정하고 예지 예정을 부인함으로써 실질적으로 아르미니우스 신학을 거부하였다는 점에 주목해야 한다. 그러므로 1770년 이전의 일반침례교회를 지칭하는 명칭에서 "일반"이라는 이름이 반(反) 칼빈주의적 속죄론을 가리킨다면 그것은 아르미니우스주의와는 다른 기원을 갖는다는 의미이고, 1770년 이후라면 그것은 웨슬리주의에서 기원한다고 볼 수밖에 없다. 일반침례교회가 "일반속죄" 사상을 취하였기에 그런 이름을 채택하였다는 설명이 타당한 것은 이렇듯 댄 테일러와 뉴 컨넥션 교단의 설립에 뒤따른 것이다. 그러나 1770년 이후에 나타난 웨슬리 사상을 1610년 무렵으로 소급해서 채택하였다고 설명할 수는 없는 노릇이기에 일반침례교회의 보편속죄론적 진술은 그 기원을 전혀 다른 곳에서 찾아야 한다.

(3) 올드 컨넥션과 뉴 컨넥션

일반침례교회의 신학과 교리는 전반적으로 불안정하고 일관성이 결여되어 있다는 약점이 있었다. 일반침례교회의 1678년 신앙고백서("정통 신조, The Orthodox Creed")는, 매튜 카핀(Matthew Caffyn)이 호프만 기독론에 빠져 그리스도의 인성을 부인한 오류의 침투를 막고 정통주의적 기독론을 옹호하기 위한 것이었지만 실패하였다. 일반침례교회의 교단적 통일은 1731년에 카핀이 죽은 뒤에 가서야 히브리서 6:1-2을 근거로 이루어졌다. 그러나 이 통합은 교리문제에 관한 일체의 논쟁을 회피하고 서로 상대방에게 여하한 교리적 질문을 제기하지 않기로 한 타협안에 따른 것이다.

결국 일반침례교회는 교리적 건전성을 확보할 수 없게 되었다. 건전한 정통교리를 아는 자들은 거의 모두 교회를 떠났고 남은 자들은 대부분 유니테리안주의에 빠지고 말았다. 중요한 문제는 거론할 수 없었고 사소한 문제로 서로 시비를 다투었다. 일반침례교회의 청년들은 일반침례교회의 청년들끼리만 결혼해야 한다고 하자 청년들마저 교회를 옮겼다. 결과적으로 시간이 흘러가면서 노인들만 남은 교회가 되었고 목사들은 젊은 사역자를 찾지 못하고 50년 이상을 사역하는 경우가 흔하고 그것도 기력이 쇠진하여 죽을 때까지 강단을 지켜야 하는 경우가 속출하였다.

댄 테일러는 일반침례교회에 가입하였지만 당시 일반침례교회의 일반적인 관행을 어기고 정통주의적 기독론을 받아들였다. 평신도가 교회에 가입할 때 안수하는 관행을 금지하고, 회중찬양 특히 여성의 찬양을 허용하고, 열정적 전도를 허용함으로써 구 일반침례교회 즉, "올드 컨넥션"과 갈등을 일으켰다. 1770년에 뉴 컨넥션 교단을 세우면서 6개항으로 된 "신조"(The Articles of Religion)를 작성하였는데 여기에 웨슬리의 신학사상이 짙게 배어 있다.

뉴 컨넥션은 "일반침례교인들"이라는 명칭을 공식적으로 사용하였다는 점에서는 일반침례교회이지만 그 교리적 뿌리는 침례사상을 제외하면 명백히 웨슬리주의라고 볼 수 있다. 뉴 컨넥션이 "일반침례교회"라는 명칭을 사용한 목적은 올드 컨넥션에서 동조자들을 자기 파로 끌어들이기 쉽게 할 목적 때문이었다. 따라서 일반침례교회를 "칼빈주의 5대 교리"에 대립하는 변형된 아르미니우스신학에 따른 교회라고 간주한다면 그것은 실상 "웨슬리주의"의 후예라는 것인데 이것이 설혹 옳다고 할지라도 이 관점을 초기 침례교회의 발전 단계에 적용하면 마찬가지로 시대착오 즉, 시대를 거꾸로 뒤집어씌우는 셈이다. 1770년에 세워진 뉴 컨넥션을 고려하여 1611년의 헬위스가 일반침례교회라는 명칭을 채택하였다는 말도 성립되기 힘들다. 다시 말하자면, 1770년 이후의 일반침례교회와 1640년대의 특수침례교회를 비교하여 그 교리적 차이를 드러내기 위해 칼빈주의와 아르미니우스 신학을 비교하는 셈이다.

(4) 1678년의 정통신조(the Orthodox Creed) 제 39항

1640년대의 잉글랜드에서는 인정할 만한 침례교단이 아직 형성되지 않았다. 교단 차원의 조직화와 제도적인 리더십이 확립되기 시작한 것은 1650년대부터이다. 그런 점에서 교파적 신앙고백서로는 1660년의 "표준 신조"(the Standard Confession)가 최초이지만 우리 논제에 관련해서는 1678년의 "정통 신조"의 제 39항에 매우 주목할 만한 진술이 있다. 그 번역은 다음과 같다:

"그리스도의 교회들에 속한 감독들, 장로들, 형제들로 구성되며 그리스도의 모

든 교회들로부터 그리고 교회의 대표자들을 보냄으로써 합법적으로 소집된 총회는 단일한 교회를 구성하며, 그리스도의 이름으로 행동할 합법적 권한을 가진다. 총회는 신성한 권위를 가지고 있으며, 통일성을 보존하고 이단을 막을 하늘 아래 있는 최선의 수단이며 그 범위 혹은 관할권 내에 있는 회중들 사이의 혹은 회중의 감독자이다. 그리스도의 어떤 특정한 회중에서 여하한 부정의 혹은 이단이 저질러지거나 분열을 옹호하는 경우에는 이와 같은 모임 즉, 총회에 호소해야 한다. 이와 같은 총회에서의 결정적 의견은 주요 부분이며, 이와 같은 총회에는 청문하고 결정하고 파문할 합법적 권한이 있다."

이 조항은 "개교회주의"가 아니라 소위 "총회중심주의"라고 할 만한 내용을 담고 있다. 첫째, 총회(General Councils 혹은 Assemblies)를 구성하는 요소로 "감독"(bishop)이라는 호칭을 거론한다. 침례교회는 감독정체를 취한 적이 없으므로 이 명칭은 "메신저"로 보는 것이 타당하다. 둘째, 각 교회가 파송한 대표자들로 구성된 총회는 "단일한 교회를 구성하며"(make but one church) 신적 권위(divine authority)를 가진다고 보았다. 셋째, 총회는 합법적인 최고 의사결정 권한을 가진다.

이러한 총회중심주의적 경향은 일시적이며 이 신앙고백서에만 나타나는 분위기만은 아니다. 1653-55년 사이에 케임브리지셔(Cambridgeshire) 주의 아서 힌데스(Arthur Hindes)의 집에서 모인 일반침례교회 지도자들의 모임에서도 그 예를 찾아볼 수 있다. 1655년에 장로들만으로 구성된 모임("general meeting")에서 결의한 사항에 대해 택스필드(Thaxfield) 교회의 앤서니 그레이(Anthony Grey)가 동조하지 않고 비판하자 멜번(Melbourne) 교회의 대표가 그레이를 공식적으로 반박하며 이의를 제기하였다. 1655년 2월에는 몇몇 교회 대표들이 멜번교회 대표에 동조하는 모임을 갖고 그레이에게 다음 회의에 참석하여 답변할 것을 요구하기로 하였다. 5월 3일 모임에서 그레이의 변론을 청취한 뒤 그레이의 의견을 거부하고 회개를 촉구하였다. 또한 존 레이(John Ray)와 존 태브람(John Tabram)을 리틀포트(Litttleport)로 보내 퀘이커로 전향한 그곳의 장로를 견책하기로 결의하였다. 6월의 두 차례로 모임에서도 총회중심주의에 해당하는 결의를 채택하고 행동하였다.

일반침례교인들은, 감독정체의 특성이라 할 만한 전체주의적 교회론 사상을 갖고 있었다는 점을 고려하면 1770년 이전에 일반침례교회의 명칭 "일반"은 "총회중심주의적 특성"을 드러내는 것이 분명한 것 같다. "일반"침례교회는 교리적 엄밀성과 일관성을 철저히 추구하는 데에는 교단적 관심과 역량이 부족하였다. 그보다는 총회의 행정권한을 강화하여 결속을 다지는데 관심이 컸다. 오늘날의 방식으로 표현한다면 "총회중심주의"라고 할 만하다. 따라서 "일반"의 의미를 나타내는 것이 오히려 타당하다.

3. 특수침례교회의 명칭에서 "특수"의 의미

레온 멕베스는 침례교회의 신학적 뿌리를 소위 "중도주의" 입장에서 설명한다. 이는 미국 남침례교회의 표준적인 입장인데, 최초의 침례교인들 가운데는 칼빈주의자들과 아르미니우스주의자들이 있었고 이들은 각자의 신학노선에 따른 침례교회와 교단을 세우고 발전시키다가 후대의 어느 한 시점에서 통합하여 단일 교단을 형성하였다는 논지이다. 그러나 이 관점은 몇 가지 중요한 논쟁점을 드러낸다. 이 설명에 따르면 첫 번째 논제는, 처음부터 양쪽 신학자들이 존재하였고 이들은 자신의 신학에 입각하여 교회와 교단을 세웠다는 점이다. 문제는 앞 절에서 확인한 것처럼, 아르미니우스주의 신학을 취했다고 하는 일반침례교회에 있다. 일반침례교회의 전체 역사에서 의미 있는, 일관된 신학으로서의 아르미니우스주의를 찾아보기 어렵기 때문이다. 더구나 일반침례교회의 수립이 1618/19년 도르트 회의 이전이라면 좀더 충실한 설명이 필요하다. 설명을 보충하지 않으면 "시대착오"라는 지적을 피할 수 없게 된다.

멕베스의 노선에서 두 번째 논제는, 만일 서로 다른 신학적 입장을 가진 그룹들이 하나로 통합되었다면 그런 일이 어떻게 가능할 수 있었는지에 관한 것이다. 그것은 그 역사를 형성하는 당대인들의 갈등과 그 과정이라는 측면의 연구와 그런 결합을 가능하게 만든 "구조"에 관한 문제로 다시 나눠진다. 전자는 별개로 신학사적 논의가 필요하지만 후자는 교회정체론에 해당하며 본서의 제 3부의 주제가 되므로 그곳에서 다루겠다.

멕베스는, 일반침례교회와 특수침례교회의 신학적 차이점을 비교할 때 "칼빈주의 5대 교리"(TULIP)와 항론파(아르미니우스주의) 5 대 교리를 요약하여 제시하는데 이것 역시 정확한 것은 아니다. 왜냐 하면, 잉글랜드에서는 아르미니우스 일파가 직접 교회를 세우거나 영향을 미쳤다는 사실이 확인되지 않았고 웨슬리의 감리교운동의 영향을 받은 것뿐이다. 그런데 웨슬리의 사상은 아르미니우스 사상을 그대로 수용하지 않고 약간의 변형을 가한 것이다.

(1) 특수침례교회의 신앙고백과 신학적 기원

특수침례교회의 면모를 소개할 때 대뜸 "칼빈주의 5대 교리"부터 소개하는 것이 일반적이다. 칼빈주의 5대 교리는 1618-19년 사이에 네덜란드 도르트레흐트에서 모인 국제적인 칼빈주의 총회에서 항론 파가 제시한 5가지 주장이 칼빈주의 정신에 부합한 것이냐는 문제제 기에 당면하여, 항론파의 입장은 정통 칼빈주의에 속하지 않으며 칼빈주의적 교회에서 가르쳐서는 안 된다는 판단을 내리고 그 점을 명확히 진술한 것이다. 그 때문에 이 설명방식은 부정확함에도 불구하고 대체로 들어맞는다. 그것은 특수침례교회의 공식적인 최초 신앙고백인 1644년 제 1 런던 신앙고백서(The First London Confession)의 모두 53개 절 가운데 12개 절(21절-32절)이 도르트의 칼빈주의 5대 교리를 받아들인 것임을 직간접으로 보여주기 때문이다.

① 특수침례교회의 첫 번째 신앙고백서

특수침례교회의 1644년 신앙고백서를 구성하는 53개 절 가운데

26개의 절은 1596년의 분리주의 신앙고백서와 거의 동일하다. 이 26개 절 혹은 1596년 신앙고백서의 내용에는 도르트의 5대 교리에 상응하는 내용이 담겨 있다. 따라서 도르트 5대 교리는 17세기 초의 새로운 칼빈주의 내용을 첨가하는 것이 아니라 기존의 칼빈주의에 담겨 있던 내용을 새롭게 명확한 진술로 옮기면서 항론파의 입장을 거부하는 것이다. 즉, 도르트 결정으로 칼빈주의에 새로운 방향전환이나 첨가가 없다는 것이다.

그렇다면 특수침례교회의 신학은 1619년 이후의 유럽 칼빈주의와 다를 바 없는 내용을 이미 1596년 신앙고백서를 통해 익혀 왔다는 의미가 되며, 특수침례교회의 신학의 뿌리는 도르트 칼빈주의를 통해서 명확하게 설명할 수 있기는 하지만 그 정확한 뿌리는, 잉글랜드 자체의 청교도 분리주의가 담지하고 있던 칼빈주의 발전과정에서 찾아야 한다는 의미가 된다.

② 특수침례교회의 두 번째 신앙고백서

웨스트민스터 신앙고백(1645/46년), 사보이선언(1658년), 특수침례교회의 제 2 런던 신앙고백(1677/88), 이 세 신앙고백서 모두가 칼빈주의를 엄밀하게 천명하고 있어서 신론-기독론-속죄론-구원론은 사실상 거의 같다. 따라서 상대적으로 덜 알려진 사보이선언을 빼놓고 보면, 웨스트민스터 신앙고백에서 제 2 런던 신앙고백으로 그 영향력이 직결되는 것처럼 보인다. 그 때문에 특수침례교회 신앙고백서들이 웨스트민스터 신앙고백서의 영향을 받았다고 쉽게 말하는 사람들이 있지만 이런 식으로 설명하면, 1644년의 신앙고백서가 보여준 침례교회의 신학적 전통과 1596년 신앙고백서의 분리주의 청교도 정신과 사보이선언의 회중주의 교회론의 맥을 무시하게 된다. 위에 언급된 세 신앙고백서 모두 칼빈주의 신조서라는 점에서는 동일하고 "교회론"에서만 차이를 보인다고 가볍게 다뤄서는 안 된다. 구원론의 회복이 종교개혁의 꽃이라면 교회론의 회복은 그 열매이다. 그만큼 중요한 부분이다.

먼저 웨스트민스터 신앙고백서와 사보이선언을 비교한 뒤, 사보이선언과 제 2 런던신앙고백서를 비교해 보자.

웨스트민스터 신앙고백서는 감독제도를 도입하기로 한 국왕 측에 대항하기 위해, 의회의 결의에 따라 위임받고 요청받은 교회대표자들이 작성한 것으로 1646년에 출판되었다. 사보이선언은 웨스트민스터 신앙고백서의 교회론에 매우 불만족해 하는 회중교회 대표 120명이 1658년에 런던 사보이 궁전에 모여 회담을 한 뒤에 작성하여 발표한 것이다. 이 사보이 선언에서 다음 몇 가지가 주목할 만하다.

첫째, 사보이선언은 잉글랜드 개혁주의 신앙을 엄밀히 추구하고 표현한다는 점에서는 웨스트민스터 신앙고백과 동일하지만 장로주의 체제에서의 노회(presbytery)와 대회(synod)가 입법적, 사법적 권한을 가진다는 점을 부인하고 개교회의 독립성을 부각시켜 천명하였다.

둘째, 사보이선언은, 장로주의 정체와 구별되는 회중주의 정체를 명확하게 선언한 최초의 것이다.

셋째, 토마스 굿윈(Thomas Goodwin), 존 오웬(John Owen), 필립 나이(Philip Nye), 조셉 카릴(Joshep Caryl), 윌리엄 그린힐(William Greenhill), 윌리엄 브릿지(William Bridge), 존 하우(John Howe) 등이 위원회를 구성하였는데 이 위원회에서 존 오웬을 제외한 자들은 웨스트민스트 총회의 구성원이기도 하였다.

웨스트민스터 신앙고백, 사보이선언, 침례교회 신앙고백은 청교도 칼빈주의라는 점에서 한결같다. 그러나 모든 신앙고백은 그 문서를 작성하거나 채택한 공동체의 신학과 실천을 반영한다는 점에서, 그 공동체 고유의 특성을 반영한다. 웨스트민스터 신앙고백서가 앵글리칸 내부의 반(反)-감독주의를, 사보이선언은 회중주의 교회의 원리를 반영한다. 마찬가지로 런던신앙고백은 침례교인들의 정신과 신학과 삶을 반영한다. 따라서 동일한 개혁주의이면서도 서로 다른 특색들이 명문화되었다. 그 가운데 교회론적으로 의미 있는 차이점들은 다음 세 가지이다.

첫째, 사보이선언과 제 2 런던 신앙고백은, 웨스트민스터 신앙고백에 비해 "자원주의" 원리, 개교회 중심주의를 잘 표명하였다.

둘째, 웨스트민스터 신앙고백에 비해, 유형교회보다는 무형교회를 훨씬 두드러지게 강조하였다.

셋째, 침례교회 신앙고백서에서는 목사와 장로를 동일시한 이직 분제도가 성경적임을 분명히 하였다. 게다가 성경적 회중주의 정신에 입각한 교회 간 정체인 "지방회" 제도의 단초를 드러냈다.

(2) "특수"(particular)라는 형용사

1596년 분리주의 신앙고백서, 1610년의 (아르미니우스주의자들의) 항론서, 1611년의 (네덜란드 칼빈주의자들의) 반(反)-항론서, 심지어 1644년 제 1 런던 신앙고백서와 1646년의 웨스트민스터 신앙고백서 어디에서도 "특수침례교회"라는 명칭을 찾아볼 수 없다. 이 신조서들의 예정론, 속죄론, 구원론에 해당하는 부분에서 "특수"(particular)라는 단어조차 찾아볼 수 없다. 표준적인 침례교회사의 첫 머리에서부터 "특수침례교회"라는 명칭을 접하는 것에 비하면 놀라운 현상이다.

① 1596년 분리주의 신앙고백서에서

1596년 분리주의 신앙고백서에서는 단지 세속권력자와 교회의 관계를 다루는 제 30절에서 한 번 "세부사항"이라는 뜻의 "perticulars"가 사용되었다. 칼빈주의를 대표하는 신조서인 웨스트민스터 신앙고백서(1646년)에서도 속죄론과 구원론에서는 "특수"(particular)라는 형용사 혹은 부사를 사용하지 않았다.

② 1644년 런던 신앙고백서에서

1644년의 런던 신앙고백서에서는 교회론을 다루면서 42절에서 "this power is given to every particular Congregation"과 43절에서 "And every *particular member* of each Church" 그리고 47절에서 "And although the *particular Congregation* be distinct and severall Bodies"라는 세 군데 표현에서만 사용되었다. 이것은 36절에서 사용

된 "every Church"라는 표현에 상응하는 것으로써 각각의 교회가 가진 개별성과 독립성을 강조하기 위해 각별히 도입한 표현인 것 같다. 1596년의 분리주의 신앙고백서에서는 개별성을 강조하기 위해 사용한 "every Christian Congregation"(22, 23절)이라는 표현에서 한 걸음 더 나간 것이다.

③ 1646년 웨스트민스터 신앙고백서에서

제 1 런던 신앙고백서보다 2년 뒤에 출판된 웨스트민스터 신앙고백서를 살펴보는 것도 의미가 있을 것이다. 웨스트민스터 신앙고백서는 형용사 그대로의 "particular"는 모두 열 차례 나온다. 부사 "particularly"가 세 번이고 나머지가 형용사로 사용되었다. 형용사 가운데 "particular congregation"이 한 번, "particular church(s)"가 두 번 나온다. 속죄론이나 구원론을 설명할 때는 사용되지 않았고 다만 제 3장, "하나님의 작정에 관하여"에서 "These angels and men, thus predestinated, and foreordained, are **particularly** and unchangeably designed"(하나님이 이렇게 예정하신 이 천사들과 사람들은 **개별적**이고 불변적인 계획 속에 있는 것이며)로 사용되었다.

웨스트민스터 신앙고백서에서 "particular"에 대한 사용례는 교회의 개별성을 강조하는 표현들에서 찾아볼 수 있다.

첫째, "particular churches, which are members thereof"(25장)

둘째, "the overseers and other rulers of the particular churches"

정리하면, "particular"는 개인에 관련해서는 단 한 번도 사용되지 않는다.

④ 사보이선언과 제 2 런던 신앙고백서에서

혹자는 1677/88년의 제 2 런던신앙고백서는 웨스트민스터 신앙고백서로부터 직접적인 영향을 받은 것으로 간주하지만, 실제로는 1658년 사보이선언(The Savoy Declaration)으로부터 영향을 받았다. 사보이선언에서는 형용사 "particular"와 부사 "particularly"가 모두 16 차례 등장한다. 수(數) 그 자체는 웨스트민스터 신앙고백서에 비해 월등히 많지만 신론-기독론-속죄론-구원론에서 볼 때는 차이가 없다. 다만 사보이선언서의 주요 특징이라 할 만한 부분 즉, 교회 제도론에 해당하는 부분에서 압도적으로 많이 등장한다. 개인에 관련해서 사용된 특이한 사례가 있지만, 복음의 가르침을 개인적으로 그리고 개별적으로 추구해야 한다는 진술이다. 결국 이 한 번의 사례를 제외하면 모두 "개별적인 교회"를 가리키기 위해 사용되었다.

제 2 런던신앙고백에서는 "particular" 형용사와 부사가 모두 10 차례 나온다. 이 횟수와 사용처는 웨스트민스터 신앙고백서, 사보이선언서 본문과 거의 같다.

(3) "특수"라는 명칭의 진정한 의미

특수침례교회가 처음 생겨날 때부터 17세기 말까지는, "특수"라는 그 명칭을 통해 제한속죄론을 가리키려는 시도가 별로 없었다고 단언할 수 있다. 성경은 보편속죄론이 아니라 제한속죄론을 가르칠

의도가 분명하다는 것이 물론, 특수침례교회의 주장이며 대의이지만 말이다.

"특수"라는 명칭의 진정한 의미를 되새기기 전에 먼저 분리주의 신앙고백서에 나타난 교회론적 특색이 추가되었다.

① 지상에 있는 그리스도의 교회는, "그리스도가 자신의 말씀에서 규정한 직분자들과 법에 의해 다스려져야 한다. 그 외의 것으로는 안 된다.

② 모든 기독교 신자는, 그렇게 다스려지는 회중의 지체로서 같은 마음을 가진 다른 사람들과 언약을 맺을 권리 및 의무가 있다.

③ 모든 회중은 자신의 지도자들을 임명할 권한을 가진다.

④ 모든 회중은 구성원들이 아무리 유명할 지라도 필요할 때 그들을 받아들이든지 거절하든지 할 수 있는 권한도 가진다.

⑤ 곤란에 처한 경우에는 다른 회중의 도움과 조언을 기꺼이 구해야 한다.

⑥ 최종 권한은 성령과 말씀의 인도함을 받는 회중 전체에 있다. 지도자의 위치에 임명된 어떤 개인 구성원에게 있는 것이 아니다.

⑦ 모든 구성원들은 국가의 충성스러운 시민이 되려고 열심을 내야 한다. 그러나 하나님의 명령과 세속 군주의 명령이 갈등을 일으킨다면 하나님께 순종해야 하고 세속 군주의 형벌을 주저 없이 받아들여야 한다.

1596년 분리주의 신앙고백에서 1644년 침례교회 신앙고백으로 넘어오면서 다음과 같은 침례교회적 특색을 갖게 되었다.

(가) 침례

① 받는 자의 자격; 침례는 신앙을 고백하는 사람들에게 시행해주어야 한다.

② 침수례와 그 의미; 온 몸을 물에 담그는 침수례(dipping or plunging the whole body under water)이며 그리스도의 피로 온 영혼을 씻어내는, 그리스도의 죽음과 장사지냄과 부활을 나타내는 표라는 점을 분명히 하였다.

(나) 회중의 최종권한

① 분리주의 교회와 침례교회 모두 교회의 최종의사결정권한을 "회중"에게 두었다는 점은 같지만 1644년의 침례교인들은 교회의 사역자들은 회중으로부터 분리된 존재들이라는 개념을 상당히 약화시켰다. 즉, 교회의 사역자들은 회중의 일부라는 점을 강화시킨 것이다.

② 1596년에서 1644년으로 넘어오면서 "목사, 교사, 장로, 집사"의 네 직분이 "장로와 집사"라는 두 직분으로 정리되었다.

③ 1644년 신앙고백서의 초안자들의 사상 속에는 뱁티즘뿐만 아니라 사역권도 "규약을 맺은 회중"(covenanted community)의 직접적인 권한에 확고히 종속시킨다는 개념이 있었던 것이 분명하다.

그러나 침례교인들의 명칭에서 "특수," "일반"이라는 용어는 구원론만이 아니라 교회론적 함의를 가지고 있음을 잊지 말아야 한다. 이 교회론적 함의는 17세기말까지의 침례교회 신앙고백서에서는

"특수"는 속죄론이나 구원론에서 사용된 용어가 아니라 교회론에서 교회와 교회 사이의 관계, 교회와 종교회의체와의 관계를 염두에 두고 "개별교회"(particular church)의 독립성을 부각시키기 위해 사용된 용어라고 보는 것이 훨씬 타당한 것으로 여겨진다. 일반침례교회는 개교회의 독립성보다는 교회회의의 권한을 강조하였다. 그래서 일반침례교회는 자신들의 연합체를 표시할 때 "The Baptist Church"라고 단수형태로, 반면에 특수침례교회는 개별교회(particular Church)의 독립성과 개별적 완결성을 강조하여 "The Baptist Churches"라고 복수형태로 즐겨 사용하였다. 특수침례교회 입장에서 지방회나 교단 등의 단체는 독립된 교회들의 사업협의체적 성격밖에 없는 것이지 그 자체로 교회의 고유기능을 행하는 교회가 아니었다는 인식을 보여주는 것이다. 논리적으로, 이들 교회연합체들은 교회가 아니기 때문에 교회를 지배하거나 통제할 수 없고 교회로부터 위임된 사업만을 수행하는 것이 된다.

18세기 후반에 들어서면서 "특수"와 "일반"이라는 용어는 속죄론의 입장을 나타내는 기호로 사용되었다. 18세기에 존 웨슬리와 감리교운동이 전개되면서 속죄론에서 특별한 논쟁이 벌어진 탓이다. 아르미니우스주의 논쟁은 속죄의 범위에 관련한 논쟁이 벌어져 "제한"(limited)과 "보편"(universal)이라는 용어가, 웨슬리주의가 초래한 논쟁에서는 "일반"(general)과 "특수"(particular)라는 용어가 특별하개 관련되었기 때문이었다.

제3부

교회정체의 회복

1장 교회의 정치체제

종교개혁가들과 그 후예들은 여러 개별교회들을 어떤 방식으로 묶느냐의 원리에 관해서도 매우 깊이 있게 논의하였다. 그리고 그 논의는 매우 길었다. 그러나 오늘날에 와서는, 개신교는 주교주의정치체제(주교정체 혹은 감독정체), 장로주의정치체제(장로정체), 회중주의정치체제(독립정체) 방식으로 나뉜다는 언급에 머물고 그 실제적 선택은 해당 교파교단의 집단적 선택의 문제로 떠넘겨버렸다.

한국 침례교회는 초창기에는 감독주의정치체제를 받아들여 순회교구체제(Circuit System)를 운영하였으나 해방 직후부터 침례교회 고유의 체제를 도입한 독특한 역사적 경험을 가졌다. 그럼에도 불구하고 침례교회 안팎을 막론하고, 침례교회체제는 장로교회체제보다 덜 권위주의적이고 좀더 자유분방하며 민주주의적 다수결 원리에 따르는 방식이라고 이해하는 선에서 머문다. 이러한 관점은 피상적인 동시에 오해가 뒤섞일 우려가 있다. 게다가 장로정체는 종교개혁의 유산인데 반해 침례교회는 초대교회 원리로의 무조건적 복귀를 주장하는 복고주의 입장이라는 관점 역시 상당부분 오해이다.

본래, 침례교회체제는 기독교신앙의 원리와 종교개혁 원리를 철저히 추구하여, 장로정체와 독립정체라는 미완의 개혁체계를 극복한 교회정체론의 실현이기 때문이며, 그런 점에서 역사성을 충분히 가질 수 있기 때문이다.

교회 내, 외부의 정치체제는 세속적 민주주의 원칙을 따른다고 되는 문제도 아닐뿐더러, 개별교회 내부의 통치방식의 문제 그리고 교회들 간의 자격과 교제방식에 있어서의 차이에 관한 문제는 오늘날 흔히 생각하듯이 양적 팽창, 효율적 관리 즉, 비용의 관점 즉, 행정학이나 경영학을 제 나름대로 응용하면 되는 문제도 아니다. 현대의 신학자들이 아무리 그렇게 생각해도 본래부터 그렇지 않았기 때문이다.

그리스도께서 교회에 부여하신 원리는 무엇이며 하나님의 성품과 구원을 가장 효과적으로 반영하는 방식이 무엇이냐는, 교회론의 핵심문제였다. 그런 차원에서는 세속에서 말하는, 이권과 권력을 초점으로 하는 정치체제 혹은 통치체제가 아니라 동일한 신앙정체성을 공유하는 구성원들의 상호관계와 의사결정 그리고 정책수립 및 집행을 수행할 뿐만 아니라 공동체의 궁극적 존재목적을 성취하기 위한 구조 혹은 틀의 수립이라는 면에서 매우 중요한 의미를 갖는다. 이런 점에서 교회의 정치체제는 성경해석의 깊이에 입각하여 세워진 교회문화 즉, 역사와 전통에 특히, 신학 풍토에 부합한 공동체적 합의에 기초를 둔 특별한 구조물이다.

개혁가들은 개별교회 그 자체를 하나의 독립된 통치기구 즉, "정부"라고 간주하였다. 교회들 간의 통치 원리에 관련해서, 그 다음 단계로 두 가지 문제가 제시된다. 첫째는 그 개별교회정부 외부에 또 다른 교회정부가 존재하는 것이 성경적이냐는 문제이다. 감독정체와 장로정체는 개별교회들을 광범위한 지역단위로 묶는 공식적 단위(연회 및 노회)를 설치해두고 거기에도 독립된 "지상교회"라는 위상을 부여하는 동시에 "교회정부"로서의 기능을 가지고 있다고 본다. 따라서 개별교회 정부 위에 지상교회 정부를 두는 셈이다. 회중주의 원리는 개별교회 이외의 교회정부를 전혀 인정하지 않는다. 그런 식의 상급 교회정부를 인정하는 것은 중세교회체제를 모방한 것에 불과한 것으로 본다. 독립된 개별교회를 곧 독립된 지역교회로 보는 것이 신약성경적 방식이기 때문이다. 그래서 엄밀한 회중주의자들은 개별교회를 "총회"(assembly)라고 부르기도 하였다.

두 번째 관점은, 만일 개별교회만이 사실상의 교회단위라면 그 개별교회들은 어떤 방식으로 관계를 맺어야 하느냐? 감독정체나 장로정체를 유지하는 경우에는 이런 질문이 필요 없다. 이들은 중세교회나 로마교회의 주교정체와 다를 바 없이 피라미드식의 통치방식을 구축하기 때문이다. 다만 다른 점이 있다면 회중주의 정신을 나름대로 조금 가미하였을 뿐이다. 회중주의를 철저히 추구하는 경우 소위, 독립개교회주의 정치체제 혹은 독립조합주의 정치체제 가운데 하나를 선택해야 한다. 물론 독립조합주의라할지라도 어떤 개념의 "조합주의"가 성경적인가 하는 문제가 남아 있다. 그리고 바로 이 지점에 침례교회 정치체제의 본질이 있다.

우리의 논의를 중세교회체제와 그 개혁 즉, 교회정치체제를 성경적 원리에 따라 해체하고 복원하는 과정을 간략하게 살펴보자.

(1) 중세교회의 정치체제(주교정체)의 문제

개별교회에서 최고주권을 그리스도에게 두고 그 그리스도의 대권을 회중 전체에 위임해 둔다고 보는 것을 "회중주의"라고 한다. 그러나 회중주의는 민주주의가 아니고 민주주의가 회중주의도 아니다. 민주주의 이념이 가장 좋기 때문에, 민주주의 이념과 그 원리를 따르는 것이 결코 아니다. 회중주의는 이 책의 제 1 부에서 논의한 기독교 신앙의 원리와 특수주의 원리를, 교회들 간의 관계에까지 철저히 적용한 결과이다. 따라서 회중주의는, 먼저 어떤 주제와 관련이 있는 성경과 성경의 올바른 해석 그리고 올바른 신학에 입각한 충분한 논의와 설득, 성령의 특별한 간섭과 인도하심에 대한 순종과 기다림을 전제한다. 그 모든 의사결정은 그 중심에 위로는 하나님의 영광, 아래로는 그리스도의 사랑의 돌봄을 놓기 때문에 민주주의가 아니라 신주주의(神主主義) 혹은 신본주의(神本主義)라고 해야 한다. 이 원리에 따라 중세교회 통치체제를 혁파하여 성경적 방식의 통치체제로 돌아가자는 것이 회중주의 이념이다.

중세교회는 초대교회로의 이 원리를 버리고 "권력"과 "패권"을 중심개념으로 삼아 교회정체를 구축하고 말았다. 중세교회의 내외적 구축원리는 "계급"과 "서열"이었다. 개별교회를 그 체계의 말단에 두고 그 상부의 귀족적 사제들이 권력을 장악하되 지역교회의 최고 권력을 "주교"에 두고 그 주교들의 상위에 회의체인 "주교회의"와 그 우두머리인 "대주교" 그리고 "교황"을 두었다. 이런 중세교회체제에서 교회정체에 관한 기본적인 논의는 당연히 최고 주권은 어디에 있는가이다. 이를 테면, 교회 최고회의 자체에 최고권위는 그 회의체가 결의하였기 때문에 권위가 있는 것이고 교황은 그 회의의 일원에 불과하고 대표자로서의 권한만이 있는 것인가? 아니면, 교황에게 최고권한이 있으며 최고 교회회의는 교황의 자문기관에 불과한가? 전자는 "교회회의우위론"(혹은, 교황권제한주의)의 입장이며 교회사에서 갈리칸주의(Gallicanism)라고 한다. 후자는 "교황우위론"(혹은, 교황권지상주의)의 입장이며 울트라몬타니즘(Ultramontanism)이라고 한다. 대략 15세기 이후부터는 후자가 대세를 이룬다. 이 입장을 논란의 여지가 없이 강력한 것으로 만들기 위해 "교황무오론"을 더하여 교황주의(Papalism)를 만들어냈다.

중세교회 체제는 봉건제도와 뒤섞여 있었기 때문에 주교의 영토주권은 세속 군주의 권력과 맞물릴 수밖에 없어서 세속군주와 로마 교황의 사이에서 주교임명 권한을 놓고 다투게 된다. 신성로마제국 황제를 겸한 독일 국왕가문과 로마 교황들 사이에 벌어진 이 싸움을 교회사에서는 "서임권(敍任權) 투쟁"이라고 하는데 따지고 보면, 서임권 투쟁은 교황수장권과 황제수장권의 충돌이라는 측면이 있다. 중세교회는 사제주의와 주교체제를 세속영역까지 포함한다고 보고 영적 권세자가 세속 권세자를 통제하며 나아가서는 세속 영토를 다스릴 수 있다고 본 것이다. 그런 점에서 교황수장권은 "교황-황제주의"로 나아갔다. 그 반대의 경우가 황제(국왕)수장권 개념과 그에 입각한 "황제-교황주의"이다.

교회사적으로 볼 때, 황제수장권도 역사가 깊다. 4세기의 로마황제 콘스탄티누스도 교회문제에 개입하였지만 그 후대의 황제들만큼은 아니었다. 후대의 동로마제국 황제들과 특히, 샤를마뉴가 황제수장권의 본보기라 할 수 있다. 종교개혁기 잉글랜드 국왕들이 교회에 대해 선언한 "수장법"은 황제수장권에 속한다. 헨리 8세는 1527년부터 1536년까지 국회의 입법활동을 통해 "수장권"을 합법화하여, 잉글랜드 국왕이 통치영역에 있는 기독교의 유일한 최고 지배자가 되었다. 헨리 8세에게 있어서 수장권을 갖는다는 것은, 교회회의 소집권, 교회법의 발효 및 취소권, 성직자(특히 주교와 대수도원장) 임면권, 그리고 무엇보다도 잉글랜드 교회의 최종재판권을 갖는다는 의미였다. 당시 가장 주된 비중은 최종재판권이 차지하였다. 슈프리머시(supremacy) 즉, 수장권은 강역(疆域) 내에서의 최종재판권을 가리키며 사실상 그것이 권력을 의미한다고 볼 수도 있다. 중세 서 유럽의 역사에서는 "국민국가"의 개념이나 "국왕통수권"의 개념이 없었거나 오늘날과 달랐다. 국왕법정의 판결이 마음에 들지 않으면 교황법정에 호소하거나 잉글랜드 국왕의 통치영역에 있으면서 교황에게 충성한다는 핑계를 대고 국왕에게 복종하지 않는 행위가 빈번하였다.

국왕 입장에서 이런 행위를 불법화할 필요성이 대두되었는데 잉글랜드의 경우 헨리 8세의 결혼무효 문제와 결부해서 불거졌던 것이다. 잉글랜드 국왕 헨리가 속인(俗人)을 관장하는 입법·사법은 국회를 통해서, 성직자와 교회를 관장하는 입법·사법은 교회회의를 통해서 수행하려는 비전을 세웠는데 이는 필연적으로 교회를 장악하지 않으면 안 되는 일이었다. 결과적으로 이 구상은 교회의 본질과 속성을 성경이 아니라 국왕과 국왕 정책의 입맛에 맞추게 하고, 로마교 주교체제의 고질적 오류를 시정할 수 없게 만드는 것이므로 청교도들은 로마교 체제와 다를 바 없다고 보고 극렬하게 반대하였던 것이다.

헨리 8세의 개혁은 크게 보면 국민국가로 발전하는 과정을 형성한다는 점에서 독일국왕과 로마주교 사이의 서임권 투쟁과는 다른 점이 있다. 종교의 측면에서 잉글랜드 국왕권이 지배하는 교회체제는 성경과 성경적 신학에 부합하지 않는다는 주장을 한 것이 청교도들이다. 유럽 대륙에서든 잉글랜드에서든 공통과제는, 그들이 로마교와 단절하였다는 점에서 나온다. 그런데 잉글랜드의 경우에는 황제수장권 개념과 주교정체를 결합하여 앵글리칸 교회(성공회)가 만들어졌다. "국왕의 수장권"과 주교체제를 결합하는 것에 관해 많은 논란이 일어났고 잉글랜드의 개혁가들 즉, 청교도들의 대부분은 이 노선에 반대하게 되었다. 여기에서 잉글랜드 분리주의 운동이 나왔다.

(2) 회중주의 원리의 회복

"성직매매"를 넓게 적용하면, 평신도 개인에 불과한 세속 권력자가 교회의 머리 혹은 주인 노릇을 하는 것과 세속 권력자가 사제와 주교에 대한 임면권을 가지는 것까지도 가리킬 수 있다. 교회의 고위성직자들이 국왕의 봉건영주를 겸하기 때문에, 세속 왕국과 영적 왕국을 뒤섞어 놓았기 때문에 피할 수 없는 문제였다. 이 문제에 대한 근본적인 개혁은 문제를 "누가 최고권위를 가져야 마땅한가?' 혹은 "누가 그리스도를 대신하여 지상교회를 이끌어야 하는가?'의 관점에서 "개별교회들을 묶어서 관장할 수 있는 권한을 그 개별교회 밖에 두어도 좋다는 근거가 성경에 있으며, 그것이 그리스도의 참 뜻인가?'라는 관점으로 바꾸는 것에서 시작되었다.

감독주의정체와 장로주의정체는 그 기본이념에서는 회중주의를 취한다고 하지만 개별교회들을 묶은 회의체를 다시 "교회"라고 부른다는 점과 그 회의체를 상회(上會)라고 부르며 치리회라는 명칭으로 상급 재판부를 두고 있다는 점에서 중세 교구교회 체제를 흉내 낸 것이다. 게다가 복음 안에서의 자발적 복종과 질서보다는 "계급"과 "서열"을 체제의 중심원리로 삼은 것이다.

교회정체론에서 그 다음의 논점은, 평범한 다수가 모인 회의체는 가장 탁월한 한 개인을 능가할 수 없다는 명제와, 아무리 탁월한 개인이라고 할지라도 결국 다수의 중지를 모은 판단을 능가할 수 없다는 명제 사이의 갈등이다. 단적으로 말하자면, 회중정체는 사실상 이 교회회의 우위론에 따른 것이라고 말할 수 있다. 교회회의 우위론을 개별 교회 차원에 적용하여, 개인의 항존적 독재권을 인정하지 않고 전체 구성원의 참여와 합의에 의한 의사결정을 취하는 정체를 회중정체라고 말할 수도 있다. 즉, 회중정체라는 말을 전체 회중이 최종의사 결정권을 갖는다는 말로 사용한다면 감리교회의 감독정체, 장로교회의 장로정체도 회중정체에 포함될 수 있다. 그런 점에서 개신교회는 모두 회중정체를 취한다고 말할 수 있다. 그러므로 이 말을 엄밀하게 사용하지 않으면 매우 애매해질 수 있다.

종교개혁가들은 "회중주의"라는 원리를 회복하였고 중세교회체제와 단절하였다. 그러나 교회개혁은 "단절"과 "철폐"로 끝나지 않는다. 중세교회체제의 철폐와 동시에 그 진정한 대안으로서 성경적 교회정체의 수립이 요구된다. 그러므로 종교개혁의 후예들에게는, "그리스도의 의도에 가장 부합하는 교회정체가 무엇인가?"라는 문제와 과제가 제기된다. 다른 말로 하면, "회중주의를 가장 잘 적용한, 그리스도께서 의도하신 교회정체 형태는 무엇일까?"라는 문제를 풀어야 한다는 것이다. 이 문제에 관련하여 침례교인들은, "침례교회의 정치체제의 특색과 이상은 무엇이며 그 신학적, 역사적 기원을 찾아볼 정당한 이유는 무엇인가?"라고 질문해야 한다. 이 문제를 풀기 위해서는 먼저 개신교회들의 교회정체가 그 밑바탕에 깔고 있는 신학을 엄밀하게 이해할 필요가 있다.

1. 감독정체

오늘날에는 통치, 주권, 재결권이라는 초점에서 교회정체를 논하는 일이 거의 없고 심지어 교파의 신학적 전통과는 상관없이, 무척 소홀하게 논의하거나 무시하는 경향이 많다. 교회정치체제의 문제를 "지배권"이나 "주도권 장악"의 수준에서 생각하고 단지 "효율성"의 차원에서 논하는 수준이다. 중고등학교 사회과목을 다룰 때처럼 정치체제를 "독재정," "과두정," "민주정"으로 분류해서 민주주의 방식이 바람직하다는 도덕적 판단원리와 효율적인 면에서는 "독재정"이 나을 수 있다는 판단 역시 마찬가지 수준에서의 논의이다.

역사적으로 볼 때 사도행전 서두와 갈라디아서에 예루살렘 공의회에 대한 언급이 등장하지만 이 공의회에서 찾을 수 있는 교회회의 원리 즉, 회중주의 원리는 정상적으로 발전하지 못하고 주교중심의 성직계급체제를 낳고 말았다. 결과적으로 서구 기독교 역사에서는 주교정체가 가장 먼저 등장하였는데 이것은 회중정체보다 감독정체가 성경에 가깝거나 우월해서가 결코 아니라는 점을 명심해야 한다. 오히려 이것은 초대교회 혹은 기독교교회 형성기를 둘러싼 당시의 문화 및 문명의 성격, 그리고 로마사회의 게르만화에서 비롯된 결과일 뿐이다.

초대교회를 둘러싼 문명 즉, 그리스-로마문명은 도시문명이었다. 그래서 유대인의 디아스포라 공동체나 바울의 선교전략도 자연스럽게 도시를 중심으로 한 전략이었다. 로마인들은 도시를 중심으로 해서 그 주변의 농촌 지역을 상호의존적 관계로 묶었다. 그런데 창세기를 보면 가인이 하나님을 떠나 한 중요한 업적은 성을 쌓은 것이다. 성을 쌓고 도시를 이룬 것은 바벨탑을 쌓고 갈대아 우르라는 문명을 이룩하는 것으로 발전한다. 바벨탑에서 인간을 절대시하여 하나님의 권위에 도전하는 우상숭배가 기승을 떨었고 갈대아 우르에서 이 우상숭배는 제국주의 수준으로 발전하였다. 도시문명은 "정주문명(定住文明)"의 꽃이다. 그런데 도시문명은 필히, 지배자와 피지배자로 나뉘고 지배자는 통치를 업으로 삼는 자와 병장기를 들고 정복전쟁과 방어전쟁을 업으로 삼는 사람들, 그리고 관리계급을 낳는다. 피치자 역시 여러 계급으로 나뉘어 사람이 사람을 지배하고 생사여탈권을 쥐는 상황이 발생한다. 재물과 식량을 쌓고 이를 무기화하기도 한다. 필연적으로 정주문명 혹은 도시문명은 반드시 어떤 형태로든 계급주의를 낳기 마련이다.

로마의 도시를 중심으로 초대교회의 선교가 이뤄지고, 이 도시 교회가 부흥하고 성장하였을 때 그 주변 농촌지역에 전도하여 교회를 세우게 된다. 주변의 농촌지역은 자연스럽게 그 생계와 교육 등을 중심 도시에 의존하게 된다. 이것은 시간이 갈수록 도시의 큰 교회 목회자의 영향력이 시골교회 목회자를 능가하고 심지어 지배하게 되는 쪽으로 발전하게 되었다. 국가의 행정력은 도시의 규모와 영향력, 도시와 도시 사이의 관할구역에 따라 나뉘거나 지배 및 피지배가 결정되는데 결국 교회행정력의 영향력도 같은 방식으로 발전하기 쉽게 된다.

기독교교회에서 2세기 중엽까지는 이런 방식의 발전에서 부작용이 심하게 나타나지 않고 그저 자연스러운 정도였다. 크고 작은 교회가 서로를 도와주고 지탱해주되 그리스도 안에서 서로 대등한 관계라는 의식을 갖는 한 그렇게 문제될 것이 없는데, 2세기 중엽부터 이런 사고방식에 변화가 발생하기 시작한 것이다. 그 한 가지 실례를 "주교"라는 용어에서 찾아볼 수 있다. 그 무렵까지는 감독은 특별한 권한을 가진 따라서, 다른 목회자와는 격이 다른 직분이라는 의식이 별로 없었다. 목회자에 대한 존칭에 불과한 경우가 많았다. 그리고 감독 선출도 해당 교회의 성도들이 합의하여 받아들였다는 점에서 회중주의 정체라고 말할 수 있었다.

그런데 점차 큰 교회가 약한 교회를 간섭하고 다스리는 것을 당연한 것으로 여기게 되고, 큰 목사와 작은 목사라는 개념이 어느덧 권력의 상급자-하급자라는 관계로 받아들여지게 되면서 명예로운 호칭은 계급주의적 호칭으로 변질된 것이다. 게르만족은 2세기 중엽에서 3세기경에 로마군대의 보조병이나 이주를 통해 이미 서서히 로마 사회에 들어와 자리 잡기 시작하였지만 5세기를 전후로 해서는 사회를 급격하게 변화시키는 충격적 요소로 등장한다. 그들로 인해 유럽은 중세시대로 접어들기 시작하였고, 중세시대에 가까워지면서 유럽사회와 교회는 계급화, 봉건화가 진행되었고 감독직은 귀족의 한직에서 요직으로 바뀐다.

왕의 거처나 전략적, 경제적으로 중요한 도시일수록 귀족이나 왕의 권력을 유지하거나 세력 다툼의 핵심요충지의 역할을 하게 되고 감독직은 왕과 최고위급 귀족들의 권력투쟁에서 핵심적인 역할을 차지하면서 귀족사회의 계급분화에 대등하거나 엇비슷한 모습을 보여주게 된다. 그러므로 이때쯤이면 사회의 계급과 동등한 계급주의적 서열이 교회 안에서도 명확하게 자리를 잡게 된다. 이 성직계급제도는 봉건주의적 교구체제라는 하부구조와 결합하였다.

교구제도 그 자체는 문화 및 문명의 반영이라는 점에서는 시대의 한계에 갇혀 있는 도구에 불과하다. 개혁가들이 공격한 것은 유럽의 중세시대 천년을 유지해온 로마교회(The Church of Rome) 체제 특히, 직접적으로는 15세기 말과 16세기의 교황제도(papacy)였다. 이러한 중세적 체제를 로마주의(Romanism)라고 지칭할 수도 있는데 다음 두 가지 논리로 채색된다. 첫째, 예수 그리스도와 사도들이 가르친 교리들과 그들이 확정한 제도를 완벽한 순수 상태로 유지하는 기관이 광범위하고 쉽게 확인할 수 있는 상태로 지상 위에 단절 없이 계승되며 존재하고 있다. 둘째, 이 모든 것들은 로마교회에서 충분히 실현되고 구현되어 왔다.

로마주의자들의 이 논리는 외적 기관으로서의 교회제도가 그리스도를 대리하는 권한이라고 부를 수 있는 관념으로 즉, "교회주권"(the sovereignty of the Church)이라고도 할 수 있는 사상으로 발전된 것이 가장 큰 문제이다. 침례교회 선조들이 반대하는 것은 교회제도 그 자체가 아니라 이와 같은 관념이다. 로마교회 체제의 또 다른 문제점은 주교정체가, 중세 유럽의 봉건제도와 결합된 형태의 교구제도를 바탕으로 하기 때문에 주교가 세속적 봉건영주와 구별되지 않게 된 데에서 발생하였다. 그러므로 계급의 사닥다리 꼭대기에 위치한 로마감독(교황의 정확한 직분)은 세속의 영주 혹은 왕들과 영토에 대한 지배권, 심지어 국왕 영토에 대한 세속적 권리를 놓고 다툴 수밖에 없게 되었다. 그래서 로마감독은 "세속적 수위권"(temporal supremacy)이라고 부를 수 있는 개념을 주장하기까지 이르게 되었다. 교회주권과 세속적 수위권, 이 두 개념을 결합할 때 소위 "교황"에 해당하는 관념이 완성되고 이러한 체제는 초대교회와 신약성경이 보여준 교회의 자율성과 회중정치 원리로의 가능성을 스스로 제거하게 된다. 그러므로 역사적으로 나타난 중세 로마교회체제는 성경에서 그 근거를 찾을 수 없는 모습으로 발전하게 되었고 그래서 종교개혁가들이 적극적으로 반대하게 된 것이다.

침례교회는 직접적으로 로마교회(the Church of Rome)가 아니라 잉글랜드 교회(the Church of England)를 개혁하는 과정에서 갈라져 나왔다는 점에서 좀더 다른 측면이 있다. 헨리 8세의 수장법(the Act of Supremacy)이 근본적으로 중요하다면, 이 법이 잉글랜드 국왕의 통치영역에서는 잉글랜드 국왕만이 최종 재결권을 가지고 있고 국외의 어떤 군주도, 물론 이 경우에는 로마의 교황도 간섭할 수 없고 잉글랜드 주민은 국외의 통치자를 의존할 수 없다는 점에서는 적절하지만, 국왕의 호칭에 잉글랜드 교회의 지상적 "수장"이라는 칭호를 더하도록 강제하였다는 점에서 즉, 교회에 대한 국왕의 주권(sovereignty)을 주장하였다는 점에서 성경의 가르침을 범한 것이다. 이 개념을 국왕수위권(royal supremacy)라고 지칭할 수 있고 이 개념을 체계화한 감독정체를 간단히 에라스티아니즘(Erastianism)이라고 부르기도 한다. 이렇게 구현된 잉글랜드 교회를 간단히 앵글리칸(Anglican)이라고 부른다. 그러므로 신학적으로는 로마교회와 상반된 부분이 있지만 잉글랜드의 국왕수위권을 확립하고 그 원리를 잉글랜드 교회의 표준인 "39개조항"(the 39 Articles)에 표명하고 강제하였다는 점에서 종교개혁을 중단한 체제이며, 그만큼 중세교회의 잔재를 간직한 체제가 되었다.

웨슬리의 감리교회는, 국왕수위권에 입각한 감독정체를 유지해 온 잉글랜드 교회 내부에서 일어난 18세기 개혁운동이었다가 분리 독립된 교파였다. 웨슬리의 아버지와 그 자신이 앵글리칸 사제였던 것이다. 감리교단을 세웠을 때 웨슬리와 웨슬리의 동역자들, 그리고 그 성도들은 주로 앵글리칸과 18세기 잉글랜드 사회에서 양육된 사람들이었다. 별도의 교육기관을 가지지 않았고 교회의 사역자들은 교회 내부의 양육과정에서 그 열정과 능력이 입증되면서 점차 내부 승진을 거쳐 지도자가 된 사람들이었다. 결과적으로 지도자의 결핍이라는 문제를 안게 되었다. 웨슬리가 자신의 추종자들을 이끌고 잉글랜드 교회로부터 독립함으로써 자연스럽게 "국왕수위권"과도 인연을 끊게 되었다. 이런 상태에서 감리교회가 교구제도를 운영할지라도 그것은 더 이상 로마교회 혹은 앵글리칸에서 생각하는 그런 의미에서의 교구제도일 수는 없게 되었다.

감리교회의 교구는 교회들의 상호발전과 복음전도의 효율성을 기준으로 하는 독자적 협력체제처럼 발전하기 시작하였다. 감독 또한 봉건영주처럼 군림하기보다는 "훈련과 경험이 충분한 사역자"로서 아직 충분히 훈련받지 못해 독자적으로 건전한 활동을 하기 어려운 사람들을 지도하는 사역자라는 개념으로 발전하였다. 그렇게 해서 "서킷 시스템"(circuit system)이라는 형태가 출현한 것으로 보인다. 결과적으로 회중주의 사상이 다시 출현하기 쉬운 상태의 주교정체가 되었다.[30]

신대륙 아메리카에서의 환경은 앵글리칸적 시스템이 더욱 회중주의로 발전할 가능성을 열어주었다. 중요한 환경적 요인은 미국에 이식된 교파교회들은 구대륙의 모 교파교회에 대한 종속에서 벗어나 자율적이고 독자적인 교파로 발전하기 시작하였다는 점이다. 또 하나의 중요한 환경은 미국에서는 전통적인 의미에서의 교구제도를 도저히 운용할 수 없다는 점이다. 즉, 잉글랜드와 유럽에서 건너온 교회들은 처음에는 본토에서와 같은 엄밀한 교구제도를 운영하려는 시도

---

30) 로마교회에서는 "주교"라고, 개신교에서는 "감독"이라고 하지만 사실, 동일한 단어 "비숍"(bishop)을 다르게 번역한 것이다.

를 하였다. 그러나 이 두 가지 점 때문에 미국에 뿌리를 내리는 모든 교회는 회중주의 색채를 더욱 많이 구현할 수밖에 없게 되었다. 감리 교회 같은 경우에도 미국에서는 앵글리칸이라는 명칭보다는 에피스 코팔 처치(Episcopal Church)라고 다르게 부르는 경우가 많다.

감독정체도 나름대로의 장점은 있다. 가장 중요한 것은 그 효율성 에 있다. 감독 휘하의 교회들은 통제하기가 상대적으로 쉽다. 통제의 용이성과 효율성은 좋은 감독이 좋은 비전을 세웠을 때 아름답게 빛 날 수가 있다. 웨슬리와 감리교회가 그 대표적인 경우라 할 수 있다. 소수의 엘리트 지도자들과 대다수의 무지하고 가난한 서민들을 동원 하여 엄청난 자체 성장과 선교를 성취하였다. 게다가 교회를 이끌 행 정력 및 정치력을 갖춘 인재들을 그 자체만으로도 발굴하고 양육할 수 있다. 이것은 교파의 정체성과 정책적 일관성을 유지하기가 상대 적으로 무척 쉽게 해준다. 그래서 한국 침례교회의 아버지인 펜윅 선 교사는 감리교식의 서킷 시스템을 운영하기도 하였다.

감독정체의 가장 큰 단점은 바로 그 장점에서 나온다. 통제의 용 이성과 효율성은 손쉽게 독재체제로 발전할 수 있고, 자기 검증 및 정 화 능력이 부족할 때에는 소수의 엘리트에 의해 최소 백여 개에서 수 백 개에 이르는 교회공동체들이 잘못된 길을 걸어갈 가능성이 있다. 그것은 손쉽게 인본주의화한다는 의미이기도 하다.

또한 신학교 혹은 별도의 교육기관이 없어도 사역자들을 자체적 으로 길러낼 수 있는 피라미드 구조는 자칫 파벌과 붕당을 만들게 되고 정책과 비전에 의한 전략수립이 아니라 파벌의 이해관계와 정치적 담합에 의해 운영될 가능성도 매우 커지게 된다.

파벌정치가 성행하면 피라미드적 구조는 그 정점에 위치한 감독의 개인적 성향이나 배경에 의해 그 휘하 교회들을 마치 사유화하는 상황에까지도 이를 수 있다. 한국 감리교회도 이런 식의 파벌정치를 청산하기 위해 교회회의 제도를 좀더 활성화하여 감독회의를 강화하고, 감독의 종신제도를 임기제도로 바꾸는 등의 노력을 경주해왔다. 개교회 차원에서는 회중들이 교회정책에 참여할 수 있는 기회를 많이 열어주고 회중의 대표들의 발언권을 강화해 왔다.

감독제도는 분명 기독교 발전의 역사적 산물임에 분명하다. 길게는 천년동안, 짧게는 9세기경부터 17세기까지 유일무이한 교회제도처럼 군림해왔다. 종교개혁가들을 통해서 회중주의 원리가 재발견된 이후, 그 회중주의 원리가 신약성경의 원리라는 점을 확신하여 최대한 철저하게 구현한 침례교회가 출현한 이후, 감독정체 그 자체를 심각하게 고려할 필요는 없다. 더구나 감독정체도 초대교회에 그 단초를 드러냈으나, 중세 로마교회 방식, 앵글리칸 방식, 웨슬리의 감리교회 방식 등 시대마다, 상황마다 그 모습이 변화되어 왔음을 확인할 수 있다. 감독정체 역시 시대의 산물이며 변화를 겪을 수밖에 없는 것이다.

2. 장로정체

종교개혁은 초대교회의 원리와 신학의 회복을 모토로 하였고 그 결과로 회복 혹은 재확립한, 본래적 의미의 기독교신학을 종교개혁 신학 혹은 원(原)복음주의라고 한다. 개신교회 정치체제는 이 복음주의 원리들을 교회정체에까지 받아들여, 예수 그리스도가 지상교회의 직접적 머리임을 고백하고 이에 따라 교회수장권을 어떤 특정인물이나 기관이 갖는다는 개념을 거부하고, 교회회원 전체에게 최종의결권을 부여한다는 점에서 회중주의 원리를 공통분모로 하고 있다. 게다가 지상에 세워진 개별적인 각각의 예배공동체임을 가리키는 하나의 회중(congregation) 혹은 하나의 지교회(local church)31)는 그 자체에 양도불가능한 독립성을 가지고 있으며, 이 개별적인 회중은 자치적 통치를 수행하며 그 자체 이외의 다른 회중을 지배할 수 있는 권력(혹은 권세)을 가지고 있지 않으며 동시에 다른 회중이나 기관으로부터 정당하게 지배당할 수 없다는 것을 기본원리로 인정한다는 점에서도 역시 회중주의적 교회론을 받아들였다고 말할 수 있다.

대개 장로정체의 본질적 특징은 "장로"라는 직분에 있다고 말하는데 이는 어느 정도 일리는 있지만 그것만으로 장로제도의 본질적

---

31) 이 "지교회"라는 말은 엄밀한 회중주의정체에서는 사용할 수 없는 용어이지만 대부분의 장로교 헌법에서는 거리낌 없이 사용한다. 이 부분에서는 장로정체를 정확히 논하기 위해서 임시로 사용한다.

특성을 말했다고 볼 수 없다. 또한 신구약 성경에 "장로"라는 용어가 사용된다는 사실을 들어 "장로" 혹은 "장로제도"를 성경적 제도라고 비약하는 경우도 있는데 이 또한 자기합리화 혹은 과도한 단순화라고 볼 수 있는 오해이다. 구약성경의 유대교적 배경에서 "장로"라는 명칭의 개념과 신약성경의 로마사회적 문화배경에서의 개념, 그리고 종교개혁 이후 발전된 개신교 정치제도에서의 "장로"라는 개념은 비슷한 점을 찾을 수도 있지만 본질적인 측면에서 다른 점이 많기 때문이다.

오늘날 장로교회를 연상하면서 생각할 수 있는 "장로" 직제는 종교개혁 제 2세대의 시기에 시작해서 점진적으로 발전하면서 다듬어져 왔고 기실, 오늘날에도 변화를 겪는 중이다. 오늘날 한국교회가 알고 있는 장로제도는 칼빈이 제네바에서 정립한 제도를 근간으로 하기는 하지만 실제로는 스코틀랜드-아일랜드 장로제도가 미국으로 건너가 일반적으로 말하는 회중정체(정확하게는 독립정체)쪽으로 수정된 것이 한국에 들어와 정착한 것이다. 물론 한국에 들어와서도 좀더 수정된 것은 말할 것도 없다.

(1) 장로제도에서 말하는 "장로"

"장로"는 "회중에 의해 선출되어 시취과정을 거쳐 임직 받고 안수 받은 항존적 직분자"라는 개념으로 혹은 교회에서 (안수)집사보다 한 단계 위의 권위를 가진 사람이라고 개념을 정리할 수 있는데,

침례교회에서는 대개 후자 정도의 개념에서 장로를 생각하는 형편이다. 그러나 실제로 장로정체를 염두에 둔 장로를 이해하기 위해서는 그 이상의 개념이해가 필요하다. 장로교회의 최상위 법전인 헌법에는 장로가 통상직원(ordinary officer)으로 규정되어 있을 뿐만 아니라 장로교회 및 교단의 운영에 핵심적인 역할을 수행하도록 되어 있다.

우리가 보편적으로 사용하는 담임목사라는 호칭은 편의상 사용하는 것이고 장로교회에서 이 용어는 애매한 것이다. 실제로는 임시목사와 위임목사가 규정되어 있다. 이해하기 쉽게 말하자면 "임시" 담임목사와 "위임받은" 담임목사가 있다. 후자는 목사가 회중의 청빙을 받아 담임목사로 부임한 이후 얼마간의 시간이 지난 뒤에 그를 그 회중의 목회와 치리에 관련된 최종책임과 권한을 위임할 것인지에 관한 회중 전체의 표결을 거친 목사로서 진정한 의미에서의 담임목사이다. 이 위임목사와 장로가 당회(consistory)를 구성한다. 당회는 각각의 회중을 대표하는 실질적인 기관인 동시에 교회의 정책을 입안하고 심의하고 결정하는 회의체이다. 중요한 정책이나 예결산 등은 회중전체가 모이는 회의의 결의가 있어야 하지만 1년에 한 번 모이는 전체회의보다는 상설기관인 당회가 실질적인 의미가 있는 것이다. 그러므로 위임목사와 장로로 구성하는 당회가 장로정치제도의 근간인 동시에 기본단위인 셈이다.

장로는 당회를 구성할 뿐만 아니라 "(장)로회"(presbytery)를 구성한다. 노회는 보통 적으면 80개 많으면 200개 가까운 수의 회중으로 구성되는데 장로주의에서는 이 "노회"라는 결합체가 진정한 의미에서 하나의 지역교회(one local church)라고 보고 각 회중은 그 교회의 지체(member)라고 간주한다. 그래서 "지교회"라는 말을 즐겨 사용한다. 노회 역시 회기 중에만 존재하고 회기가 끝나면 해체되는 비상설 회의체라고 주장하지만 실제로는 "장로주의"(Presbyterianism)는 "장로회중심 정치체제"라고 부를 만하다.

장로회 즉, 노회는 지역교회라는 위상과 더불어 개별 회중의 상급법정에 해당하는 "치리회"라는 재판부를 가지고 있기 때문에 개별교회의 "상급 교회" 노릇을 한다는 점을 부인할 수 없다. 이 노회는 목사와 장로 후보자의 교육을 감독하고 책임지며 이들의 임직 및 안수를 관장하는 권한을 가지고 있다. 특히 안수 받고 임직된 목사의 적(籍)은 노회에 있고 노회에서 목사를 각 교회에 파송한다는 개념이다. 이것들 역시, 회중주의에서는 독립된 회중이 보유해야할 양도할 수 없는 권한이다.

각 교회는 자기 교회에 파송된 목사를 자신들의 목사로 받아들일지를 판단한 뒤에 회중 전체의 결의에 의해 위임목사로 받아들인다. 회중이 거부하면 목사는 다시 노회로 복귀한다. 그러므로 엄밀한 의미에서의 장로제도에서는 개 교회에서 목회사역을 하지 않는 "무임(無賃) 목사"가 존재하고 이들도 손색없는 노회구성원이다. 이 점이 독립정체와 다른 점이다. 독립정체에서는 "무임목사"가 존재하지 않는다. 즉, 목사는 특정한 회중의 위임을 받아 목회업무를 수행하고 있을 때에만 "목사"이고 회중으로부터 목사직을 위임받지 못하거나 다른 교회를 방문할 때에는 단지 한 사람의 평신도에 불과한 신분이며, 사실상 항존직이 아니다. 따라서 장로정체와 독립정체를 구분하는 참조점 가운데 하나가 "무임목사"의 노회회원권 존재유무이다.

노회는 무임목사를 포함한, 노회소속 목사 전원과, 각 지교회에 적(籍)을 두고 있으며 그 지교회에서 파견된 장로를 합하여 구성된다. 그러므로 전도사는 자신이 개척한 교회라 할지라도 노회에서 개교회를 대표하지도 노회 회원자격도 없다. 노회의 상부기관은 대회(大會, synod)와 총회(總會, assembly)가 있는데 한국 장로교회에서는 "대회"를 설치하지 않고 총회만 있다. 총회는 각 노회에서 목사와 장로를 같은 수(同數)로 뽑아 보낸 "총대"들로 구성한다. 즉, 노회에 소속된 교회가 100개이며 모든 교회에 장로가 있고 노회에 소속된 목사회원이 150명이라고 가정할 때, 노회원은 250명이 되며 전체적으로 목사회원이 50명이 더 많게 된다. 반면에 총대는 총회에서 해당 노회에 10명의 총대를 파송하도록 하였다면 장로회원 5명과 목사회원 5명을 선출하여 총회에 파견하게 된다. 그러므로 총회는 전국 노회에서 파송된 총대로 구성되는, 노회들의 연합체인 동시에 그 자체가 최상위의 "독립된 교회"가 된다. 여기에서 장로회원과 목사회원은 정확히 동수를 이룬다.

그러므로 장로제도에서 "(치리)장로"는 목사(장로)와 더불어, 장로교단의 공적 회의기관의 구성체이며 운영주체라는 위상이 부여되어 있다. 이런 의미에서의 장로 및 장로제도를 칼빈이 제네바에서 처음 구상하고 실현한 것으로 알고 있는데 이는 사실과 다르다. 1541년 이전의 칼빈의 글 중에서는 1537년에 쓴 「제네바 조항」에서 감독(oversight) 업무를 수행할 사람을 세울 것을 언급한 대목이 하나 있을 뿐이다. 장로주의자는 이 문장이 장로직분을 가리킨다고 말하지만 엄밀히 말해서 "목사"를 염두에 둔 것인지 "장로"를 염두에 둔 것인지는 분명치 않다. 칼빈이 장로와 장로제도에 관해 제시한 명백한 언급은, 마틴 부처가 사역하던 스트라스부르그 시에서 2년간 프랑스 난민교회를 목회하면서 알게 된 부처의 교회관리인 제도를 제네바로 돌아온 1541년 이후에 제네바 시 당국을 설득하여 적용하기 시작한 것이다. 그런 점에서 마틴 부처의 스트라스부르그가 칼빈의 장로제도 개념의 원류인 셈이다.

(2) 마틴 부처의 스트라스부르그

1530년대 스트라스부르그는 신성로마제국 도시 가운데 가장 모범적으로 종교개혁을 수행하고 있었다. 1532년 경 이 도시는 행정구역 전체를 일곱 교구로 나누고 그 각각의 교구에서 3명씩의 교회관리인(Kirchenpfleger)을 두었다. 모두 21명의 교회관리인으로 시 행정기구와는 별도의 위원회를 설치하였다. 각 교구의 교회관리인 3명은 시 공무원 가운데서 임명된 1명, 300인으로 구성된 시 참사회 회원 가운데 1명, 교구의 신자들이 직접 선출한 1명으로 구성되었다. 비록 세 사람 가운데 한 사람에 불과하였지만 교구 신자들이 직접 교회관리인을 선출한다는 개념은 당시로서는 매우 혁신적인 발상이었다. 이것은 교회행정과 직무를 신자들에게 돌려준다는 의미에서, 교회실무차원에서 교회개혁의 특히, 회중주의의 출발점이라고 할 수 있다. 1550년에, 부처는 잉글랜드 국왕 에드워드 6세에게 보낸 글에서, 교회직분을 넷으로 규정하였고 그 가운데 교회행정과 치리를 담당하는 장로라고 직분을 명시하였다. 오늘날처럼 목사나 교사의 직분과 분리된 (치리)장로직분의 개념이 명확히 나타난 것이다.

우리가 간단히 장로라고 부르는 직분의 정확한 명칭은 "치리장로"(ruling elder)이다. 장로제도에서 "목사"도 엄밀하게 "목회(혹은 목사)장로"라고 규정된다. 이 "치리"장로라는 개념이 등장하면서 강단권 즉, 말씀을 선포하고(설교) 가르치는(교육) 권리와 책임이라는 개념도 분리되어 강단권은 목사에게, 치리권은 목사와 장로가 분점하되 장로는 목사의 반려자의 위치에서 목회에 공동책임을 진다는 개념이 정립되어 장로제도의 개념이 확립되었다.

(3) 칼빈의 장로제도

칼빈의 장로제도는 부처를 중심으로 한 스트라스부르그 개혁을 원형으로 해서 발전되었다. 물론 칼빈은 교회의 직분과 개념, 교회의 행정을 위해서 성경을 연구하고 성경적 개념의 틀 안에서 그 전범을 마련하려는 노력을 하였지만 그가 놓인 현실적 정황에 정확히 부합하는 것을 완전한 형태로 성경에서 찾아낼 수 없었다. 장로제도의 출현은 몇 가지 현실적 필요와 발전이 작용하여 빚어진 결과이다. 첫째, 연장자(senior)의 모델링이 목사를 돕는 역할을 한다는 장로개념으로 자연스럽게 발전하였다. 둘째, 오랜 공동체 경험을 갖는 자가 그 공동체에서 발생하는 문제의 처리에서 보다 권위를 갖는 것 역시 자연스러우며 신학적 원리에 치중하기 쉬운 목사를 보완하는 것이 바람직하다는 쪽으로 발전하였다. 셋째, 서구 역사에서 가장 오래되고 그 안정성이 오래 전에 검증된, 로마제국의 원로원(senate) 개념이 장로의 개념으로 분명하게 정립되어 갔다.

(4) 장로의 자격과 직무

장로회 헌법에는 장로의 자격과 직무를 대개 다음과 같이 규정한다.

> 첫째, 상당한 식견과 통솔의 능력이 있는 사람.
> 둘째, 흠이 없는 입교인으로서 입교한 지 5년(통합측은 7년)이 지난 사람.
> 셋째, 35세 이상의 사람

직무에 관해서는 대개 다음과 같이 규정한다.

> 첫째, 교회의 영적 관계를 전반적으로 감찰한다.
> 둘째, 교리상의 오해나 도덕상의 부패를 방지한다.
> 셋째, 교인들을 심방하여 조언하고 간병한다.
> 넷째, 교인들의 신앙을 살피고 위하여 기도한다.

다섯째, 특별한 심방이 필요한 경우 목회자에게 보고한다.

전반적으로 볼 때 장로의 자격과 직무에 관한 규정은 회중 가운데 믿음과 행실에서 교회의 본이 될 만한 연장자를, 회중의 동의에 의해 선출하여 그에게 솔선수범과 질서유지의 책임을 맡기고, 목사의 보좌역을 감당하여 목회에 공동책임을 맡긴다는 의미에서 규정되었으며 특별한 자격조건을 요구하는 것은 아니다. 장로의 자격과 직무에 관한 규정에서 특별한 것은 목사(목회장로)와 장로(치리장로)의 차이점에서 드러나는 데, 치리장로는 본래 당회의 장, 노회의 장, 총회의 장이 될 수 없었다. 여기에서 "본래"라고 언급한 까닭은 엄밀한 의미에서의 장로제도에서 그렇다는 것이고 장로교회의 장로제도는 이 부분에 관해서 이미 논란이 일어 노회장, 총회장의 직위에 치리장로가 취임하는 것이 가시화되고 있다.

장로제도는 역사적으로 볼 때, 로마교회의 주교정체에서 성직자 계급에 의한 독재적 지배와 세속 군주의 교회지배를 배제하는 방향으로 수정한 것이다. 칼빈 당시의 유럽 교회에서 장로정치제도는 로마교회 교황제도의 모순과 아나밥티스트주의의 무정부적 반제도화를 피하면서, 교회를 세속의 지배로부터 독립시킬 수 있는 체제를 발견한 것이라고 평가할 수도 있다.

칼빈은 이 방침을 구체화하기 위한 개념으로 "목사"라는 개념부터 수정하였다. 사목(司牧)을 담당하는 성직자 계급이라는 개념은 교회회원에 의하여 선출되고 위임받은 "목회장로"와 "치리장로"라는 혁신적인 개념으로 대체한 것이다. 평신도 치리자로서의 이 "장로"를 세웠지만 칼빈의 교회정치관은 초대교회 시대에 이미 확립된 "목사중심 교회체제"라 할 수 있는 그런 것이었다. "목사(감독) 없이 교회도 없다"(no bishop, no church)는 목사중심 교회체제를 회복하였지만 그와 동시에 교회정치에 평신도 참여의 문호를 열었다.

칼빈은 제네바 시의 유력자들을 설득하여 장로제도를 정착시키는데 20년 세월이 걸렸다. 칼빈의 장로제도를 스코틀랜드의 종교개혁가들이 자신들의 모국에 이식한 이후에 다소 변화를 겪었는데 그 가운데 하나는 칼빈은 장로를 1년 임기직으로 정하였지만 스코틀랜드로 넘어가서는 항존직 즉, 한 번 임직 받으면 죽을 때까지 수행하는 직분이 되었다. 이것은 작은 차이가 아니다. 목사는 청빙 받아 옮겨다니지만 장로는 그에 비해 고정적으로, 경우에 따라서는 출신교회에서 평생을 보내기도 하기 때문에 충실한 목회동역자가 될 수도 있는 반면에 목사를 압도하는 암묵적/비공식적 권력을 얼마든지 가질 수 있다. 1년 임기라는 것은 교인 전체로부터 신임 여부를 묻는다는 뜻도 있어 이렇듯 잘못될 소지를 근본적으로 차단할 수 있는 장치인 셈이다.

오늘날 장로교회에서는 위임목사의 평생 독재라는 폐단을 바로잡기 위해 고심하는 반면에 항존직 직분자로서의 장로 역시 많은 폐단을 끼치기 때문에 임기제 혹은 장로안식년-휴무제 등을 진지하게 고려하거나 도입하기도 한다. 정말이지, 그것은 칼빈의 방식을 수정한 탓에 발생한 문제이고 따라서 칼빈의 방식으로 돌아가 올바른 방향으로 개혁을 진척시키면 될 일이다.

스코틀랜드로 건너간 장로제도가 우리가 알고 있는 형태로 정착하는 데에는 기실 300년 정도의 시간이 걸렸다. 즉, 이론적인 장로제도가 스코틀랜드에서 현실적으로 실현된 것은 존 칼빈, 존 낙스, 앤드류 멜빌 당시의 스코틀랜드 종교개혁 시대가 아니라 19세기 말에 이르러서이다. 스코틀랜드에서도 장로제도 정착에 가장 큰 걸림돌이 된 것은 국왕이나 영주 등과 같은 지방의 강력한 호족들이었다. 이들이 장로가 되었든지 아니 되었든지 교회의 후원자 혹은 후견인이라는 지위에서 사실상 목사의 임면이나 교회의 중요 정책들을 좌지우지 하였던 것이다. 지방 유력자가 신앙과 성숙한 인격과는 상관없이 손쉽게 장로가 되는 경우가 있는데 이는 장로정체의 교회를 중세교회처럼 만듦으로써 내적으로 파괴하는 결과를 낳는 경우가 많다.

단순하게 판단한다면, 장로정치제도는 감독정치제도에서 성직계급을 없애는 반면, 평신도 지도자를 공식적으로 세우는 방식으로 독립정체 원리를 일부 도입한 것이다. 그렇기 때문에 장로제도는 감독정체의 기본적인 특색이라고 할 수 있는 교구제도 개념과 연공서열이라는 개념을 상당부분 내장하고 있는 체제이다. 감독정체의 특장점이라고 볼 수 있는 행정의 효율성을 최대한 추구할 수 있고, 독립정체의 특장점이라고 볼 수 있는 민주성과 자발성을 보장해 보겠다는 의도를 가지고 양자를 절충한 체제라고도 볼 수 있는데 이상적인 환경에서는 제도적 안정성과 민주적 생동감을 보장한다는 좋은 결실을 맺을 수 있지만 결함이 드러날 때에는 오히려 양쪽 체제가 보일 수 있는 모순이 동시에 발생할 수도 있다.

문제의 요소는 장로직의 자격과 직무에 관한 내용에서 확인할 수 있듯이 지극히 영적인 직분을 제도적 직분으로 만들어 외면화한 선에서 멈춘 개혁이라는 점이다. 교회의 정체성을 목사와 장로라는 두 직분에 의존하게 만들었다는 점에서 원활하고 효율적인 교육을 통해 손쉽게 체제를 움직여 나갈 수 있는 반면에 내적, 영적 활력이 구현되는 것을 불과 한 두 사람이 제도적으로 가로막을 수도 있는 체제적 한계를 가지고 있다. 엄밀하게 말하면 이런 한계는 중세교회체제를 충분히 벗어나지 못한 탓이라고도 볼 수 있다.

3. 독립정체

교회정체에 관한 논의에서는 우선 일반적으로 통용되는 용어의 적합성부터 점검해야 한다. 교회정체에 관한 기독교 서적의 대부분에서는 독립정체 혹은 회중주의정체를 엄밀하게 논의하지 않는다. 그 까닭은 장로교는 그 정치체제를 "장로주의"에 두고 있기 때문에 장로주의 정치체제를 논하는 데 역점을 두고, 장로주의정체에 내재된 회중주의적 성격만을 간단히 논하기 때문이다. 침례교인들 역시 자신들의 정치체제가 회중주의라고 말하는 정도로 만족하고 만다. 이렇게 되면 장로교인들이 말하는 회중주의(적 성격)와 침례교회가 추구하는 회중주의정체를 단지 "진짜" 라는 형용사를 붙이는 경쟁으로 전락하고 말 것이다. 성경과 그리스도가 원하는 교회상, 교회들 간의 교제를 정확하게 실현하기 위해서는 그 이상의 언사로 기술적으로, 정밀하게 정의해 내놓지 않으면 안 된다.

(1) 회중주의 정치체제의 기본 개념

흔히 일반적으로 "회중주의(정치체제)"를 상식적 수준에서 한 걸음 더 나아가 파악하기 위해서는 첫째, 개교회의 독립성; 둘째, 상회의 존재 및 타 교회들과의 관계형성 방식에 중점을 두어야 한다.

① 개별교회의 독립성

회중주의에서 개별교회는 지상교회 및 가시적 교회의 일부분으로서 우리가 흔히 "회중"(congregation)이라고 부르는, 공적 예배를 드리기 위해 정해진 시간에 모이는 예배공동체를 가리킨다. 장로교회에서는 "우주적 교회"와 이 "회중"의 사이에 놓은 "노회" (presbytery)를 하나의 몸(one body)을 이룬 교회로 보고 그 노회에 소속된 개별 회중을 그 지체(肢體)로 간주한다. 그래서 장로교회 헌법에서는 "회중" 이라는 용어보다는 "지교회(枝敎會)"라는 용어를 선호한다. 따라서 회중주의란 "회중"을 "지교회"가 아닌 본래적 의미의 유형교회이며 우주적 교회가 가시적으로 실현된 "지상교회"로 본다. 그래서 "지교회"라는 용어를 피하고 개별교회(particular church 혹은 individual church)라는 용어를 사용한다. 회중주의 (congregationalism)는 이처럼 "회중중심주의"적 관점의 교회관이라고 볼 수 있다.

이 회중 그 자체의 독립성을 보장하고 구현하는 요소는 "최종(혹은 정책) 의결권", "담임목회자 선정권"이라고 볼 수 있다. 즉, 하나의 "독립된, 자유로운 행위자"(free agent)인 "법인격"을 소유하는 것이라고 볼 수 있다. 여기에는 물론 "설교자 선임권", "예결산 의결권", "치리회 조직권" 등이 포함되지만 앞에서 열거한 두 가지 만으로도 충분히 고려할 수 있다.

침례교회 이외의 교파교회들도 자신들의 정체를 회중주의라고 말하는 까닭은 이렇게 열거한 여러 가지가 이념적으로는 "회중"에게 있고 "공동의회"(사무처리회)에서 인준되지 않으면 안 된다는 입장의 교회론을 취하기 때문이다. 담임목사 임명에 관해 살펴보자면, 감리교회에서는 그것이 감독의 고유권한으로 되어 있고, 임명 당시에 해당 회중의 의결은 그다지 중요한 요소가 아니다. 다만 현 담임 목회자의 임기 연장을 청원할 수 있을 뿐이다. 장로교회에서는 회중주의가 감리교회의 경우보다 강화되었는데 먼저, 개별 회중이 담임목회자를 청빙하고 공동의회에서 결의한다. 그렇다고 담임목회자 내정자가 회중이 원하는 대로 목회를 시작할 수 있는 것은 아니다. 만일 타노회에서 전입하는 목회자라면, 엄격한 장로제도에서는 직전까지 소속된 노회의 전출 허락과 현 노회의 전입허락이 있어야 한다. 장로주의를 엄격하게 운영하지 않는 경우라 해도 최소한 전입을 받아주는 노회 정치부의 허락을 기다려야 한다. 이 업무를 담당하는 부서가 "정치부"이다. "인사부"라고 하지 않는 까닭은 고유한 의미에서의 인사권을 가지고 있지 않기 때문이다. 그런데 이 정치부는 개척교회의 시작과 기존 교회의 폐쇄를 "심의하고 인허"하는 권한도 가지고 있다. 즉, 교회를 세우는 권한도 성도들의 자발성에 입각한 회중의 권한이라고 보지 않는다.

이처럼 장로교회정치체제에서는 회중이 원한다고 무조건 담임목회자를 세우거나 취임할 수 있는 것도 아니고, 회중이 원해서 자발적으로 모였다고 해서 "교회"로 인정받는 것도 아니다. 그러므로 회중이 원하는 대로 "목회자"를 세울 수 있고 설교권(강단권)을 부여해서 설교자로 세울 수 있는 것은 장로교회 정치원리가 인정할 수 있는 "(한계)선을 넘어선" 회중주의 정신이다. 우리 침례교인들이 말하는 회중주의의 본령은 이 점에 있다는 것에서 장로주의와 다르다.

② 상회(上會)의 존재 및 타 교회와의 관계

엄밀한 장로주의자들은 "노회"와 "총회"는 각 회중의 대표들이 회의를 위해 모여 구성한 것으로서 정확하게는 "회기"만이 존재한다고 지적한다. 노회 혹은 총회는 상설기관이나 상존 교회가 아니며, 평상시에는 다만 교회적 업무만이 존재한다. 그러므로 엄격한 장로주의자들도 "교회 위에 교회 없고, 교회 아래에 교회 없다"라고 말한다.

그리고 이러한 논리에 입각해서 "교회 상부기관" 이라는 뜻의 "상회" 라는 용어는 틀렸다고 말하지만 대부분의 장로주의자들은 이 상회라는 말을 즐겨 쓰고, 노회회원(목사 전원과, 회중으로부터 자격을 갖추고 파견된 장로회원)도 "총대"(총회 대의원) 자격을 갖춘 회원과 그렇지 않은 회원으로 나뉘어져 있다.

어쨌든 이 상회기관과 개별 교회(회중)의 상호관계, 그리고 개별 교회간의 관계를 어떻게 구성하느냐가 정치체제의 특성을 좌우하는 중요한 관전 포인트이다. 상회(상부기관)의 존재를 인정하고, 그 상회가 개별 회중의 존폐에 연결되도록 했느냐가, 장로교회와 회중교회가 갈라지는 점이다. 회중주의를 철저히 옹호하는 회중교회는 "상회"에 해당하는 기관을 설치하지 않는다. 성경 그리고 기독교 신앙원리는 그런 기관을 인정하지 않기 때문이다.

그렇다고 해서, 개별교회들조차도 서로 어떤 공식적 연관관계를 맺는 제도 혹은 기관을 설치할 수 없다는 결론으로 직행하지 않는다. 여기에서 다시 개별교회들은 철저히 독립되어 있다는 (독립)개교회주의 입장과, 독립된 개별교회들이 조합의 형태로나마 결속할 필요가 있다는 조합주의적 입장으로 나뉜다.

(2) 독립(개교회)주의정체와 독립조합주의 정체의 구별

개별교회들이 이를테면 "회중자결권" 이라고 이름붙일 정도로 독립되어 있어서 각 회중의 내정(內政) 문제에 대해서는 어떤 다른 회

중의 간섭도 배제한다. 이런 교회들의 대표자들이 모여 봤자 교회문제로 논의할 것도 없다. 이것을 굳이 용어를 만들어 표현한 것이 "독립주의"(independency)이고 이 노선을 따르는 사람 혹은 교회를 "독립파"(Independents)라고 한다. 그런데 우리가 일반적으로 사용하는 영한사전을 찾아보면 "인디펜던시"(independency)를 "독립조합주의"로, "인디펜던트"(Independents)를 "독립교회주의(파)"로 번역해 놓았다.

대개 "독립조합주의"로 이해되는 정체(政體)는 "독립파"는 개별교회의 독립성을 중시하고 개별교회들이 모여 만든 "교단" 같은 단체는 마치 교회들의 협동조합과 같은 방식으로 연대한다는 특성을 보고 그런 용어를 붙인 셈이다. 그런 점에서 "인디펜던시"(independency)와 "콩그리게이셔널리즘"(congregationalism)을 같은 단어로 간주할 수 있다.

그런데 우리말로 놓고 보면 "독립조합주의"와 "독립교회주의"는 개별교회의 독립성과 자치권이라는 공통점 이외에 미묘한 차이가 있다는 것을 느낄 수 있다. 양자는 독립정체를 추구한다는 점에서 공통적이지만 전자는 마치 "협동조합"처럼 회원들의 상호이익을 위한 기구를 만들어 그 안에서 회원들이 자발적으로 택하여 약정한 것들에 입각하여 책임과 의무 그리고 특권을 공유한다는 점에서 특색을 찾을 수 있다. 후자는 그와 같은 "조합"의 필요성 자체도 회의적으로 보고 철저히 독자적으로 행동하며 필요한 경우에는 타 교회들과 협력하지만 그렇다고 해서 "조합" 수준의 상설(혹은 영속적) 기관을 설립하고 그 회원이 되는 것조차 필요하다고 보지 않는다는 점에서 특색을 찾을 수 있다.

이 두 가지 관점에서의 차이는 매우 미묘해서, 해당 회원 혹은 겪어보지 않고서는 그 특성을 구별하기가 쉽지 않다. 그러나 침례교회의 정치체제를 엄밀하게 이해하기 위해서는, 비록 인위적인 구별일지라도, 이 두 체제를 구별할 수 있을 정도가 되어야 한다.

독립파는 본래 잉글랜드의 독특한 지방색과 정치지형에서, 종교개혁 후기에 발생한 유형이다. 이 독립파가 미국으로 이주하거나, 미국 장로주의자들 가운데 장로주의를 수정하면서 독립파로 나간 회중들을 회중주의자들이라고 칭하기도 한다. 독립주의적 회중 가운데 의도적으로 어떤 교단에도 소속하지 않고 마치 그 회중이 교단처럼 행동한다는 이념을 철저히 관철하는 교회들을 독립개교회주의라고 할 수 있다. 독립주의적이면서도 그리스도의 대위임명령을 수행하기 위해 "느슨한 연대"를 구성하는 쪽으로 나가는 교회들이 있다. 이들을 조합주의라고 부를 수 있다.

철저한 독립파를 우리의 역사적 배경에서 이해하기 쉬운 말로 하면 소위 "초교파 교회"라는 것이다. 철저하게 정신을 추구하면 당연히 교단설립에 무관심하거나 적대적이다. 침례교회에서도 이런 입장의 교회가 있는데 흔히 "독립침례교회"라고 부른다. 미국 남침례교단에 소속된 교회들 가운데도 주총회 혹은 전국 총회와 같은 교단조

직에는 목회자연금기금 등에만 최소한으로 가입하고 실질적인 교회
활동은 완전히 독자적으로 움직이는 교회들이 있다. 또한 미국 북침
례교회는 개교회주의적 성격이 강하고 남침례교단은 조합주의적 성
격이 강한 측면이 있다. 한국에서 "조합주의"의 사례를 찾아보면 다
음과 같은 단체를 들 수 있다.

① "사단법인 한국성서선교회"

이 단체를 알고 있는 사람은 그리 많지 않지만, 그 산하의 신학교
인 "성서대학"을 혹시 알 것이다. 80년대에 들어서면서 서울 상계동
의 상업전수학교 자리로 옮겼고 과거에는 "성서학교" 혹은 "성서신
학교"라고 불렸다. 1950년에 새문안교회 담임목사이던 강태국 박사
가 만든 "한국복음주의운동"(Korean Evangelical Movement)이라는
단체로부터 시작한다. 단체명에서 알 수 있겠지만 교파운동은 아니
었다. 하지만 이 운동은 몇 개의 교회를 개척하고, 신학교를 열고, 전
수학교 혹은 농민학교와 농장을 개간하였다. 그 중심역량을 "복음주
의 신학 및 선교 운동"에 두었고 "한국성서선교회"라는 조직이 사실
상 소속교회들의 교단조직이고 그것이 교단명이나 마찬가지였다. 그
러나 50년대 말-60년대 초에 있었던 장로교단 분열에서 강태국 박사
와 그 지지자들은 분열된 그 어느 쪽 교단에도 속하지 않는 동시에,
별도의 교단을 구성하지도 않기로 했다. 일반적인 의미에서 "성서선
교회"는 사실상 교단으로 해석되지만 그 자체의 헌장과 자신들은
"초교파(교회)"라고 자처하였고 스스로도 그렇게 행동하였다. 더구

나 한국성서선교회라는 조직체와 유력한 인사들은 개 교회에 대해 전혀 간여하지도 않았고 일년에 한 번씩 모이는 총회조차 "선교회 이사회" 정도의 의미만 있었지 교단 현안을 심의하고 결의하는 행동은 사실상 없었다. 목사안수 문제를 제외한 교단 현안 자체가 존재하지 않았다.

1952년부터 교회가 존재하였지만 70년대 후반에 전국에 7교회, 1994년 12월에는 16교회와 4명의 해외 파견 선교사가 있었다. 이 교회들과 소속기관들이 연합하여 만든 것은 기독교 교단이 아니라 "사단법인"이다. 철저한 개교회주의이면서도 조합체를 만든 전형적인 예이다.

② "초교파기독교협회"

초교파 교회를 자처할 때 불가피하게 직면하는 문제가 있다. 앞에서 언급한 "한국성서선교회"를 예로 들어 잠시 더 논의해 보겠다. 이 선교회는 그 뿌리부터 따지면 분명 한국 장로교파에서 갈라져 나온 장로교파 교단인 셈이다. 그러나 그 소속 목회자와 교인들에게 어떤 교단에 속했느냐고 물었을 때 "무소속" 혹은 "초교파"라고 대답하곤 하였다. "한국성서선교회"는 교단이 아니라는 것이었다. 이런 정체성은 한국사회에서는 시대를 매우 앞서간 것임에는 분명하지만 한국 종교현실에서는 지극히 불리하였다. 거의 모든 기독교인은 이 단체를 "이단"이라고 의심하였다.

그 목사들은 한국성서신학교(지금의 성서대학)에서 교육을 받았다. 아마 70년대와 80년대 심지어 90년대 초반까지 한국의 모든 신학교를 통틀어서 학생들의 영어실력이 가장 좋았을 것이다. 총신대학 학위과정에 입학하는 가장 우수한 입학생 가운데 이 학교 출신의 비중이 매우 높았던 적도 있었다. 그래서 총신대학 교단에서 이것이 문제가 된 적도 있었다. 그런 교육을 받아 목사가 되었어도 "사이비"로 의심받기 일쑤였다. 교단도 없는데 목사는 어찌 되었느냐, 교단 없이 교회가 있을 수 있느냐는 질문에 대해 설득력 있는 답변이 힘들었다. 당시에는 회중의 공동의회(사무처리회) 결의가 목사안수의 필요충분 조건이라는 식의 행습은 매우 낯선 것이었던 한국 교계의 문화가 사실상 큰 원인이었지만 그 벽을 넘기가 쉽지 않았다.

그래서 만들어진 것이 초교파 연합단체이다. 그 가운데 "초교파 기독교협회"라는 단체가 있다. 이 단체가 결성된 역사는 대략 40년이 된다. 2004년 당시 협회장을 맡았던 한 인사가 종교신문과 나눈 인터뷰 기사를 보면, 자신들의 단체를 "KNCC"(한국 교회협의회)와 "한기총"의 대안으로 자리매김하려는 정체성을 가졌음을 확인할 수 있다. KNCC는 진보주의 성향의 교단들이 모인 협의체이고, 한기총은 보수주의 성향의 교단들이 모인 협의체이다. 참고로, 침례교단도 이 한기총의 회원교단이다. 그렇다면 이 "초교파기독교협회"라는 단체도 휘하에 여러 교단들이 회원으로 가입되어 있는 셈이다.

2004년 당시의 인터뷰 기사를 보면, 자신들의 단체를 "UN"에 빗대어서 한국 기독교계의 유엔이며 그렇게 만들겠다는 포부를 언급한 대목이 있다. 유엔은 독립된 국가들이 대표자를 보내 만든 국제 협의 기구이다. 그렇다면, "초교파기독교협회" 회원들은 독립된 자주국가로서의 내정을 갖는다는 의미이다. 교파와 신학을 서로 상관하지 않고 모인다는 것을 장점으로 내세운다. 그렇다면 목사의 안수나 교회정치는 각 회원단체들이 알아서 하고 "협회" 차원에서는 일체 간여하지 않는다는 의미이다. 이 협회 차원도 우리 논의의 관점에 따르면, "독립조합주의"에 가까운 외형을 가졌지만 그 속에는 철저한 "개교회주의"가 살아 있다.

이처럼 용어와 개념을 매우 세밀하게 구별하면 "독립(개교회)주의(파)"와 "독립조합주의(파)"를 구별하는 것이 가능하지만, 일반적으로는 그렇게까지 구별할 필요성이 없기 때문에 애매하지만 그냥 "회중주의"라는 용어를 사용하는 선에서 머문다. 현 시점에서의 논의는 이 일반적인 수준에서 일단 장단점을 논하겠다.

(3) 회중주의(독립정체)의 장단점

"독립주의"와 "독립조합주의"가 공통점이 많기 때문에 "회중주의"를 사용할 수 있고, 어쨌든 초창기 침례교회보다는 개교회주의 성격이 강하기 때문에 "독립주의정치체제"라고도 할 수 있다. 필자는 "침례교회 정치체제"를 따로 구별하기 위해, 지금 논의하고 있는 "독립주의"와 "독립조합주의"를 그냥 "독립주의(정치체제)"라고 부르고 싶다. 우리의 침례교회 정치체제를 자세히 논의하는 것은 다음으로 미루고 여기에서는 일단, 독립정체의 장, 단점을 논하겠다.

① 장점

첫째, 독립정체는 잉글랜드와 뉴잉글랜드에서 발전할 때 기본적으로는 칼빈의 신학이 그 주류를 이뤘다. 교회정체에서 칼빈의 정신은 어거스틴을 따라, 목사중심의 체제로 나타난다. 목사는 성경해석자요 신학자인 동시에 교사이며, 교회의 정신적 지주인 경우가 많고 교회에서 발생하는 모든 문제에 대해 영적 측면에서의 검토와 책임을 지기 때문에 교회의 가장 중요한 직분이라고 할 수 있다. 장로주의는 이 측면을 중심으로 체계화한 시스템이다. 독립정체는 이토록 중요한 목사의 존재이유가 무엇인지를 좀 더 깊이 질문한 것이다. 목사는 회중을 위해 존재한다. 목사 및 교회지도자들은 언제까지나 회중의 일원이며 따라서, 그 직무는 회중을 이끌고나가는 것이 아니라 회중을 가르치고 설득하여 회중을 바로 세우는 것이다. 그러므로 최종의결권, 교회의 모든 문제의 최종재판권은 여전히 회중 자체에 머물러야 한다고 본 것이다. 교회지도자들의 권한은 그 직분이나 인격에서가 아니라 회중이 일시적, 제한적으로 위임한 데서 나온다.

"그리스도는 교회의 머리"라는 말은 그리스도는 이 지상에서 직접 통치하지 않기 때문에 한 번 더 해석해야 하는 말이다. 즉, "그 대권을 누구에게 위임하였고 어떤 장치에 의해 그리스도의 대권을 수행하느냐?"라는 질문이 본질상 중요하다. 로마교회는 이 질문에 대해 로마 감독이 모든 교회의 영권과 속권을 장악한다는 이론으로 나아간 것이다. 감독정체는 합리적으로 할당된 지역의 회중들을 다스릴 영권과 속권을 감독 한 사람이 장악하고 참사회의 보좌를 받는다는 것이다. 장로정체는 그리스도의 대권이 회중에게 위임되었다고는 보지만 그 지교회를 구성하는 회중을 불신한다. 그래서 검증된 소수를 뽑아 만든 회의체에 다시 위임하고 2중, 3중으로 안전장치를 만든 것이라고 볼 수 있다. 결국, 개교회 회중들은 독립되어 있으나 성숙된 소수를 따른다는 "수정된 감독정체"인 셈이다. 독립정체는 그리스도의 대권은 어느 개인 혹은 개인들에게 나눠져 있지 않고 회중 자체에 있다고 본 것이다. 소위 목회권이라는 것도 회중의 선택에 의해 어느 개인에게 일시적으로 위임해준 권한에 의한 것이기에 그 회중에 대해서만 의미가 있다. 그러므로 독립정체야 말로, "회중이 회중을 이끈다"는 정신을 철저히 구현하는, "회중중심주의"라고 말할 수 있다.

둘째, 독립정체는 교회의 본질적 사역에 집중할 수 있다. 감독정체에 대해서는 말할나위 없고, 장로정체에 비해서도 독립정체는 상회(上會)라고 불릴 만한 정치조직을 만들고 운영할 필요성이 없다. 헌법이나 헌장, 치리회, 법전, 심지어 관습이나 전통조차 무조건 받아들일 이유가 없다. 그 모든 것에서 해방되어 전적으로 회중의 본질적 사업이라고 할 수 있는 일에 힘을 쏟아 부을 수 있다. 실제로 장로교의 노회나 감리교의 연회는 먼저 노(연)회 차원에서 수행할 사업을 확정한 뒤에 필요한 예산을, 지교회들의 전년도 예결산에 준해서 각 지교회에 할당시킨다. 특별한, 납득할만한 이유 없이 이 할당된 기금을 납부하지 않으면 노회차원에서 각종 불이익이 가해진다. 많은 기금을 수월하게 확보할 수 있지만 회중의 자결권이 제한되는 것이다. 독립정체는 노(연)회 기관이 존재하지 않으므로 자기 예산의 몇 %를 상납하는 일이 없고 회중이 자발적으로 결의한 사업을 자체적으로 추진하면 된다.

셋째, 독립정체는 대형교회의 출현이 가능하다. 장로교회나 감리교회는 그 정치체제를 운영할 때, 지역연고를 근본으로 한다. 본래는 그리고 정상적으로는 담임목사 한 사람을 기준으로 지교회를 정책적으로 나눈다. 그래서 어느 한 지교회에 교인이 편중하는 것을 의도적으로 막는 조정을 한다. 즉, 교인들을 지역적으로 배분한다. 한국 장로교단들의 경우 6.25전쟁을 전후로 해서 이북에서 많은 기독교인들이 피난 내려왔다. 장로교회 정치원리상, 피난민들은 새로 정착한 지역의 지교회를 통해, 해당 노회에 전입하면 된다. 그런데 한국 장로교회의 경우에는 그 스스로 장로주의 원리를 깨뜨렸다. 즉, 소위 "피난교회"라는 것이 등장한 것이다.

예를 하나들면, 1907년 평양대부흥의 본산이라 일컫는 평양 장대현교회는 1908년에 평양 성내(城內)에 산정현교회를 세운다. 순교자 주기철 목사와 조만식 장로로 유명한 이 교회는 1945년에 일제에 의해 폐쇄된다. 그러나 주기철 목사와 함께 투옥된 25명 가운데 16명이 해방과 동시에 석방되었으나 월남하여 1954년에 서울에 산정현교회를 개척하였다. 독립정체 입장에서는 아무 문제없이 이해할 수 있는 이 일은 본래 엄밀한 장로주의에서는 있을 수 없는 일이다. 더구나 월남한 산정현교회는 후암동에 하나, 서초동에 하나가 있고, 서초동에서 있다가 개척한 목사에 의해 안산산정현교회도 있다. 교구제도의 원칙에 따른다면, 이 교회들은 후암동교회, 서초동교회, 안산교회가 되어야 하고 해당지역 노회에 소속되어야 마땅하다. 더구나 교회개척이나 선교, 개별교회의 허입과 폐쇄는 노회 고유사무였다. 지교회는 노회의 개척계획, 선교계획에 맞춰 필요한 자원을 제공하면 끝이다.

독립정체에서는 이런 지역연고 원칙이라는 것이 없다. 회중마다 정신이 미묘하나마 달라질 수 있기에 지역에 상관없이 회중의 자발적 동의에 의해 분리개척을 하든지, 분리를 거절하든지 구애받지 않는다. 그러므로 독립정체에서는 얼마든지 대형교회로 발전할 수 있고 교회 내부의 행정체계도 회중들이 편하게 생각하는 것을, 성경적으로 문제가 없다면 얼마든지 채택할 수 있지만 장로정체에서는 그렇지 않다. 장로정체에서 대형교회의 출현과 그 대형교회들이 노회의 고유사무를 수행기관을 자체에 설치하는 것은 장로주의 원리들을 허물어야 가능한 일이다.

② 단점

첫째, 독립정체의 가장 큰 단점은 회중 안에서 논란과 갈등이 벌어졌을 경우에 극명하게 나타날 수 있다. 장로교회의 경우 지교회 내의 당회가 재판정 역할을 하지만 지교회 내에서 해결이 안 되면 노회의 치리회(법정), 총회의 치리회(법정)에서 법과 원칙에 따라 처결한다. 노회 전체에서 경험과 역량이 풍부한 사람들이 간여해서 공정하고 권위 있게 처리할 수 있다. 반면에, 독립정체에서는 개교회가 유일한 단위이며 최고의 단위이기 때문에 회중내부의 판결에 불복할 경우, 아무리 억지라는 것을 알아도 끝끝내 판결을 받아들이지 않는 경우, 해결이 안 되고 결국 회중이 갈라지거나 절단 나는 결과를 낳고 만다.

사소한 문제임에도, 감정대립이 원인임에도 결국 문제는 세상 법정으로 가고 거기에서 끝나는 경우가 비일비재해진다. 세상법정으로 가는 것 자체만으로도 세상에 대해 부끄러운 일이기에 교인들이 상처를 입지만 교회체제만으로는 막을 수 없다.

둘째, 정교분리 원칙을 교회가 깬다. 정교분리 원칙은 속된 세상과 영적 세상(교회)은 그 존재이유와 원리가 다르며 교회는 하나님이 주신 말씀 곧 성경과 성령을 통해서 그리스도께서 직접 다스리는 소위 천국의 지점(支店)이므로 굳이 세상의 속된 법의 지배를 받지 않는다는 의미로 해석될 수 있다. 그러므로 정교분리 원칙을 천명한다면 교회 내의 분쟁은 교회 자체 내에서 처리할 수 있어야 한다. 독립정체를 취하지 않는 경우에는 상급 교회기구에 "법정" 혹은 "치리기관"을 설치하는 이유가 여기에 있었다.

그러나 독립정체에서는 교회 자체에서 갈등을 해결하지 못하고 결국 세상법정에 호소할 수밖에 없는 쪽으로 발전한다. 당연히 세상법정은 세속법의 원리에 의해 시비를 가리는데 이것은 교회와 교회

문화가 세속법에 매이게 된다는 의미이다.

결국, 독립정체가 강화되면서 개신교에서는 "교회법" 분야가 사라졌고, "교회법정"이 유명무실해졌다. 교회법 전문가가 없으니 교회 자체에서는 해결이 불가능한 문제가 많아진다. 이런 문제조차, 심지어 후임목사 청빙문제에 이르기까지도 세상법정으로 가게 된다.

잉글랜드 청교도들은 로마교회와 그 주교정체를 혐오하였다. 그런데 앵글리칸이 주교정체를 취하기로 확정하여 청교도들과의 갈등을 증폭시켰다. 잉글랜드 청교도들에게는 장로주의정체는 감독정체와 다를 바 없다는 것이 일반적인 인식이었음에도 불구하고 잉글랜드 종교개혁 초창기부터 장로정체를 옹호하는 사람들이 있었던 것은 독립정체가 가진 이 약점이 큰 원인이었다. 심지어 독립정체를 매우 사탄적인 것으로 간주하여 비난하기까지 하였다.

2장 성경적 교회정체: "지방회제도"

1. 침례교의 "지방회제도"(associationalism)는 성경적 교회
   관의 구현의 핵심이다.

독립파의 교회정체가 갖는 신학적 이상은 기본적으로는 매우 탁
월하다. 이 점은 의문의 여지가 없다. 지면 관계상 이 글에서는 다루
지 않았지만 분명 초대교회의 원리이며, 신약성경이 우리에게 제시
하는 교회원리를 복원하였다는 점에서 매우 고무적이다. 하지만 글
의 마지막 부분에서 역사적으로 독립정체가 보여준 결함은 매우 심
각한 것이다. 개별교회 독립의 원리와 자발성의 원리가 상승점이 아
니라 하락점에 있을 때 그 강력한 장점을 상쇄하는 강력한 폐단이 드
러나기 때문이다. 독립정체에서는 이 단점을 개별교회와 목회자의
역량에 맡기고 끝나는 수밖에 없다.

그러나 침례교회의 선조들은 여기에서 두 가지 문제제기를 한 것

으로 볼 수 있다. 첫째, 독립된 개별교회 그 자체를 폐쇄된 소우주(小宇宙)로 남아 있어서 안 된다. 남자와 여자가 서로에게서 독립된 인격체이지만 서로 하나로 연합하여 가정을 이루고, 구원받은 개인들이 연합하여 교회를 이뤄 그리스도의 위임명령, 그리스도의 멍에를 짊어지는 것처럼 교회들도 서로 연합하고 교제를 나누지 않으면 안된다. 둘째, 교회들의 연합체는 영적 교회의 일부분으로서 교회적 속성을 가지지만 "교회"라는 명칭을 가지지 않으며, 개별교회의 독립성과 자치권을 침해하지 않으면서도 그리스도의 사랑의 돌봄을 서로 나누며 그리스도의 멍에를 함께 짊어지는 연합체여야 한다.

이 두 가지 요점을 충족시키면서, 조합주의 성격을 복음과 신학이라는 측면에서 뛰어넘는 신비적 연합체를 구성한 것이 침례교회의 "어소시에이션"(association)과 그 체제이다. 조합주의 연합체와 다른 점은 침례교회 지방회는 신학 특히, 신앙고백의 일치를 연합의 전제조건으로 하되 회원교회들의 자발적 참여에 의한다. 둘째, 조합주의와는 달리 지방회는 한 교회가 감당하기 어려운, 영적 교회 본연의 직무로 간주되는 일을 적극적으로 수행한다. 셋째, 교회를 개척하는 일뿐만 아니라 약하거나 감당하기 힘든 일을 당한 교회를 인근의 교회들이 자기 몸처럼 돌보고 세워준다. 넷째, 지방회는 회원들의 자발적동의에 의해 신학노선이 동일한 다른 지방회와 연합하거나 분리하는일을 자유로이 행한다.

독립개교회주의는 개별교회 자체를 마치 독립된 교회인 동시에

"교단"처럼, 독립조합주의는 그런 개별교회들 즉, 교단들의 "연합회"처럼 간주할 수 있는 반면에, 지방회는 독립된 개별교회들이 동일한 신학을 기준으로 하여 마치 교파교단처럼 연합한 셈이다. 침례교회들은 본래 지방회들을 아우르는 "교단조직"을 둔 것은 19세기 이후의 일인데다가 실제로는 개교회들과 각종 기관들이 광범위한 복음사업을 위해 어우러져 마치 총 연합회처럼 모인 것이기 때문에 장로교회 "총회"처럼 "어셈블리"(Assembly)라는 단어를 사용하지 않고 "컨벤션"(Convention)이라는 단어를 사용한다.

"장로교회"(Presbyterian Church)라는 교파명칭은 그 중심원리인 "(장)로회"(presbytery)에서 나왔기 때문에 "노회중심주의"라는 특색을 나타낸다면, 침례교회의 특색은 "지방회"라는 점에서 비교되기 때문에 "지방회중심주의"라고 할 수 있다. 그렇다면 타 교파교회와 확연히 비교되는 침례교회의 독특한 특징은 침수침례와 지방회제도라고 보면 된다.

2. "지방회"라는 명칭

개별교회들의 대표자들인 메신저들의 모임을 초창기 침례교인들은 "제네럴 미팅"(General Meeting)이라고 불렀다. 그렇다면 오늘날의 관점에서는 "교단총회" 쯤에 해당한다고 볼 수 있다. 1650년대가 넘어서면서 "어소시에이션"(association)이라는 명칭이 일반화되었다. 특히, 신대륙 미국의 경우 최초의 침례교회들이 연합체를 구성하면서 한결같이 "어소시에이션"이라는 단어를 사용하였다.

"어소시에이션"의 한글번역어가 "지방회"인데 이것은 개념적으로 전혀 동떨어진 번역이다. 장로교회에서는 노회와 개별교회 사이에 교회들 간의 교제와 도움을 위해 지역별로 "시찰회" 조직을 둔다. 감리교회는 연회의 하부조직으로 "지방회"를 둔다. 지방회의 장(長)을 감리사라고 하며 개별교회 목사에 대한 임면권을 가진다.

침례교회의 "지방회"는 그 한글 단어만으로는 장로교회나 감리교회처럼 지역별 조직으로 착각할 수 있고 최근에는 행정 편의상 침례교회 지방회들을 지역을 기준으로 구성하려는 경향을 보이기까지하였다. 그러나 실제로는 본래의 단어인 "어소시에이션"에는 "지역" 혹은 "지역구분"의 개념의 전혀 없이 연대(連帶), 연결(連結), 제휴, "무리 짓기"를 가리킨다. 그러므로 단어 본래의 뜻대로 이해하면 강제적 구속력 없이 자발적으로 무리 짓기에 동참하여 이룬, 회중들의 연합체를 가리킨다.

3. 지방회의 기원

지방회는 독립된 교회들이 "동일한 신학노선"을 기준으로 연합을 이룬 것이기 때문에 넓은 의미의 신학적 분류에 따라, 일반침례교회와 특수침례교회 각각이 그 지방회의 기원을 달리한다. 먼저 일반침례교회의 경우는 1651년에 잉글랜드의 중동부 지역(East Midlands)의 30개 교회가 모여 작성한 신앙고백서에서 최초의 "지방회" 조직에 관한 기록을 찾을 수 있다.[32] 그러나 1653-55년, 케임브리지에 있는 아서 힌데스(Arthur Hindes)의 집에서 모인 케임브리지셔 지방회를 결성하기 위한 예비모임의 회의록을 살펴보면 일반침례교회의 지방회는 감독주의나 장로주의 방식으로 즉, 중앙집권적 교권체제로 발전하는 기미가 보인다. 1678년의 "정통주의 신조"(Orthodox Creed)의 제 39 조에 그 점을 명확하게 확인할 수 있다.

> 그리스도의 교회들에 속한 감독들, 장로들, 형제들로 구성되며 그리스도의 모든 교회들로부터 그리고 교회의 대표자들을 보냄으로써 합법적으로 소집된 총회는 단일한 교회를 구성하며, 그리스도의 이름으로 행동할 합법적 권한을 가진다. 총회는 신성한 권위를 가지고 있으며, 통일성을 보존하고 이단을 막을 하늘 아래 있는 최선의 수단이며 그 범위 혹은 관할권 내에 있는 회중들 사이의 혹은 회중의 감독자이다. 그리스도의 어떤 특정한 회중에서 여하한 부정의 혹은 이단이 저질러지거나 분열을 옹호하는 경우에는 이와 같은 모임 즉, 총회에 호소해야 한다. 이와 같은 총회에서의 결정적 의견은 주요 부분이며, 이와 같은 총회에는 청문하고 결정하고 파문할 합법적 권한이 있다.[33]

반면에 특수침례교회는 개별교회의 독립성과 자치권을 충분히 천명하였고 이에 입각한 지방회제도를 보여주었다. 칼빈주의 신학을

---

32) 이 신앙고백서는 The faith and practice of thirty congregations(1651)이다.
33) William L. Lumpkin, *Baptist Confessions of Faith*, Valley Forge: Judson Press, 1959. p. 327.

엄밀하게 추구한 침례교회들 가운데 런던의 일곱 교회들이 모여 1644년에 지방회를 결성하고 신앙고백서를 채택하였다. 이 신앙고백서는 교회들 사이의 교리 · 정책 · 행동의 통일성에 대한 적극적인 관심을 가졌고 그 통일성을 구축하기 위한 수단은 서로간의 조언과 도움이라는 인식을 가졌음을 보여준다. 또한 독립된 교회들이 지역별로 구성한 "지방회"는 1644-1660년의 확장정책에서 "핵심구조" 역할을 하였다. 본래 이 "지방회" 개념은 존 코튼(John Cotton), 토마스 굿윈(Thomas Goodwin), 필립 나이(Philip Nye)와 같은 독립파 청교도들이 제시한 것이지만 침례교회에서 독특한 발전을 이룬 것이다.

레온 멕베스는 "지방회제도"를 의회가 조직한 "신형군"(New Model Army)의 군사적 관행에서 기원하였다고 본다. 잉글랜드 시민전쟁(1642-49) 동안에 의회는 여러 지역을 "연합체"(association)로 묶어 방어하도록 하였는데 나중에, 이런 군사연합체(military association)의 각 연대(regiment)마다 두 명의 대표자들을 의회에 보내 협의하도록 하였다. 신형군에 폭넓게 참여한 침례교인들이 이 "연합회"(association)라는 명칭과 방식을 자신들의 교회에 적용하였다는 것이다.

레온 멕베스의 이런 논지를 1651년에 첫 모습을 드러낸, 일반침례교회 지방회에 적용하면 아무 문제가 없다. 그러나 특수침례교회는 1644년에 작성된 런던신앙고백서에서 이미 지방회제도의 근본원리를 제시한다. 시민전쟁(1642-49) 당시의 의회와 카운티들이 방어목적으로 조직하고 그 군자금과 병력을 충원하기 위해 만든 "연대" (association) 시스템보다도 침례교회 지방회는 지역적으로 훨씬 넓고 게다가, 크롬웰이 각 연대마다 두 명의 대표자들을 의회에 보내 협의하도록 한 것이 1647년이라는 점에서 1644년의 침례교인들에게 모델이 될 수 없었다. 그러므로 지방회제도는 신약성경적 교회론을 이해한 청교도 분리주의자들의 연구성과를 발전적으로 실현한 교회정체론이라는 점에 더 비중을 두어야 한다.

4. 지방회의 목적과 신학

성도 개인의 순수한 신앙을 유지하기 위하여 다른 성도들과의 교제 즉, 교회가 필요한 것처럼 개별교회는 교회의 순수성을 유지하기 위해서는 다른 교회들과의 교제가 필요하다. 지방회는 무엇보다도 그런 목적을 위한 모임이다. 1644년의 런던신앙고백서의 1646년 개정판에서는 지방회의 목적을 좀더 엄밀하게, 그리스도의 참된 교회들이 서로 그러한 존재들임을 인정하고 서로 확고한 교제를 유지하도록 하기 위한 것이라고 진술하였다. 게다가 지방회는 다음 세 가지 영역에서 "확고한 교제"를 이루어내야 한다고 명시하였다.

① 개별교회 혼자서는 해결할 수 없는 논란거리들에 관한 조언의 제공

② 곤궁에 처한 회중에 대한 재정 보조

③ 교회의 공통 목적인, 그리스도의 사역에 합력하여 하나님을 영화롭게 하기 위한 계획

이것은 독립정체의 약점을 극복하고 있지만 무엇보다도 이러한 교제가 그리스도가 교회를 세우시고 사도들이 교회들 간의 교제를 확립한 목적이라는 점을 발견한 데 그 의의가 있다.

또한 지방회를 조직하는 신학적 원리도 명확하게 제시하였다.

① 개별 회중들이 연합(association)할 필요성이란, 어떤 한 회중에 속한 개개의 신자들이 서로 연합(association)해야 하는 것과 동일한 것이다.

② 개별 회중의 회원자격을 얻고자 하는 주된 동기는, 서로의 순수성을 유지해주고 복음의 고백을 추문으로부터 깨끗하게 하는 것이라면 개별교회들도 함께 그와 같은 교제를 나눠야한다.

이처럼 침례교회의 지방회는 "조합"과는 달리 동일한 신학과 신앙고백을 공유하는 회중들이 "한 몸"을 이룬다는 관념을 가졌고, 영적 의미에서는 "한 교회"라는 생각을 가졌다고 불 수 있다. 특수침례교회론은 그러면서도 개별교회의 독립성을 철저히 보존하여 개별교회의 대표자들과 지방회의 대표자 즉, 메신저들은 특별한 존재가 아니라는 생각을 반영하는 방식으로 메신저제도를 운영하였다. 반면에 일반침례교회들은 메신저들을 특별한 존재, 감독에 해당하는 존재로 간주하여 치리권, 감독권, 개입권에 해당하는 권한을 부여하였다. 그런 점에서 보면 성경적 원리의 교회정체론을 끝까지 유지한 것은 특

수침례교회였다.

5. 지방회의 권한과 의무

지방회의 권한과 의무는 가정을 구성하는 배우자들이, 그 가족들이 서로에 대해 갖는 권한과 의무에 빗대어 이해할 수 있다. 지방회는 신학을 중심으로 하였기 때문에 회중에 대한 신학교육과 신학적 정체성의 유지, 신학의 실천과 이단에 대한 방비라는 과제를 수행함에 있어서 권한과 의무를 가진다.

1749년 9월 19일에 개최된 필라델피아지방회에 제출되고 심의된 후 전원이 서명한 "지방회의 권한과 의무"라는 제목의 글이 있다. 이 문헌에서 지방회가 어떤 권한을 가지고 있으며 지방회에는 어떤 의무가 부과되어 있는지를 나타내고, 장래의 세대가 그들이 마땅히 주장해야 할 것 그 이상의 권한을 즉, 교회들을 주재할 권한을 주장하지 못하게 할 목적으로 지방회 헌장에 삽입하여 보존토록 하였다. 그 문헌의 대부분을 아래에 옮겨놓았다.

> 지방회는, 지방회를 구성하는 교회들을 지배하는 상급 재판기구가 아니며 그럴 우월한 권한을 가지고 있지도 않다. 개별교회는 교회의 머리인 예수 그리스도로부터 교회로서의 독립된 권한과 권위를 보유한다. 따라서 그 자체에 목사와 집사의 수가 충분하다면 독자적으로, 그 수가 부족하다면 이웃 교회의 도움을 받아 복음적 성례전을 시행하고, 교인의 입교와 출교를 결정하고, 직원들을 검증하고 서임하고, 복음적 치리와 교회정치를 수행한다.

이처럼 독립된 교회들은 하나님의 섭리가 기회를 허용할 때, 자발적이고 자유로운 동의에 의해 하나로 "연대"(連帶, association)할 수 있고 또 그렇게 해야 한다. 이 연대의 목적은 상호간의 힘과 조언과 기타의 귀중한 이점들을 얻고자 함이다. 이렇게 연대하는 교회들은 반드시 교리와 실천에서 일치해야 하고, 개 교회의 권위와 권력에 있어서 독립되어 있어야 한다. 그런 연후에야 "연합체"가 될 수 있고, 대표자를 선출해 보내 서로 연대할 수 있다. 따라서 독립된 교회들은 그 구성요소가 된다.

독립된 교회들의 연대(즉, 지방회) 혹은 회의(council) 혹은 총회(assembly)가 소집되면 이 회의체는, 개별 교회에 대한 우월한 지배권이나 감독권을 가진 기구로 간주되어서는 안 된다. 오히려 교회 전반에 걸친 문제들 혹은 어떤 교회의 특수한 문제에서 교회들을 섬겨야 한다. 어떤 권세도 그 권세가 솟아나오는 샘보다 위로 올라갈 수 없는 것이 정상이다. 그럼에도 우리가 볼 때, 지방회로 연합한 교회들이 보낸 대표자들로 구성한 지방회는, 그 소속 교회들에 대해 매우 중요한 권한을 가지고 있다.

독립된 여러 교회들이 건전한 교리와 정규적인 실천에서 서로 일치한 것이 그 연합의 첫 번째 동기요 근거이며 토대라면, 그 지방회에 소속된 교회에 혹은 어떤 교회의 일부분에서 교리나 실천에서 결함이 드러나면, 지방회는 그 결함을 일으키거나 정상궤도에서 벗어나는 교회 혹은 부분으로부터 물러나는 것과, 공식적으로 그들에게서 이런 것을 배제시키는 것, 그리고 지방회의 모든 교회에 알려야 한다는 자연스러운 결론에 도달하지 않을 수 없다.

그것은 교회 간 교제의 모든 행동에서 이런 교회 및 부분으로부터 물러나도록 하기 위한 것이고, 그들에게 부끄러움을 느끼게 하기 위한 것이고, 그 모든 교회들이 이런 결함을 허용하지 않고 드러내도록 하기 위한 것이다. 잘못을 범하거나 무질서한 혹은, 잘못된 방향으로 나아가는 교회로부터 물러나거나 하는 것은 단지 모두에게 부과되는 일반적인 의무로부터 만이 아니라 전술된, 자발적인 연합으로부터 발생하는 것이다…진리의 기둥인 교회는…다른 교회들 사이에서도 진리를 증진하려고 노력할 수 있고 노력해야만 한다. 그러므로 물러남은 반드시 존재해야 한다.

그러나 만일 상호간의 자발적인 동의에 의해 연합체가 형성된다면, 적극적인 무엇인가를 할 수도 있고 해야만 한다. 결함이 있거나 무질서한 교회를 파문하거나 사탄에게 넘겨줄 권한을 가져서는 안 되지만 그런 교회들을 지방회로부터 배제하고, 협의회에 출석하지 못하게 하고, 지방회에 속한 다른 모든 교회들에게 그렇게 하라고 조언하기에 충분한 권한을 가지고 있다.

경건한 사람은 이방인뿐만 아니라 경건의 모양은 가졌지만 그 능력은 부족해 보이는 그런 사람들을 삼가야 하고 또 그래야만 한다(딤후 3:5). 그와 동일한 이유로 성도들은 아무리 능력을 가졌더라도 결함이 있거나 무질서한 교회들 혹은 사람들로부터 물러 나와야 한다. 그러나 그들은 파문할 수는 없다. 그들에게는 그렇게 할 권한을 부여할 기관이 없기 때문이다. 그러나 회중교회의 수용력에서, 그 교회 자체의 구성원들을 다룰 때, 연합한 교회들의 대표자로 구성된 지방회는 결함 있고 건전치 못하거나 무질서한 교회들 혹은 사람들을, 위에서 언급한 방법으로 배제하거나 물러나올 수 있다. 이것은 자연의 빛과 법칙에 의해 정상적인 것이며 정당화될 것이다. 정규적인 시민 및 정치 단체의 행위 및 실천에서 분명한 것처럼 말이다.

그런 단체들은 다른 사람들이 가입하는 규칙뿐만 아니라 의무를 다하지 않는 자들을 배재하는 규칙들을 가지고 있다. 우리는 사도행전 15장에 있는 것들은 지방회가 모방할 수 있다고 판단한다. 즉, 첫째, 그들은 그릇되고 유대주의적인 교사들과 의절한다. 그런 자들에게는 이와 같은 계명을 주지 않는다(24절). 둘째, 그들 자체에서 선발한 대표자들을 바울과 바나바에 동행시켜 논란이 발생한 곳에서 그들의 판결을 지지하도록 하였다(25절). 세 번째 것은 그 결과로 나타난 것인데 그 결정사항들을 안디옥 교회같은 다른 교회들에게 보내 준수하도록 하였다(행 16:4). 후세의 관행이 이와 일맥상통한다는 것을 발견할 수 있다.

물론 그들에겐 소집할 공의회, 대회, 혹은 지방회가 없었기 때문에 어떤 오류나 소란에 대처하기 위하여 회의를 소집할 때, 안디옥 교회에서 할례에 관한 경우처럼 어떤 특수한 교회에서 이런 일들이 지나치게 커져서 그 교회가 평화롭게 결정하기 어려울 정도가 되었을 때가 그렇다. 이런 경우에 그 모든 교회가 한 교회처럼 간주되었고, 그 모든 감독들은 보편적인 존재로 간주되었다. 그리스도의 교회 안에 마땅히 있어야 할 믿음의 통일성, 행습의 일치 때문이다. 비록 다른 문제에서는 각각의 교회들이 서로에 대해 독립된 존재로 처신하였지만 말이다. 키프리안 당대에도 감독들은 연합하여 한 몸을 이루었다. 그래서 만일 그 몸의 어느 한 부분이 이단설을 제창하거나 그리스도 양떼를 약화시키고 상처를 입히기 시작하면 그 나머지 전체가 즉각적으로 구원하러 나섰다. 그들은 잘못을 일으킨 그 일부와 의절하였고 모든 교회에 그것을 알렸다. 크로스비(Crosby)에 따르면 런던에 있는 어떤 지방회는 런던에 있는 어떤 무질서한 교회와 의절하였고 지방회로 연결된 다른 모든 교회에 주의를 주어, 어떤 식으로든 그들을 후원하지 말고 교인들에게 그들의 모임에 나가지 말라고 하였다. 이와 같이 해서 지방회는 흠이 있거나 무질서한 교회와 의절하고 물러나오고, 지방회로 연결된 교회들에게 물러서고 후원하지 말라고 충고하였다. 이렇게 자신들의 권한의 한계를 넘어서지 않았다.

나아가서 지방회는 어떤 교회에 속한, 원칙에서 결함이 있거나 실천에서 무질서한 어떤 사람 혹은 어떤 부분이 교리적으로 책망할 수 있다고 선언할 수도 있다. 그 문제를 인식할 때, 지방회의 권한과 의무의 한계선을 넘어서지 않은 채, 이런 사람들이 속해 있는 교회에, 이런 자들을 복음적 치리규칙에 따라 어떻게 다루어야할지를, 이런 교회를 강화시켜주고, 만일 필요하다면 자신의 교회에 속한 유능한 사람을 파송하여 예수 그리스도의 규례에 의해 이런 교회들을 강화시켜주고 도와주어야 한다. 또한 무례한 자들에 의해 이들 교회가 모욕을 당하지 않도록 그 교회 곁에서 그 교회를 지켜주어야 한다.

6. "교단"과 지방회

"교단"(denomination)의 개념은 장로교회나 감리교회의 경우와 침례교회의 경우가 현격히 다르다. 우선적으로 주목할 첫 번째는 "교단"(denomination)이라는 개념은 성경에 그 개념의 단서조차 등장하지 않는다. "교단"이라는 말은 "(종교)교파단체"라는 단어를 줄여서 표기한 것으로 보인다. 이런 의미로 보면 "교파신학"이 단체결성의 중요한 기준이어야 하는데 실제로는 전혀 그렇지 않다. 한국에 백 개 이상 존재하는 장로교단들은 교파신학, 교리 상의 차이가 전혀 없이 분열하였기 때문이다. 신사참배, 성경무오론, 자유주의신학 때문에 분열한 경우도 있기는 하지만 이것도 엄밀하게는 교리적 엄밀성의 이완이지 교파신학의 분리가 아니다. 실제로는 교단권력, 재산문제 때문에 분열하였다.

주목해야 할 두 번째 사항은 세속법에 있어서도 개별교회는 "사단"(社團)으로서의 법적 지위를 가지고 있지만 그 이상의 노회 혹은 교단 총회는 법적 지위가 없다. 명목상이나마 회중주의를 선언하기 때문이다. 편의상 총회유지재단을 만들어 개별교회들의 부동산을 총회차원에서 관리하지만 실질적 소유권과 이용권은 총회가 아니라 개별교회들에게 있다. 만일 개별교회들이 회원들의 정당한 절차에 의해 소속 교단을 바꾸거나 심지어 종교를 바꿀 때에는 총회는 막을 수 없는 것이 사법적 현실이다.

침례교회의 총회는 타 교파들과는 다른 개념으로 구성되었다. 미국 최초의 침례교회 전국적인 차원의 회집이 어떤 이유로, 어떤 방식으로 구성되었는가를 살펴보면 잘 알 수 있다. 1814년, 3년차 총회였

---

34) Triennial Convention 혹은 General Missionary Convention of the Baptist Denomination in the U.S. for Foreign Missions라고 표기한다.

다.[34] 이것은 순수하게 해외선교를 후원할 목적으로 매년 100달러를 헌금하는 협회나 교회는 2명의 대표를 파송하자고 한 결의에 따라 11개 주 출신 33명의 대표가 필라델피아에서 처음으로 모였다.

미국 침례교회 최초의 전국적인 모임은 각 지방회 대표자들이 결속한 단체를 구성하고 산하(傘下)의 교회들을 지휘 통솔한다는 의도와 개념이 없었다. 이 단체에는 침례교회들을 단계적으로 관장하고 재판하려는 목적도 없었다. 단지 선교사들을 파송하고 후원하려는 교회적 사명의 광범위한 수행을 위해 개별교회들이 자발적으로 참여함으로써 만들어진 협의회적 성격을 가졌다. 그러므로 타 교파를 모방하는 교단체제란 것은 침례교회의 정신에 어긋나는 행태임을 깨달아야 한다. 오히려 타 교파들의 교단구조를 침례교회의 어소시에이션과 컨벤션 방식으로 바꿔야 한다.

3장 지방회에 관한 실례

1. 케후키 지방회와 지방회 헌장[35]

1) 케후키 지방회의 시작

케후키 지방회(Kehukee Association)는 노스캐롤라이나(North Carolina) 주(州)의 에드케콤(Edgecomb), 핼리팩스(Halifax), 와렌(Wareen), 버티(Bertie), 캄덴(Camden) 이렇게 6개 카운티에 위치한 일곱 교회를 중심으로 시작되었다. 본래 잉글랜드 일반침례교인들의 후예들로서 첫 교회들은 그 일반침례교회의 교리들과 침수침례로 시작하였다. 그 첫 교회들은 두 명의 장로 폴 팔머(Paul Palmer)와 조셉 파커(Joseph Parker)에 의해 시작되었고 그들이 침례를 준 다수의 사역자들이 그 뒤를 계승하였다. 처음부터 "지방회"로 모이는 관례가 있었는지는 모르지만 연례적인 모임을 가졌고 여기에서 중요한 문제

---

35) 오늘날 한국 침례교회는 지방회 "규약"(covenant)이라는 단어를 고정적으로 사용하지만 옛날에는 헌법 혹은 헌장을 가리키는 "콘스티튜션"(constitution)을 자유롭게 사용하였다.

들을 결정하였다.

그러다가 필라델피아 지방회(Philadelphia Baptist Association)가 소속의 사역자들 가운데 두 사람 밴혼(Vanhorn)과 밀러(Miller)를 파송하여 남부 식민지들을 돌아다니며 교회에서 설교하고 복음을 전하도록 하였다. 이 두 사람이 노스캐롤라이나 지방에 왔을 때 이 지역의 신자들은 처음에는 이들에 대해 우려하고 경계하였지만 곧 진심으로 환영하였다. 이 두 전도자의 강력한 설교와 대화를 통해 교인들의 마음이 열리고 대단한 결실을 맺게 되었다. 정식으로 지방회를 결성하기 전에는 일반침례교인들이었고 아르미니우스주의적이었던 주민들은 깨우침을 얻었고 자신들의 오류를 발견하였다. 교회들은 복음적 교리들을 다시 배웠고, 교회를 재조직하고 은혜교리를 확립하였다. 이렇게 새롭게 구성된 교회들은, 필라델피아 지방회와 찰스턴 지방회의 기초인 1689년의 런던신앙고백서를 채택하였다.

2) 지방회의 개혁

정식으로 지방회를 결성하면서 관례대로 그 헌장에, 교회의 규율을 고수하고자 노력하기로 엄숙하게 동의한 규약을 마련하였다. 다음은 그 전문(前文)이다.

전능하신 하나님은 하나님의 은혜로, 우리를 어둠으로부터 불러내 하나님의 경이로운 광명으로 들어가게 하기를 즐거워하셨고 우리 모두는 그리스도 예수를 믿는 우리의 신앙고백에 입각하여 규칙대로 바르게 침례를 받았고, 우리 자신을 복음적 교회의 방식대로 주님께 그리고 서로에게 내어주어 하나님 말씀에 합당한 적절한 치리에 의해 통치되고 인도받게 되었다. 그러므로 우리는 우리 주 예수의 이름으로 그리고 그 도우심에 의해, 우리가 회원으로 참여하는 교회의 치리를 서로를 향한 지극한 형제애로 유지하기로 언약을 맺고 동의한다.

이렇게 개혁된 교회들은 비록 그 수는 적어도 1765년경에 지방회 맹약(association compact)을 체결하고 케후키에서 첫 모임을 가졌다. 이렇게 한 뒤에 찰스턴 지방회와 서신교환을 하였다. 한동안 이런 상태로 있다가 1774년경에 큰 변화가 발생하였다.

버지니아 주와 노스캐롤라이나 주의 일부에서 분리 침례교인 (Separate Baptists)들이 빠르게 증가하였다. 분리파 침례교인들은 본래 뉴잉글랜의 장로교도들이었으나 피상적 신앙과 사치스러운 생활 때문에 경건하고 열정적인 사람들이 분리하여 침례교인들이 된 것이었다. 그래서 이들은 "분리파"(separates)로 불렸고, 필라델피아 · 찰스턴 · 케후키 지방회들에 속한 침례교인들은 "정규침례파"(Regular Baptists) 혹은 "정규파"라고 불리었다. 정규파인 케후키 지방회는 지방회 간에 교제를 나누기 원하였지만 분리파 쪽에서 거절하였다. 교제를 거절한 중요한 이유는, 케후키 지방회는 교회회원이 되기 위해 침례를 청원할 때 신앙의 체험을 충분히 엄격하게 고려하지 않았는데 있었다. 분리파는 그리스도 예수를 믿음으로 영접하는 것이 침례의 본질적 자격요건이라고 보는데 반하여 정규파는 믿음을 갖기도

전에 침례를 주고 그런 자들을 회원으로 받아들이는 것이 어느덧 관례로 잡았던 것이다.

그러자 케후키 지방회에 속한 교회들이 이 지적이 정당한지에 관해 자체적으로 논의하기 시작하였다. 1774년에 케후키 지방회 소속 교회들은 차례로, 믿음 없이 침례를 받은 자들과는 결코 교제를 나누지 않겠다고 선언하고, 하나님을 향한 회개와 우리 주 예수 그리스도를 믿는 믿음을 침례의 전제조건으로 요구하기로 결의하였다.

그러나 1775년의 케후키 지방회 연례 모임에서는 이러한 결의를 한 개혁된 교회들과 그렇지 않은 교회들이 분열하여 두 개의 지방회로 나뉘었다. 분리는 슬픈 일이었지만 1777년 8월에는 좋은 결과를 거뒀다. 8월 두 번째 주일의 직전 토요일에 옛 케후키 지방회에 속해 있었으나 침례 받지 않고 심지어 구원의 신앙고백을 하지도 않은 멤버십을 거부한 교회들의 대표자들이 버지니아 주 서섹스(Sussex) 카운티의 사포니(Sappony)에 있는 제임스 벨(James Bell)의 예배당에서 연례 지방회로 모였다.

10개의 회중을 대표하여 모인 대표자들은 먼저 지방회에 자신들의 신앙고백서를 제출하여 새롭게 갱신된 지방회를 확립하였다. 이 대표자들 가운데는, 본래의 원칙에서 전혀 변화를 겪지 않은 회중들의 대표자들이 있었고, 전에는 이 지방회에 속하지 않았고 "분리파"라고 불리던 회중의 대표자들이 이 지방회에 가입하기 위한 회중들의 대표자들이 있었다. 이들이 먼저 각 회중들이 동의한 신앙고백서를 제출한 것은 "신학적 원칙"에 각 회중이 동의하였는지를 공식적으로 확인하기 위한 것이었다. 이 대표자들이 지방회에 제출한 것은 각 회중의 명단까지 포함된 것으로 보이는데 일단 출판된 회의록에는 교회명과 지역, 목회자와 교인수가 실려 있다.

① 버티 카운티 교회(Bertie County, 노스캐롤라이나), 장로 르무엘 버키트(Lemuel Burkitt), 217명.

② 서섹스(버지니아), 장로 존 매그램르(John Meglamre), 209명.

③ 브룬스빅(Brunswick, 버지니아), 장로 자카리 톰슨(Zachary Thompson), 320명.

④ 아일 오브 와잇(Isle of Wight), 장로 데이빗 바로우(David Barrow), 142명.

⑤ 쵸완 카운티(Chowan County, 노스캐롤라이나), 84명.

⑥ 그랜빌 카운티(Granville County, 노스캐롤라이나), 장로 헨리 레드베터(Henry Ledbetter), 70명.

⑦ 부트(Bute, 노스캐롤라이나), 장로 조슈아 켈리(Joshua Kelly), 109명.

⑧ 서섹스, 장로 제임스 벨(James Bell), 200명.

⑨ 로키 스왐프(Rocky Swamp, 노스캐롤라이나), 장로 제시 리드(Jesse Read), 139명.

⑩ 에지콤브(Edgecombe), 장로 존 태너(John Tanner), 100명.

위에 열거한 명단에 따르면 지방회 총 교인수는 1590명이다. 그리고 첫 6 회중은 "정규파", 그 나머지는 "분리파"였다. 이 지방회에서 합의하고 결의한 "지방회 원리"와 실체를 정리한 요약서를, 1799년 노스캐롤라이나 주 피트(Pitt) 카운티의 횟필드(Whitfield) 예배당에서 모인 연례 지방회의 명령에 의해 출판하였다.

2. 케후키 지방회 1790년 헌장
[1] 식민지 미국 침례교인들의 교리와 실천[36]

1. 우리는 오직 참되며 살아계신 한 분 하나님을 믿으며, 하나님의 본체에는 세 위격 즉, 성부 · 성자 · 성령이 존재하심을 믿는다.
2. 우리는 신 · 구약 성경이 하나님의 말씀이며 믿음과 실천의 유일한 규칙임을 믿는다.
3. 우리는 영원한 특수선택교리를 믿는다.
4. 우리는 원죄교리를 믿는다.
5. 우리는 인간이 본성에 의해서, 자기 자신의 자유로운 의지능력에 의해서는 그가 처해 있는 타락한 상태로부터 자신을 회복시킬 능력이 없음을 믿는다.
6. 우리는 죄인들은 오직 그리스도의 전가된 의에 의해서만 하나님 앞에서 의롭다함을 얻는다고 믿는다.

---

36) John Apslund, *Annual Register of the Baptist Denomination in North America: to the First of November*, 1790.

7. 우리는 하나님의 택자들은 성령에 의하여 부르심과 회심케 하심과 거듭나게 하심과 거룩하게 하심을 받는다고 믿는다.

8. 우리는 성도들은 은혜 속에 끝까지 견인(堅忍)될 것이며 결코 최종적으로 떨어져나가지 않을 것임을 믿는다.

9. 우리는 침례와 주의 만찬은 예수 그리스도께서 제정하신 성례전이며 참된 신자들이 이 성례전의 주체이며 침례의 참된 방식은 침수에 의한 것이라고 믿는다.

10. 우리는 죽은 자들의 부활과, 보편적 심판을 믿는다.

11. 우리는 악인의 형벌은 끝이 없고 의인의 즐거움은 영원할 것이라고 믿는다.

12. 우리는 정규적으로 소명을 받고 장로들에 의해 안수를 받은 자들 이외의 어떤 사역자도 성례전을 집행할 권리가 없다고 믿는다.

[2] 정규적인 침례교회 지방회의 방식 혹은 헌장

전문

일련의 오랜 경험으로부터 우리 즉, 그리스도에 대한 우리의 신앙고백에 입각하여 정규적으로 침례를 받은, 예수 그리스도의 교회들은 아래와 같은 통치방식 혹은 형태에 따라 우리 중에서 연합과 교제를 영속화하기 위하여, 지방회의 질서와 규율을 보존하고 유지하고 지키기 위하여 교회들이 하나로 연합할 필요성을 확신한다.

1조

지방회는 우리 연합체 안에 있는 여러 교회들이 지방회에서 자신들을 대표하도록 하기 위하여, 그 교회들이 선택하여 합당하게 파송한 회원들로 구성된다. 이들은 그 교회들이 판단할 때 그 목적에 부합하는 최선의 자격을 갖추는 회원들이며 그들 각각의 교회가 그들의 임명을 확인해주는 증서를 발부함으로써 그 지위를 부여받게 된다.

2조

여러 교회들이 발부한 증서에는 전체 회원들 즉, 지난 지방회 이후에 침례 받은 자들, 문서에 의해 받아들여진 자들, 해고된 자들, 파문된 자들, 죽은 자들이 표현되어 있어야 한다.

3조

이와 같이 선택되어 소집된 회원들은 하나님의 백성들 위에 군림할 권세가 전혀 없다. 교회들 위에 군림할 고전적인 권세도 없다. 연합체 안에 있는 어떤 교회 내부의 어떤 권리도 침해하지도 않는다.

4조

지방회는 소집되면 정규적이고 적절한 예법에 의하여 다스려지고 통치되어야 한다.

5조

지방회는 의장(議長)과 서기를 두며 이들은 참석한 회원들의 동의에 의하여 선택된다.

6조

새로운 교회들은 서면과 대표자들에 의해 청원하고 검토를 하여 (정통적이며 질서정연함이 확인되면) 지방회에 의해 받아들여지고 의장에 의해 발표되고 그 대표자에게 교제의 오른손을 내밈으로써 가입할 수 있을 것이다.

7조

연합체 안에 있는 모든 교회는 지방회에서 발언할 자격을 갖는다.

8조

지방회의 어떤 회원이 제기한 모든 질의를 일단 청취하고, 토론에 들어가기 전에 의장이 표결에 붙인다. 다수가 토론에 찬성하면 고찰하고 심의한다. 그러나 다수가 토론에 반대하면 기각한다.

9조

동의되고 재청된 모든 발의(發議)는 동의한 회원이 철회하지 않는 한 지방회가 고찰한다.

10조

지방회는 교회들에게 지방회 의사록을 제공하려고 노력한다. 그 목적을 성취하기 위한 최선의 방법은 장래 지방회의 재량에 달려 있다.

11조

우리는 지방회의 비용을 부담하기 위해 지방회 자금을 마련하는 것은 절대적으로 필요하다고 생각한다. 지방회 재정을 모으고 유지하기 위하여, 지방회의 각 교회는 적당하다고 생각하는 만큼의 돈을 자발적으로 기부하고 그 대표자들이 지방회에 전달하는 것은 그 교회들의 의무라고 생각한다. 교회들이 이렇게 기부하고 지방회가 받아들인 기금은 지방회 회계의 손에 맡긴다. 회계는 자신이 맡은 모든 돈에 대해 지방회에 책임을 지며 지방회의 지시에 따라 지출한다.

12조

지방회가 임명하고 수고의 대가로 연봉을 받는 사무관은 규칙에 따라 모든 지방회 의사절차를 기록해 둘 지방회 회의록을 만들어 유지한다.

13조

지방회가 폐회하기 전에 의장과 서기는 지방회 의사록을 읽고 (필요하다면 수정하고) 서명한다.

14조

이 통치방식 혹은 형태에 대한 수정은 어떤 때든지 지방회의 다수가 필요하다고 생각될 때 개정할 수 있다.

15조

지방회의 권한은 다음과 같다.

1) 교회들의 전반적인 연합을 도모하기 위한 것.

2) 교회들 간의 교제의 띠를 손상 없이 보존하기 위한 것.

3) 곤란한 문제를 겪는 모든 교회에 필요한 조언을 제공하기 위한 것.

4) 교회들이 어느 때에든 지방회에 대표를 보내지 않은 원인을 조사하기 위한 것.

5) 교회들이 적절하다고 생각되는 목적을 위해 지방회 기금으로 내놓은 돈을 사용하는 것.

6) 교회들이 필요하다고 여겨지는 일을 처리하기 위해, 교회(들)의 동의에 의해 그리고 동의로 어떤 위원(들)을 임명하는 것.

7) 지방회 규칙을 어기거나 정통적 종교원리를 벗어나는, 소속 교회의 자격을 박탈하는 것.

8) 먼 곳에서 선교사역을 하는 형제를, 그들이 필요하다고 판단하는 조수를, 그들이 출석할 때에 출석할 수 있는 자로 인정하는 것.

9) 지방회 소속 교회들에게 가장 필요하다고 생각되는 곳의 장래 시간까지 휴회하는 것.

[3] 회의예절

1. 지방회는 기도에 의해 개회하고 폐회한다.

2. 의장과 서기를, 출석 회원들의 투표로 선출한다.

3. 한 번에 단 한 사람만 발언한다. 발언자는 자리에서 일어나며, 발언을 시작할 때 의장에게 인사한다.

4. 발언하는 자가 발언을 마칠 때까지는 의장을 제외한 어떤 누구도 그의 발언을 훼방해서는 안 된다.

5. 발언자는 주제를 엄격하게 고수해야 하고, 앞에서 발언한 사람의 실수나 실패 혹은 불완전한 부분들을 언급하기 위해 그 말을 되풀

이 하는 것은 결코 안 된다. 그러나 판단이나 개념을 전달하기 위해 그 진상과 내용을 할 수 있는 한 공정하게 진술한다.

6. 지방회로부터 허가받지 않고서는, 어떤 누구도 갑자기 떠나거나 자리를 비워서는 안 된다.

7. 지방회로부터 허락받지 않은 채로는, 어떤 누구도 한 주제에 관해 3회 이상 일어서서 발언하지 않는다.

8. 지방회의 어떤 회원도 회의개정 중에 조소할 자유도 공적 연설 시간에 소곤거릴 자유도 없다.

9. 지방회의 어떤 회원도 다른 회원을, 형제라는 명칭 이외의 어떤 용어나 호칭으로 불러서는 안 된다.

10. 의장은 어떤 회원이 예절규칙을 어기는 경우를 제외하고는, 그 주제를 밝힐 때까지 그의 발언을 가로막거나 금하거나 하지 않는다.

11. 지방회가 요구할 때마다, 서기는 지방회의 몇몇 회원들의 이름을 등재하고 호명한다.

12. 의장은 의장직을 대행시킨 경우라면 다른 회원들과 동일한 발언권을 가질 자격이 생긴다. 그리고 지방회가 대등하게 분열된 경우가 아니라면 표결에 참여하지 않는다.

13. 이 예절규칙을 고의로 및 알고서도 어기는 어떤 회원도 지방회가 적절하다고 생각하는 대로 책망한다.

3. 케후키 지방회 1799년 헌장

1. 우리는, 전능하고 영원하고 불변적이시며 무한한 지혜와 능력과 정의와 거룩과 선하심과 자비하심과 진리이신 하나님의 존재하심을 믿으며, 이 하나님은 성부·성자·성령이라는 위격 하에서 자신의 말씀 속에서 자신을 계시하셨음을 믿는다.

2. 우리는, 전능하신 하나님이 자신의 생각과 뜻을 자신의 말씀 속에서 인간들에게 알리셨음을 믿는다. 우리는 하나님의 그 말씀은 신적 권위를 가지고 있으며 남자들과 여자들이 구원받기 위해 반드시 알아야 하는 모든 것들을 담고 있다고 믿는다. 바로 그 말씀은, 일반적으로 받아들여지고 있는 신·구약 성경책에서 파악되어, 담겨 있다.

3. 우리는, 하나님이 세상을 창조하시기 전에 하나님 자신의 영광을 위하여 어떤 수의 사람들과 천사들을 영원한 생명으로 선택하셨다고 믿는다. 그리고 이 선택은 피조물 입장에서 볼 때 개별적이고 영원하며 무조건적이라고 믿는다.

4. 우리는, 하나님이 맨 처음 사람을 만드셨을 때 그는 완벽하고 거룩하며 의롭고, 율법을 준수할 수 있지만 타락의 가능성이 있었다고 믿으며, 그는 자신의 모든 자연적 후손들의 연방적 머리 혹은 대표자의 위치에 있었다고 믿으며, 그 모든 후손들은 그의 순종이 낳는 혜택에 참여하든지 그의 불순종에서 비롯되는 비참에 노출되든지

하기로 되어 있었다고 믿는다.

5. 우리는, 아담이 이 도덕적 정직(貞直) 상태로부터 타락하였으며 자신과 자신의 모든 자연적 후손들을 죽음의 상태에 빠뜨렸다고 믿는다. 바로 그 원래적 범법 때문에 우리 모두는 거룩한 하나님 앞에서 불결한 동시에 죄책을 짊어진 존재인 것이다.

6. 또한 우리는, 부패한 피조물인 사람을 성령이 이끌어주는 경우를 제외하고는 하나님의 법을 완벽하게 준수하거나 자신들의 죄를 참되게 회개하거나 그리스도를 믿거나 하는 것은 사람의 능력을 벗어났다고 믿는다.

7. 우리는, 하나님이 정하신 때와 방법으로 (하나님이 정해놓으신 수단에 의해) 택자들은 부름을 받고 의롭다함을 받고 죄용서를 받고 거룩케 될 것이라고 믿으며, 택자들이 그 부르심을 전적으로 거절할 수 없다고 믿으며, 그들은 하나님의 은혜에 의하여 자비의 선물들을 받으려고 할 것이라고 믿는다.

8. 우리는, 하나님 앞에서의 의(義)는 오직 예수 그리스도의 전가된 의에 의하며 오직 믿음에 의해서만 받고 적용되는 것이라고 믿는다.

9. 마찬가지로 우리는, 하나님의 택자들은 부름을 받고 의롭게 될 뿐만 아니라, 하나님의 성령의 유효적 사역에 의해 돌이켜지고 거듭나며 변화될 것이라고 믿는다.

10. 우리는, 하나님의 은혜에 의해 돌이켜지고 의롭다함을 받는 그런

자들은 거룩의 상태로 보존될 것이며 결코 최종적으로 떨어져나 가지 않을 것이라고 믿는다.

11. 우리는, 생명을 추구하고 주의 은총을 추구하는 옛 언약방식이 아니라 종교적 선행을 행하는 것이 하나님의 모든 백성들에게 부과된 의무라고 믿는다.

12. 우리는 침례와 주의 만찬이 복음적 규례이며 돌이킴을 받은 자즉, 참 신자들에게 속한다고 믿으며, 물로 뿌림을 받는다든지 불신앙 중에 침수례를 받는 자들은 하나님의 말씀에 따라 제대로 침례 받은 것이 아니라고 믿으며, 구원에 이르는 회심을 하게 되어 그리스도를 믿게 된 후에 침례를 받아야 한다고 믿는다.

13. 우리는, 모든 교회가 치리문제에서는 독립되어 있다고 믿으며, 지방회와 공의회 그리고 몇몇 목사들이나 교회들의 협의회는 그 교회의 판단에 반하는 원칙 혹은 행습을 지키거나 중지시키거나 유지하도록 그 교회에게 부과해서는 안 된다고 믿는다.

14. 우리는 죽은 자들의 즉, 의인들과 악인들 모두의 부활과 보편적 심판을 믿는다.

15. 우리는, 악한 자들의 형벌은 영원하며 의인의 즐거움도 영원하다고 믿는다.

16. 우리는 장로회에 의해 규칙대로 소명을 받고 안수를 받은 자들 이외의 어떤 사역자에게도 성례전을 집례할 권리가 없다고 믿는다.

17. 마지막으로 우리는, 전술(前述)한 신앙과 질서를 가진 몇몇 교회

들의 상호 위로와 연합과 만족을 위하여 지방회로 만나야 한다고 믿는다. 지방회 모임에서 각 교회는 자신들의 대표자를 보내 자신들의 입장을 표명해야 하고, 몇몇 교회들과 협의하는 중에 필요할 때마다 조언해야 한다. 지방회에서의 의결은 각 교회의 동의 없이 교회에 부과되거나 어떤 식으로든 구속력을 가져서는 안 되며, 단지 조언을 주는 자문의 역할만을 한다고 믿는다.

읽기 쉽게 번역한

제 2 런던신앙고백서

(1689년)

1689년 침례교 신앙고백서 혹은 제 2 런던신앙고백서는 2006년 4월에 가나다 출판사에서 「침례교 신앙고백」이라는 이름으로 번역하여 출판하였습니다. 오래 전 원문에 충실하고자 한 탓에 오늘날 독자들이 읽기에는 딱딱한 것 같아 가나다 출판사의 양해를 얻어 읽기 쉽고 해하기 쉽게 번역하여 여기에 다시 게재합니다. 원문과는 차이가 있지만 내용에는 변함이 없도록 하였습니다.

제1장 성경(The Holy Scriptures)

1. 우리가 구원을 얻기 위해서는 하나님 자신과, 하나님의 뜻과 방식, 그리고 명령 등에 관련된 모든 것 즉, 하나님이 원하시는 대로 우리가 알고 믿고 순종해야 할 것을 바르게 정확하고 충분히 알고, 믿고, 순종해야 한다. 하나님이 이 모든 것을 충분하고 확실하고 무오하게 담아서 우리에게 주신 유일한 것이 우리의 성경이다. 하나님이 창조하신 우주만물과 섭리적 사건들 그리고 인간의 이성과 학문도 하나님에 관해 많은 것을 알려주지만 우리가 구원받기 위해 필요한 지식은 오직 성경에서만 얻을 수 있다. 말씀으로 세상을 창조하신 하나님은 즐거이, 여러 시대에, 여러 방법으로 자신을 계시하셨다. 이 계시된 말씀을 받고 그 말씀대로 하나님을 섬기는 자들은 무형교회에 속한 자들이며 여러 모양으로 지상에서 유형교회로 모이게 되었다. 그러므로 지상 교회는 말씀 위에서만 바르고 참될 수 있고 하나님을 널리 알릴 수 있고, 말씀 곧 진리를 통해서 교회와 하나님의 백성들은 자신을 굳게 지켜 악에 물들지 않을 수 있다. 그래서 하나님은 세상에 있는 자기의 백성들을 위하여, 특별한 사람들을 택하여 영감을 주어 하나님의 말씀, 하나님의 진리를 사람의 언어로 기록하도록 역사하셨다. 그러므로 성경은 다른 책들과는 달리 하나님이 사람을 사용하되 직접 주신 특별한, 오류가 없는 책이다. 하나님의 뜻대로, 하나님께 영광을 돌리는 성도의 삶은 이 "기록된 말씀" 즉, "성경"으로 충분하다.

하나님은 성경을 주시기 이전처럼 예언자들이나 꿈 혹은 다른 여러 가지 방법을 지금도 사용하실 수 있지만 이제 이것들은 정상적이고 일반적인 방법은 아니고 오히려 성경과 성경의 올바른 해석을 통해 검증되고 판단 받아야 한다. 그러므로 오늘날 성도들에게 성경은 가장 중요한, 가장 필수불가결한 것이며 성도와 교회에서 최고, 유일한 권위를 갖는다.

딤후 3:15-17; 사 8:20; 눅 16:29, 31; 엡 2:20; 롬 1:19-21; 롬 2:14-15; 시 19:1-3; 히 1:1; 잠 22:19-21; 롬 15:4; 벧후 1:19-20.

2. 하나님이 자신의 백성들을 자기에게로 이끌기 위하여 주신, "하나님의 기록된 말씀" 즉, 성경은 구약 39권과 신약 27권으로 되어 있으며 그 목록은 다음과 같다.

구약:

창세기, 출애굽기, 레위기, 민수기, 신명기, 여호수아, 사사기, 룻기, 사무엘상, 사무엘하, 열왕기상, 열왕기하, 역대상, 역대하, 에스라, 느헤미야, 에스더, 욥기, 시편, 잠언, 전도서, 아가, 이사야, 예레미야, 예레미야애가, 에스겔, 다니엘, 호세아, 요엘, 아모스, 오바댜, 요나, 미가, 나훔, 하박국, 스바냐, 학개, 스가랴, 말라기.

신약:

마태복음, 마가복음, 누가복음, 요한복음, 사도행전, 로마서, 고린도전서, 고린도후서, 갈라디아서, 에베소서, 빌립보서, 골로새서, 데살로니가전서, 데살로니가후서, 디모데전서, 디모데후서, 디도서, 빌레몬서, 히브리서, 야고보서, 요한 1서, 요한 2서, 요한 3서, 유다서, 요한계시록.

교회는 하나님의 인도하심으로, 이 책들만이 하나님이 영감에 의해

주신 특별한 책들이며 지상 성도의 신앙과 삶의 규칙으로 삼는 것이
하나님의 뜻임을 발견하였다. 그래서 이 책들을 가리켜 흔히 정경(正
經)이라고 부르기도 한다.

딤후 3:16

3. 정경(正經)의 목록에 속하지 않은 책들 가운데 유명하고 높은 권위
를 누리기도 하는 책들도 있다. 그러나 참된 교회와 성도들은 정경에
속하는 책들만이 교회에서 권위를 가져야한다는 사실을 발견하고 믿
었다. 정경에 속하지 않은 다른 책들 가운데 소위, 외경(外經)이라고
불리는 책들이 있다. 이 책들은 때때로 어떤 사람들에 의해 매우 높은
권위와 가치를 인정받기도 하지만 하나님의 교회에 대해서는 전혀
참된 권위가 없고 인간의 책에 불과하다. 따라서 외경은 성경에 포함
될 수 없으며 정경과 동등한 대우를 받을 수 없고 단지, 인간의 책 그
정도만의 가치와 유용성과 권위를 가진다. 우리가 대개 "성경"이라
고 할 때는 정경을 가리킨다.

눅 24:27, 44; 롬 3:2

4. 정경 즉, "기록된 하나님의 말씀"인 성경은, 권위 있는 어떤 사람이
나 단체 심지어 교회가 신성과 권위를 부여하였기 때문에 성경이 된
것이 아니다. 교회와 성도들이 그렇게 증언하였기 때문에 성경으로
인정받는 것도 아니다. 성경은 진리 그 자체이신 하나님이 그 저자
(著者)이시기 때문에, 성경은 하나님의 기록된 말씀이기 때문에, 그

자체로 권위를 갖는다. 성경은 하나님께서 교회에게 주신 것이기 때문에, 성경은 하나님의 말씀이기 때문에, 교회가 받아들이는 것이다.

벧후 1:19-21; 딤후 3:16; 살전 2:13; 요일5:9.

5. 교회의 역사적 경험을 통해서 그리고 성경의 문체와 내용과 진리에 의해서, 성경이 하나님의 말씀이라는 사실은 풍부하게 입증되었다. 이러한 외적 증거 이외에도 성령의 내적 사역에 의해서 성경이 무오한 진리이며 신성한 권위를 갖고 있다는 신념과 확신을 갖는다. 성령의 내적 사역은 성령이 우리 마음속에서, 말씀에 의해서 그리고 말씀과 더불어 증거하시는 사역이다.

요 16:13,14; 고전 2:10-12; 요일 2:20, 27.

6. 하나님은 자신의 지혜로, 자신의 영광 그리고 인간의 구원과 믿음과 삶에 필요한 모든 것에 관해 사람이 꼭 알아야 할 것을 성경에 담아 주셨다. 완결된 이 성경은 그 근본목적을 성취하는데 있어서 결코 부족한 것이 없다. 따라서 성령의 새로운 계시에 의해서든, 인간의 전통에 의해서든 이 성경에 더 이상 추가할 것이 없다.

성경에 담긴 계시와 진리를 참으로 깨닫고 구속에 이르기 위해서는 우리의 심령 안에서 역사하는 성령의 조명(照明)이 반드시 필요하다. 그리고 하나님께 드리는 예배와 교회의 일 중에는 인간의 일반적인 행위들과 마찬가지로 그리고 사회에서와 마찬가지로, 인간의 이성과 양식, 건전한 분별력이 필요한 부분들도 있다. 이런 일들을 할 때에는 먼저 하나님의 말씀이 보여주는 규칙과 규범들을 따라 그리고, 건전한 기독교인의 사려분별과 양식 및 자연법칙들에 따라 살펴서 순리(順理)에 맞게 행해야 한다.

딤후 3:15-17; 갈 1:8-9; 요 6:45; 고전 2:9-12; 고전 11:13-14, 14:26, 40.

7. 성경에 있는 모든 것들이 그 자체로 똑같이 명확한 것도, 모든 사람들에게 똑같이 분명하게 나타나지 않는다. 그러나 구원의 완성과 예배에 필요한 모든 것들은 성경에 아주 명확하게 계시되어 있다. 성경은 하나님의 백성들조차 접근할 수 없는 비밀(秘密)을 간직한 책이 아니다. 하나님의 백성이 성령의 인도하심에 의존하여, 일반적인 수단을 적절하게 사용하면 충분히 이해할 수 있을 것이다.

벧후 3:16; 시 19:7; 시 119:130.

8. 구약성경은 하나님의 옛 백성인 이스라엘 족속이 사용하던 히브리어로 기록되었고, 신약성경은 저술당시에 널리 사용되었던 그리스어로 기록되었다. 이 신·구약 성경은 하나님의 직접적인 영감과 특별한 섭리적 돌봄과 보호를 통하여 우리에게까지 순수하게 전달되었기 때문에 진정한 것이다. 그러므로 종교와 신앙에 관련한 모든 논의와 주장은 이 성경에서 그 근거를 찾고, 성경에 의해 판단 받아야 한다. 성경은 특수한 계급의 전유물이 아니다. 하나님의 백성 모두의 것이며 누구나 하나님을 경외하는 중에 읽고 살펴보아야 하는 것이다.

하지만 모든 사람이 성경의 원어(原語)들을 알지 못하기 때문에 성경이 도래한 지역 주민의 생활언어로 번역되어야 한다. 원어 성경과 일치하게 번역된 성경을 통해 하나님의 말씀은 그 주민들 사이에 풍성하게 거하게 된다. 그리하여 사람들은 하나님이 기뻐하시는 합당한 방법으로 하나님을 경배할 수 있게 되고, 성경이 제공하는 모든 혜택을 누릴 수 있게 된다.

롬 3:2; 사 8:20; 행 15:15; 요 5:39; 고전 14:6, 9, 11-12, 24, 28; 골 3:16.

9. 성경 그 자체가 성경해석의 무오한 근본규칙이다. 성경의 참되고 충분한, 역사-문법적인 의미에 관해 의문이 생기면, 성경의 보다 명백한 진술에 의지하여, 성경 전체에 일관되게 해석해야 한다. 그러므로 그 의미가 애매한 구절은 의미가 분명한 구절에 의해 풀어야 한다.

벧후 1:20, 21; 행 15:15-16.

10. 성경은 교회와 신행(信行)에 대해, 모든 권위체들과 종교회의의 결정사항 및 판단에 대해, 우리가 믿을 수 있는 최종적 판결을 내려주는 유일한 최고재판관이다. 성령 하나님이 우리에게 성경을 이렇게 사용하도록 주셨고 따라서 우리의 신앙은 최종적으로 성경을 표준으로 삼으며 성경으로 돌아간다.

마 22:29, 31-32; 엡 2:20; 행 28:23.

2장 하나님과 삼위일체(God and the Holy Trinity)

1. 주 우리 하나님은 살아 계시며 유일하고 참된 하나님이시다. 하나

이신 하나님은 그 존재와 완전하심이 무한하다. 무한한 하나님의 실체는 오직 하나님만이 알 수 있다. 지극히 순수한 영이시기 때문에 눈에 보이지 않고 육신(肉身)도 육정(肉情)도 없고 부분(部分)도 없다. 영원불멸하신 분이며 감히 어떤 인간도 접근할 수 없는 빛 가운데 거하신다. 그는 불변(不變), 광대(廣大), 영원(永遠), 불가해(不可解), 전능(全能)하고 모든 면에서 무한(無限)하고 지극히 거룩하고 지극히 지혜로우며 지극히 자유하고 지극히 절대적이시다.

하나님은 자신의 영원불변하며 지극히 의로운 뜻에 따라, 자신의 영광을 위하여 만물을 움직이신다. 하나님은 지극히 사랑이 넘치고 은혜로우며 자비롭고 오래 참으며, 선하심과 진리가 풍성하시다. 하나님은 부정과 불법과 죄를 용서하신다. 성실히 하나님을 구하는 자들에게 상주시며, 정의롭고 무서운 심판을 내리신다. 하나님을 미워하고, 하나님께 반하여 죄지은 자들을 결코 죄 없다고 하지 않으실 것이다.

고전 8:4-6; 신 6:4; 렘 10:10; 사 48:12; 출 3:14; 요 4:24; 딤전 1:17; 신 4:15-16; 말 3:6; 왕상 8:27; 렘 23:23; 시 90:2; 창 17:1; 사 6:3; 시 115:3; 사 46:10; 잠 16:4; 롬 11:36; 출 34:6-7; 히 11:6; 느 9:32-33; 시 5:5-6; 출 34:7; 나 1:2-3.

2. 하나님은 자기 안에 스스로, 생명과 영광과 선(善)을 소유하신다. 그 때문에 하나님은 오직 그 자신만으로도 전적으로 충분하시다. 하나님은 일체의 피조물을 필요로 하지 않는다. 피조물로부터 영광을 끌어낼 필요가 전혀 없다. 오히려 하나님은 자신의 영광을 피조물 안

에, 피조물에게, 피조물 위에 드러내실 뿐이다.

하나님은 모든 존재의 유일한 근원이다. 만물의 존재와 움직임은 하나님으로부터 시작되고 하나님을 통하며 하나님에게로 돌아간다. 하나님은 지극히 절대적인 주권을 갖고 원하는 모든 것을 만물에 의해, 만물을 위해, 만물 위에서 행하신다. 만물은 하나님 앞에서 아무것도 숨기지 못하고 명명백백하게 드러난다. 하나님의 지식은 무한하고 무오하며, 피조물에 의존하지 않는다.

하나님께는 우연하거나 불확실한 것이 전혀 없다. 하나님의 모든 생각, 하나님의 모든 행함, 하나님의 모든 명령은 지극히 거룩하다. 피조물은 창조주 하나님으로부터 시작되었다. 그 때문에 천사와 사람은 예배, 섬김, 순종, 그리고 하나님이 피조물들에게 요구하기를 즐거워하시는 어떤 것이든지 하나님께 드려야 마땅하다.

요 5:26; 시 148:13; 시 119:68; 욥 22:2-3; 롬 11:34-36; 단 4:25, 34-35; 히 4:13; 겔 11:5; 행 15:18; 겔 11:5; 행 15:18; 시 145:17; 계 5:12-14.

3. 신성하고 무한하며 단일한 존재인 이 하나님 안에는, 단일한 실체와 능력과 영원성을 가진 세 위격(位格) 즉, 성부와 성자 혹은 말씀 그리고 성령이 있다. 그 각각의 위격은 인격(人格)이라고도 불리며, 하나님의 본질 전체를 소유하고 있다. 그 본질이 나뉘어 진 것도 나뉘어질 수도 없다. 그러므로 "하나 안에 셋" 혹은 "셋 안에 하나"라는 말로 가리키기도 한다.

성부는 어디로부터 유래하지도 태어나지도 나오지도 않았다. 성자는 성부로부터 영원히 나셨다. 성령은 성부와 성자로부터 나왔다. 이 세 위격 각각은 하나님이시기에 무한하고 시작이 없다. 그러므로 그 본질과 존재는 나뉠 수 없는 한 분 하나님이지만 몇몇 특정한 위격 관계에서는 구별된다. 이 삼위일체 교리는, 하나님과 우리가 나누는 모든 교제의 토대이며 하나님을 평안히 의존하는 토대이다. 또한 모든 참된 신자와 교회의 근본토대이다.

요일 5:7; 마 28:19; 고후 13:14; 출 3:14; 요 14:11; 고전 8:6; 요 1:14-18; 요 15:26; 갈 4:6.

제3장 하나님의 작정(God's Decree)

1. 세상에서 일어나는 모든 일들은 하나님이 자기 안에서, 영원 전부터, 자기 뜻의 가장 지혜롭고 거룩한 협의에 의해, 자유롭고 불변적으로 작정하신 것이다. 그렇다고 해서 하나님이 죄를 만들어 내거나 죄 가운데 있는 어떤 것과 교류하시는 것은 아니다. 또한 피조물의 의지와 자유를 범하지도 않고, 이차적 원인의 자유 즉, 우연성을 제거하지도 않는다. 오히려 확립해 준다. 만사의 처결에서 하나님의 지혜가 나타나고, 신적 작정의 성취에서 능력과 신실하심이 나타난다.

사 46:10; 엡 1:11; 히 6:17; 롬 9:15, 18; 약 1:13; 요일 1:5; 행 4:27, 28; 요 19:11; 민 23:19; 엡 1:3-5.

2. 하나님은 일어날지도 모르는 혹은, 가정된 모든 상황에서 발생할

수도 있는 것은 무엇이든 다 아시지만, 어떤 것을 미리 아신(豫知) 그
것 때문에 즉, 그런 조건에서 그런 일이 일어날 것을 예견(豫見)하셨
기 때문에 작정(作定)하신 것은 아니다.

행 15:18; 롬 9:11, 13-16, 18.

3. 하나님은 자신의 작정에 의하여, 자신의 영광을 드러내기 위하여,
어떤 사람들과 천사들을 영생(永生)에 이르도록 정하셨다. 이 예정
작정은, 예수 그리스도를 통하여, 하나님의 영광스러운 은혜를 찬양
토록 하기 위한 것이다. 그리고 그 나머지는 자신들에게 합당한 저주
를 받고, 하나님의 영광스러운 정의를 찬양토록 하기 위하여, 자신들
의 죄 속에서 행하도록 내버려두셨다.

엡 1:5-6; 딤전 5:21; 마 25:34; 딤전 5:21; 마 25:34.

4. 이렇게 예정된 즉, 미리 정해진 이 천사들과 사람들은 개별적이고
불변적으로 계획된 것이며, 그 숫자는 확정되어 있다. 늘거나 줄거나
할 수 없다.

딤후 2:19; 요 13:18

5. 인류 가운데서 생명으로 예정된 사람들은, 하나님이 세상의 기초
를 놓기 전에, 하나님의 영원불변한 목적에 따라, 신적 의지의 비밀스
러운 생각과 선하신 즐거움에 따라, 그리스도 안에서 영원한 영광에
이르도록, 오직 자신의 값없는 은혜와 사랑으로부터 선택하신 것이
다. 하나님을 그렇게 움직이도록 만든 그 어떤 조건이나 원인은 피조

물 속에는 없다.

엡 1:4,9,11; 롬 8:30; 딤후 1:9; 살전 5:9; 롬 9:13, 16; 엡 2:5, 12.

6. 하나님은 택자들을 영광에 이르도록 정해놓으신 것처럼 그곳에 이르게 하는 모든 수단 역시, 하나님이 자기 의지의 영원하고 가장 자유로운 목적에 의해, 미리 정하셨다. 그러므로 선택받았으나 아담 안에서 타락하는 자들을 그리스도가 구속하고, 적당한 때에 역사하는 성령이 그들에게 유효적 소명을 주어 그리스도를 믿게 하신다. 그렇게 해서 그들은 의롭다함을 받고 자녀로 입양되고 성화하게 된다. 그리고 그리스도의 능력에 의해, 믿음을 통해 구원에 이르기까지 보존된다. 오직 택자들 이외의 다른 자들은 결코 그리스도에 의한 구속 즉, 유효적 소명, 칭의, 수양, 성화에 이르지 못한다. 즉, 구원에 이르지 못한다.

벧전 1:2; 살후 2:13; 살전 5:9-10; 롬 8:30; 살후 2:13; 벧전 1:5; 요 10:26; 요 17:9; 요 6:64.

7. 하나님의 말씀에 계시된 하나님의 뜻에 주목하고 순종하는 자들은 지극히 신비로운 이 예정교리를 특히 사려 깊고 신중하게 다뤄야 한다. 그것은, 자신들의 유효적 소명의 확실성으로부터 영원히 선택받았음을 확신토록 하기 위한 것이다. 그럴 때 이 교리는 하나님에 대한 찬양과 경외와 숭앙의 근거를 그리고, 복음을 신실하게 순종하는 모든 사람들에게 겸손과 근면과 풍성한 위로의 근거를 제공한다.

살전 1:4, 5; 벧후 1:10; 엡 1:6; 롬 11:33; 롬 11:5-6, 20; 눅 10:20.

제4장 창조(Creation)

1. 태초에 성부 · 성자 · 성령 하나님은 자신의 영원한 능력과 지혜와 선하심을 드러내기 위하여, 보이는 것이든 보이지 않는 것이든 세상과 그 안에 있는 모든 것을 창조하기를 즐거워하셨다. 어떤 필요성 때문에 창조하기로 하신 것이 아니기 때문에 즐거워하셨다고 말하는 것이며 그렇기 때문에 이 창조 또한 은혜이다. 창조는 엿새가 걸렸고 모든 것이, 하나님의 뜻 그대로 되었기에 매우 선하였다.

　　롬 1:20; 요 1:2-3; 히 1:2; 욥 26:13; 골 1:16; 창 1:31.

2. 하나님은 다른 모든 피조물을 만든 뒤에 이성적이고 불멸의 영혼을 가진 사람 즉, 남자와 여자를 만들고, 그들을 하나님께 이르는 삶에 적합하게 해 주셨다. 그것이 그들을 창조하신 목적이었다. 그 결과 그들은 참된 지식과 의로움과 거룩에 있어서, 하나님의 형상을 따라 지음 받았고 그들의 심령에는 하나님의 법이 새겨졌다. 거룩하게 창조되었기에 그들에게는 그 법을 이행할 능력도 있었지만, 그 피조성 때문에 죄를 향할 가능성도 있었다. 그것은 변화의 가능성이 있는, 그들 자신의 의지의 자유로운 선택에 달려 있었다.

　　창 2:7; 창 1:27; 전 7:29; 창 1:26; 롬 2:14-15;롬 2:14-15.

3. 그들은 마음에 새겨진 하나님의 법 이외에도, 선악을 알게 하는 나무의 열매를 먹지 말라는 명령도 받았다. 그들이 이 명령을 지키는 동안에는 하나님과 교제하면서 행복을 누렸고 다른 피조물들을 다

스렸다.

창 2:17; 창 1:26-28.

제5장 하나님의 섭리(Divine Providence)

1. 자신의 무한한 능력과 지혜로 만물을 선하게 창조하신 하나님은 자신이 창조한 세계로부터 물러나지 않으셨다. 가장 큰 것에서 가장 작은 것까지 모든 피조물을, 하나님 자신의 가장 지혜롭고 거룩한 섭리에 의하여, 하나님 자신의 무오한 예지와 자기 자신의 의지의 자유롭고 불변적인 생각에 따라, 그 피조물이 목적을 성취하도록, 그리고 하나님의 지혜와 능력과 정의와 무한한 선하심과 자비하심의 영광을 찬양하도록, 붙들고 이끌고 처리하고 다스리신다.

마 10:29-31; 히 1:3; 욥 38:11; 사 46:10-11; 시 135:6; 엡 1:11.

2. 만물은 비록 제 일 원인 즉, 하나님의 예지와 작정에 관련되어 있어 불변적이고 무오하게 발생하고 따라서 우연에 의하여 즉, 하나님의 섭리 없이는 아무 일도 일어나지 않는다. 하지만 하나님의 바로 그 섭리에 의하여 하나님은 필연적으로, 자유롭게, 혹은 우연적이든 이차적인 원인들의 성격에 따라 그런 일들이 발생하도록 정하신다.

행 2:23; 잠 16:33; 창 8:22.

3. 하나님은 일반섭리에서는 수단을 사용하신다. 그러나 하나님 자신이 원하시는 대로 수단 없이, 수단 위에, 수단에 반(反)하여, 자유롭게

역사하신다.

행 27:31, 44; 사 55:10-11; 호 1:7; 롬 4:19-21; 단 3:27.

4. 하나님의 전능한 능력, 헤아리지 못할 지혜, 무한한 선하심은 매우 명확하게 드러난다. 하나님의 명확한 생각은, 천사와 인류의 최초의 타락 그리고 다른 모든 죄악 된 행위들에까지 미칠 정도이다. 단순한 허용이 아니라 가장 지혜롭고 강력한 한계를 포함하는, 죄를 억제하고 통제하는 다른 수단을 포함하는 어떤 형태의 허용에 의한 것이다. 이런 다양한 한계를 설계하신 것은 하나님 자신의 지극히 거룩한 목적들을 드러내기 위한 것이었다. 이 모든 것에서 피조물 즉, 천사와 사람의 죄악은 하나님이 아니라 오직 그들 자신들로부터만 나온다. 하나님은 지극히 거룩하고 의롭기 때문에, 죄를 만드는 분도 승인하는 분도, 또 그렇게 될 수도 없는 분이다.

롬 11:32-34; 삼하 24:1; 대상 21:1; 왕하 19:28; 시 76:10; 창 1:20; 사 10:6-7, 12; 시 1:21; 요일 2:16 롬 11:32-34.

5. 지극히 지혜롭고 의롭고 은혜로운 하나님은 자기 자녀들을 그들 마음속에 있는 여러 유혹과 부패에 남겨두실 때가 종종 있다. 이것은 하나님의 자녀들로 하여금 이전의 죄악들을 징치하거나 그들의 부패하고 기만으로 가득 찬 마음의 숨겨진 힘을 발견하도록 해서 그들을 겸비케 하기 위한 것이다. 게다가 그들을 일으켜 세워, 보다 철저하고 지속적으로 하나님을 의존하여 지원 받게 하신다. 그리고 그들 장래의 모든 죄악에 대해 더욱 경계하도록 하고, 다른 의롭고 거룩한 목표

들을 추구하는 일에 주의를 기울이게 만드신다. 이렇게 해서, 하나님은 어떤 택자에게, 무슨 일이 일어나도 그 모든 일이 하나님의 영광과 그들의 유익을 위한 일이 되도록 정하신다.

대하 32:25-26, 31; 고후 12:7-9; 롬 8:28.

6. 사악하고 불경한 자들에 대해서, 의로운 심판자이신 하나님은 그들을 그 이전의 죄 때문에 눈멀게 하고 강퍅하게 하시며, 은혜를 즉, 그들의 이해력에 빛을 비춰주고 그들 마음에서 역사를 이뤘을 은혜를 그들에게는 주지 않으신다. 오히려 그들에게 주셨던 은사들을 거둬 가고, 그들의 부패가 죄지을 기회를 잡을 그런 것들에게 노출되게 하실 때가 있다. 게다가 그들을 자신들의 탐욕과 세상의 유혹과 사탄의 권세에 넘겨주신다. 그럼으로써 그들은 하나님이 다른 사람들의 심령을 부드럽게 만들기 위하여 사용하시는 그런 수단들 아래에서조차 강퍅하게 된다.

롬 1:24-26, 28; 롬 11:7-8; 신 29:4; 마 13:12; 신 2:30; 왕하 8:12-13; 시 81:11-12; 살후 2:10-12; 출 8:15, 32; 사 6:9-10; 벧전 2:7-8.

7. 하나님의 섭리가 일반적으로 모든 피조물들에게 미치는 것처럼, 보다 특별한 방법으로 하나님의 교회를 돌보고, 하나님의 교회가 유익을 얻도록 모든 것들을 처리하신다.

딤전 4:10; 암 9:8-9; 사 43:3-5.

제6장 인간의 타락, 죄, 그리고 그 죄의 처벌
(The Fall of Man, Sin and Its Punishment)

1. 하나님은 사람을 올바르고 완벽한 존재로 창조하시고 의로운 법을 주셨다. 그리고 만일 이 법을 준수하면 생명에 이르겠고 어기면 죽을 것이라는 말씀도 주셨다. 그러나 사람은 이 존귀한 상태에 오래 머물지 못하였다. 사탄은 뱀의 교활함을 이용하여 먼저 하와를 굴복시키고, 그녀로 하여금 아담을 부추기도록 만들었다. 그들이 그 금지된 열매를 먹을 때, 어떤 강제에 의해서가 아니라 자발적으로 창조의 법과, 자신들에게 주어진 명령을 어긴 것이다. 본래 이 행위를 허용하신 것은 하나님의 영광을 위하여, 하나님의 지혜롭고 거룩한 의논에 따라 허용하기를 즐거워하신 것이다.

창 2:16-17; 창 3:12-13; 고후 11:3.

2. 인류의 첫 조상들은 이 죄를 지음으로써, 원의(原義)와 하나님과의 교제를 상실하였다. 죽음이 모든 사람에게 닥쳐오도록 만든 그 첫 조상 안에서 우리 모든 사람이 죄 가운데 죽게 되었고 우리의 영과 육을 구성하는 모든 부분이 전체적으로 불결해졌다.

롬 3:23; 롬 5:12; 딛 1:15; 창 6:5; 렘 17:9; 롬 3:10-19.

3. 아담과 하와는 모든 인류의 뿌리이고, 하나님의 정하심에 의해 모든 인류를 대표하는 자들이었다. 그 때문에 그들로부터 일반적인 방법으로 태어나는 모든 후손들에게 그 죄책이 전가되었고, 부패된 본

성이 전달되었다. 그러므로 이제 주 예수께서 해방시켜 주지 않는다면, 사람은 죄 가운데 잉태되고 본성적으로 진노의 자녀, 죄의 종, 죽음의 지배를 받는 자가 된다. 그리고 영적이며 세속적이며 영원한 다른 모든 비참함을 겪는다.

롬 5:12-19; 고전 15:21-22, 45, 49; 시 51:5; 욥 14:4; 엡 2:3; 롬 6:20 롬 5:12; 히 2:14-15; 살전 1:10.

4. 모든 선을 전적으로 싫어하고, 그것에 대해 무능하고, 그것에 반대하게 만들고, 모든 악을 향하여 전적으로 기울어지도록 만든 이 원(原) 부패에 의해, 우리는 모든 실제적 범법을 저지르게 된다.

약 1:14-15; 마 15:19; 롬 8:7; 골 1:21.

5. 이 본성의 부패는 이 생명을 사는 동안에는 거듭난 사람들 속에서도 완전히 없어지지 않고 남아있다. 그리스도를 통해 죄용서를 받고, 죄에 대해 죽은 자가 되었어도 인간의 부패된 본성과 그 본성의 동기와 충동과 유혹들은 참으로 그리고 적절하게 죄이다.

롬 7:18, 23; 전 7:18, 23; 요일 1:8; 롬 7:23-25; 갈 5:17.

제7장 하나님의 언약(God's Covenant)

1. 무한하고 거룩한 하나님과, 유한하고 부패한 피조물 사이의 간격은 이처럼 엄청나다. 그래서 비록 이성 능력이 있는 피조물들이 그 창조주 하나님께 순종의 의무를 지고 있지만 그 의무를 채울 수 없다.

그래서 하나님이 언약이라는 방법으로 즐거이 표현하신, 하나님 편에서 자발적으로 낮아지시는 방법이 아니었더라면 결코 생명의 상급을 획득하지 못하였을 것이다.

눅 17:10; 욥 35:7-8.

2. 게다가 인간은 스스로 타락하여 율법의 진노를 자초하였다. 그 때문에 주 하나님은 즐거이, 예수 그리스도가 획득한 생명과 구원을 이 은혜언약 안에서 죄인들에게 값없이 주시기로 하였다. 이 은혜언약은, 구원받을 수 있도록 예수 그리스도를 믿으라고 요구하는 것이며, 영생에 이르도록 택정된 모든 자에게 성령을 주어 그들이 믿고자 하는 마음을 품도록 그리고 믿을 능력을 갖도록 만들어주는 것이다.

창2:17; 갈3:10; 롬3:20, 21; 롬8:3; 막16:15-16; 요3:16; 롬8:3; 막16:15-16; 요 3:16

3. 이 은혜언약은 복음에 계시되어 있다. 먼저, 여인의 씨에 의한 구원을 약속하시면서 아담에게 계시하신 것이며, 신약성경에서 충분히 완성되고 충분히 드러날 때까지 점진적으로 계시하셨다. 이 언약은, 성부 하나님과 성자 하나님이 택자들의 구원에 관해 맺은 영원한 언약적 합의에 기초한 것이다. 타락한 아담의 모든 구원받은 후손들이 생명과 불멸의 축복을 받게 된 것은 오직 이 언약적 은혜에 의한 것이다. 인간은 아담이 원죄를 짓기 이전에 맺은 그런 조건 즉, 행위언약에 의해서는 하나님께 받아들여질 여지가 전혀 없기 때문이다.

창 3:15; 히 1:1; 딤후 1:9; 딛1:2; 히 11:6, 13; 롬 4:1-2; 행 4:12; 요 8:56;

제8장 중보자 그리스도(Christ the Mediator)

1. 하나님은 자신의 영원한 뜻 가운데에서, 자신의 독생자 주 예수 그리스도를, 두 분 사이에 맺은 언약에 따라, 하나님과 사람 사이의 중보자 즉, 선지자 · 제사장 · 왕이라는 삼중직분을 가진 자로 삼기로 즉, 교회의 머리 · 구세주 · 만물의 상속자 · 세상의 심판자로 삼기로 선택하고 정하시기를 즐거워 하셨다. 그리하여 하나님은 그 중보자에게, 영원 전부터 어떤 백성을 주어 그의 씨로 삼게 하셨고 또한, 때가 이르면 그들을 중보자에 의해 구속과 소명과 칭의와 성화와 영화를 받게 하셨다.

사 42:1; 벧전 1:19-20; 행 3:22; 히 5:5-6; 시 2:6; 눅 1:33;엡 1:22-23; 히 1:2; 행 17:31; 사 53:10; 요 17:6; 롬 8:30.

2. 하나님의 아들 즉, 거룩한 삼위일체의 제 2 위격은 참되고 영원한 하나님이시다. 그는 성부의 영광의 광채이며 성부와 동등하며 한 본질이시다. 그는 세상을 만드셨고, 자신이 만든 모든 것을 붙들고 계시며 통치하신다. 때가 이르렀을 때 사람의 본성을, 그 모든 본질적 속성들과 공통된 연약함들과 더불어 입으셨지만 죄는 없으셨다. 그는 성령에 의하여 즉, 성령 하나님이 동정녀 마리아에 임함으로써 그녀의 태속에 잉태되었고, 지극히 높으신 하나님의 능력이 그녀를 둘러싸 압도하였다. 그는 그렇게 유다 지파의 한 여인에게서 나셨다. 성경과 일치하게, 아브라함과 다윗의 자손이 되신 것이다. 전체적이고 완

벽하며 판명한 두 본성 즉, 신성과 인성은 한 인격으로 불가분리적으로 결합하였지만 신성과 인성 사이에는 상호 전환도 혼합도 혼동도 없었다. 그러므로 우리 주님의 인격은 참 하나님이신 동시에 참 인간이셨다. 그러나 한 분 그리스도로서 하나님과 사람 사이의 유일한 중보자가 되셨다.

요 1:14; 갈 4:4; 롬 8:3; 히 2:14, 16-17; 히 4:15; 마 1:22-23; 눅 1:27, 31, 35; 롬 9:5; 딤전 2:5.

3. 이처럼 주 예수는 신성과 연합한 인성 속에서 즉, 성자의 인격 안에서, 측량할 수 없을 만큼 성령으로 기름부음 받아 거룩케 되셨고, 지혜와 지식의 모든 보고를 간직하셨다. 그는 거룩하고 해가 없으며, 더럽지 않고 은혜와 진리가 충만하여, 중보자요 보증자의 직무를 수행할 준비를 철저히 갖추도록, 그의 안에 모든 충만함이 있는 것을 성부께서 즐거워하셨다. 중보자의 이 직무는 그가 스스로 취한 것이 아니고 성부가 수행해달라고 그에게 요청하신 것이다. 그리고 성부는 모든 권세와 심판권을 그의 손에 맡겼고, 그 일을 수행하라는 계명을 그에게 주셨다.

시 45:7; 행 10:38; 요 3:34; 골 2:3; 골 1:19; 히 7:26; 요 1:14; 히 7:22; 히 5:5; 요 5:22, 27; 마 28:18; 행 2:36.

4. 주 예수께서는 중보자요 보증자로서의 이 직분을 지극히 자발적으로 받아들이셨다. 그리고 이 직분을 수행하기 위해 율법을 받아들여 완벽하게 성취하셨다. 우리 때문에 생겨난 따라서 당연히 우리가 감

당하고 고통을 겪었어야 하는 형벌을 대신 담당하여 죄가 되셨고, 우리를 위하여 저줏거리가 되셨다. 자신의 영혼으로는 가장 슬픈 슬픔을, 자신의 육신으로는 가장 고통스러운 고통을 담당해 주셨다. 십자가에 못 박혀 죽으셨고, 죽은 자의 상태에 머물러 있었으나 부패를 겪지 않으셨다. 그리고 삼일 째 되는 날에 고난을 받으신 바로 그 육신으로, 죽은 자들 가운데서 일어나셨고 하늘로 올라가셨다. 지금은 성부의 오른편에 앉아서 중재하신다. 장차, 세상의 종말 때에 돌아오셔서 사람들과 천사들을 심판하실 것이다.

> 시 40:7-8; 히 10:5-10; 요 10:18; 갈 4:4; 마 3:15; 갈 3:13; 사 53:6; 벧전 3:18; 고후 5:21; 마 26:37-38; 눅 22:44; 마 27:46; 행 13:37; 요 20:25-27; 고전 15:3-4; 막 16:19; 행 1:9-11; 롬 8:34; 히 9:24; 행 10:42; 롬 14:9-10; 행 1:11; 벧후 2:4.

5. 주 예수께서는 성부께서 자기에게 주신 모든 자들을 위해, 영원한 성령을 통해, 단번에, 하나님께 완벽한 순종과 자기희생을 드리셨다. 주 예수 그리스도의 이 순종과 희생은 하나님의 정의를 충분히 만족시켰고 화목을 성취하셨고 천국에 영원한 유업을 획득하셨다.

> 히 9:14, 10:14; 롬 3:25-26; 요 17:2; 히 9:15.

6. 그리스도께서 구속의 대가를 지불한 것은 성육신하신 이후였다. 하지만 그 대가 지불로부터 발생하는 덕(德), 유효성(有效性), 혜택(惠澤)은 창세 이후의 모든 세대 속에 있는 모든 택자들에게 전달되었다. 그것들은, 그리스도가 그 뱀의 머리를 상하게 할 바로 그 자손

이라고 계시하고 나타낸 약속들과 모형들과 희생들에 의해 그리고 그것들 안에서 전달되었다. 이 유월절 어린양은 세상의 처음부터 죽임을 당한 그 양이다. 그는 어제, 오늘 그리고 영원히 동일하다.

고전 4:10; 히 4:2; 벧전 1:10-11; 계 13:8; 히 13:8.

7. 그리스도께서는 중보 사역을 수행할 때 자신의 두 본성이 연합하여 이룬 한 인격에 의해 수행하셨다. 그러면서도 한 인격을 이룬 각각의 본성 즉, 신성과 인성은 그 나름대로의 고유한 특성에 따라 그 사역을 수행하셨다. 하지만 성경에서는 한 본성에 속한 것을, 다른 본성이 가리키는 인격에 돌리는 식으로 표현할 때도 있다.

요 3:13; 행 20:28.

8. 그리스도는, 영원한 구속을 획득하실 때, 그 구속을 주겠다고 마음에 두신 모든 자들에게, 바로 그 구속을 분명하고 유효하게 적용하고 전달해 주신다. 그리고 그들을 위해 중재하고, 그들을 성령에 의해 자기에게로 이끌어 연합시킨다. 말씀 안에서, 말씀에 의해 그들에게 구원의 신비를 계시해주신다. 그들에게 믿음을 갖고 순종하겠다는 마음을 주고, 그들의 마음을 자신의 말씀과 성령에 의해 다스리고, 그들의 모든 원수를 자신의 전능한 능력과 지혜에 의해 이기신다. 그리스도께서는 이 구속을, 자신의 경이롭고 헤아릴 수 없는 경륜에 지극히 일치하는 방식으로 성취한 것이다. 또한 그 구속을 얻을 만한 어떤 조건이 그들 안에 있다고 예견되었기 때문이 아니다. 값없고 절대적인

은혜에 의해 성취하신 것이다.

요 6:37, 10:15-16, 17:9; 롬 5:10; 요 17:6; 엡 1:9; 요일 5:20; 롬 8:9-14; 시 110:1; 고전 15:25-26; 요 3:8; 엡 1:8.

9. 하나님과 사람 사이를 중보하는 이 일은 정당하게 삼중직분을 가진 그리스도만이 적절하게 수행할 수 있다. 이 직분은 전체적으로든 부분적으로든 그리스도 이외의 다른 누군가에게 넘겨줄 수 없다.

딤전 2:5

10. 그리스도의 이 삼중직분의 수와 질서는 반드시 필요한 것이다.[1] 그리스도의 선지자 직분은 우리의 무지 때문에 필요하다. 그의 제사장 직분은, 우리가 하나님으로부터 떨어져 있고 우리가 최선을 다해 드리는 섬김이 불완전하기 때문에 필요하다. 이 직분은 우리를 하나님께 중재해주고 우리를 하나님께서 받아 주실 만하게 드리도록 만들어준다. 그리스도의 왕직은, 우리가 하나님을 혐오하기 때문에 그리고 우리에게 하나님께로 돌아갈 능력이 전혀 없기 때문에, 그리고 영적인 원수들로부터 구원받고 그 원수들로부터 벗어나 있기 위하여 필요하다. 우리가 그의 천국에 도달할 때까지 우리에게 확신과 절제를 주고 이끌고 붙잡아 주고 구원하고 보존해 주는 이 직분을 우리는 필요로 한다.

요 1:18; 골 1:21; 갈 5:17; 요 16:8; 시 110:3; 눅 1:74-75.

---

1) 1689년 당시의 판본에서는 "필수적인"(necessary)이라는 단어를 사용하였지만 후기 교정판 가운데는 "본질적인"(essential)이라는 단어를 사용하기도 하였다. 가나다 출판사 한글번역판(2006년)에서는 후기판을, 여기에서는 초판을 따랐다.

제9장 자유의지(Free Will)

1. 하나님은 인간에게 의지를 부여하셨다.[2] 인간에게 본성적 자유와, 선택에 입각하여 행동할 능력이 있다. 인간이 어떤 것을 하기로 마음먹을 때 그것은 그 자신만이 내리는 결정이다. 선 혹은 악을 행하도록 강제 받거나 자연적 필연성에 의해 결정되지 않는다.

   마 17:12; 약 1:14; 신 30:19.

2. 인간은 타락 이전의 상태에서는, 하나님 앞에서 선하고 하나님을 즐겁게 하는 것을 의지하고 행할 자유와 능력이 있었다. 하지만 피조물인 인간에게 있어서 그 상태는 불안하고 변화될 가능성이 있었다.

   전 7:29; 창3:6.

3. 인간은 타락하여 죄의 상태로 전락하였다. 그리하여 구원에 이르게 하는 영적 선을 행할 의지능력도 완벽하게 상실하였다. 그 결과, 자연인 상태에서의 인간은 영적 선을 전적으로 싫어하고 죄 가운데 죽어있고, 자신의 힘으로는 회심하거나 회심할 준비를 갖추지 못한다.

   롬 5:6, 8:7; 엡 2:1-5; 딛 3:3-5; 요 6:44.

4. 하나님이 어떤 죄인을 돌이키게 하여 그를 은혜상태로 바꿔주신다. 그때, 그 죄인은 죄에 대한 본성적 속박으로부터 해방된다. 그리고 그는 오직 은혜에 의하여, 기꺼이, 영적 선을 의지하고 행할 수 있

---

2) 의지란 인간 내면의 정신활동을 가리킨다고 볼 수 있다. 마음이라고도 부를 수 있으며, 지성적 활동과 성향을 포함한다.

게 된다. 그러나 인간에게는 아직 부패가 남아있기 때문에 선한 것을
(혹은 완벽하게) 의지할 뿐만 아니라 악한 것을 의지하기도 한다.

골 1:13; 요 8:36; 빌 2:13; 롬 7:15-23.

5. 인간은 영광의 상태에 들어가서야 오직 선만 의지할 완벽하고 불
변적인 자유를 갖게 될 것이다.

엡 4:13.

제10장 유효적 소명(Effectual Calling)

1. 하나님은, 생명으로 예정하신 자들을 구원으로 불러내신다. 이 부
르심은 하나님 자신이 정하신 때에, 하나님의 말씀과 성령에 의한 것
이며 하나님의 즐거워하심이 그 원인이다. 이 부르심은 하나님의 주
권적 행위이기 때문에 반드시 목적한 결과를 낳는다. 그래서 유효적
소명이라고 부르기도 하고, 성령이 사람의 심령에서 직접 활동하는
것이기 때문에 내적 소명이라고도 한다. 하나님의 이 유효적 소명은
그들을, 그들이 본성적으로 처해 있는 죄와 사망의 상태로부터 예수
그리스도에 의한 은혜와 구원으로 부르는 것이다. 하나님이 그들의
마음에 영적 및 구원의 빛을 비추어 하나님께 속한 것들을 이해하도
록 하고, 하나님이 그들의 돌 같은 마음을 치워버리고 살아 있는 마음
을 주시는 것이다. 그들의 의지를 새롭게 하고 하나님의 전능한 능력
에 의해, 그들을 선한 것을 갈망하고 추구하도록 만드신다. 하나님이

그들을 예수께로 유효적으로 이끄시고, 그들은 하나님의 은혜에 의해 절대적으로 자유롭게, 의지를 품게 된다.

롬 8:30, 9:7; 엡 1:10-11; 살후 2:13-14; 엡 2:1-6; 행 26:18; 엡 1:17-18; 겔 36:26; 신 30:6; 겔 36:27; 엡 1:19; 시 110:3; 아 1:4.

2. 이 유효적 소명은 오직 하나님의 값없고 특별한 은혜에만 속한다. 유효적 소명은 인간 안에 있을 것이라고 예견된 어떤 것 혹은, 그 피조물 인간 안에 있는 어떤 능력이나 기능에 근거하지 않는다. 그 점에 있어서, 인간은 성령에 의해 살아나고 새롭게 될 때까지는 전적으로 수동적이다. 성령에 의해, 인간은 이 유효적 소명에 응답할 수 있게 되고 거기에서 제공되고 전달되는 은혜를 받아들일 수 있게 변화된다. 이 내적 변화는 그리스도를 죽은 자들로부터 일으킨 것에 못지않은 능력에 의한 것이다.

딤후 1:9, 엡 2:8; 고전 2:14; 엡 2:5; 요 5:25; 엡 1:19-20.

3. 유아 때에 죽은 아이들은 그리스도에 의하여, 그리스도가 원하는 때에, 원하는 곳에서, 원하는 방법으로 역사하는 성령을 통해 거듭나고 구원받는다. 말씀 사역에 의해, 외적 소명을 받지 못하는 모든 택자들의 경우도 그렇다.

요 3:3-6; 요 3:8.

4. 택함을 받지 못한 다른 사람들도 있다. 이들은 비록 말씀의 사역에 의해 부르심을 즉, 외적 소명을 받을 수도 있고 성령의 몇몇 일반적인 역사를 경험할 수도 있다. 성부 하나님이 유효적으로 이끌어주지 않

기 때문에, 그리스도에게로 다가오려는 마음이 없고 참으로 다가오지도 않는다. 따라서 그들은 구원받지 못한다. 기독교를 받아들이지 않는 자들도 마찬가지이다. 자연의 빛과, 자신들이 고백하는 종교의 요구조건에 따라 아무리 근면하게 살지라도 그렇다.

마 22:14, 13:20-21; 히 6:4-5; 요 6:44-45, 65; 요일 2:24-25; 행 4:12; 요 4:22, 17:3.

제11장 칭의(Justification)

1. 하나님은, 유효적 소명을 주신 자들 속에 의(義)를 주입해 넣어서가 아니라, 그들의 죄를 용서하고 그들을 마치 의로운 자처럼 판결하여 받아들여주심으로써, 값없이 의롭다고 여겨주시는 것이다. 그들의 내면에 만들어진 혹은 그들이 행한 것 때문이 아니라, 오직 그리스도 때문이다. 그들의 믿음 그 자체 혹은 믿음의 행위 혹은 다른 어떤 복음적 순종을, 그들에게 그들의 의로 전가해 줌으로써가 아니다. 전체 율법에 대한 그리스도의 적극적 순종과, 그들의 전체적이고 유일한 의를 위한 그리스도의 죽음에서 보여준 소극적 순종을, 그 자신들의 것이 아닌 하나님의 선물인 믿음에 의해 전가해줌으로써이다. 그들은 믿음에 의하여 그리스도의 의를 받아들이고, 그를 의지한다. 그들 스스로 이 믿음을 소유하거나 만들어내지 않는다. 하나님의 선물이다.

롬 4:5-8; 엡 1:7; 롬 3:24, 8:30; 고전 1:30-31; 롬 5:17-19; 엡 2:8-10; 빌 3:8-9; 요 1:12; 롬 5:17.

2. 그리스도의 의(義)를 받아들이고 그리스도를 의지하는 믿음이, 칭의의 유일한 도구이다. 의롭다함을 받는 사람에게는 오직 이 믿음만 있는 것이 아니다. 언제나, 구원을 이루어주는 다른 모든 은사들이 그 믿음에 수반된다. 이것은 죽은 믿음이 아니라 사랑으로 역사한다. 그러므로 이 믿음은 하나님께 드리는 사랑의 감사로 충만하고 하나님께 겸손히 헌신하고 하나님 아는 것을 사랑한다.

롬 3:28; 갈 5:6; 약 2:17-26.

3. 그리스도는 자신이 드린 순종과 죽으심에 의해, 의롭다함을 받는 모든 자들의 부채를 충분히 갚으셨다. 자신을 희생제물로 드려 십자가 위에서 흘린 피를 통해, 그들이 당연히 받아야할 형벌을 대신 담당하셨다. 그리하여 그들을 대신하여 그리스도께서, 하나님의 정의를 적절하게, 실제적으로, 충분히 만족시키신 것이다. 그들이 의롭게 된 것은, 성부 하나님이 그들에게 그리스도를 주셨기 때문이며, 그들의 순종과 속죄를 대신해서 그리스도의 순종과 속죄를 받아주셨기 때문이며, 그들에게 있는 그들 소유의 어떤 것 때문이 아니라 오직 그리고 전적으로 값없는 은혜에 의한 것이다. 죄인들의 칭의에서, 하나님의 엄밀한 정의와 풍성한 은혜가 영광을 받도록 하기 위한 것이다.

히 10:14; 벧전 1:18-19; 사 53:5-6; 롬 8:32; 고후 5:21; 롬 3:26; 엡 1:6-7, 2:7.

4. 하나님이 모든 택자들을 의롭게 하시기로 작정하신 것은 창조 전 즉, 영원 전이었다. 적당한 때가 이르렀을 때, 그리스도는 택자들의 모든 죄를 위하여 죽으셨고 그들을 의롭게 하기 위하여 살아나셨다. 그들 각각이 의롭게 되는 것은, 성령이 적당한 때에 그들 각각에게 그리스도를 적용해 주었을 때부터이다.

갈 3:8; 벧전 1:2; 딤전 2:6; 롬 4:25; 골 1:21-22; 딛 3:4-7.

5. 하나님은 그리스도를 통하여 의롭게 된 자들의 죄들을 계속해서 용서해 주신다. 그들은 죄들을 행하여 하나님 아버지를 화나게 만들 수는 있지만 결코 그 의로운 상태로부터 결정적으로 떨어져나갈 수는 없다. 그들이 죄를 행하여 하나님을 노엽게 하였을 때 자신을 낮추어 죄를 고백하고 용서를 구하여, 믿음과 회개를 새롭게 해야 한다. 그렇게 할 때까지는 하나님의 얼굴빛은 바뀌지 않는다.

마 6:12; 요일 1:7-9; 요 10:28; 시 89:31-33; 시 32:5; 시 51편; 마 26:75.

6. 구약시대의 신자도 신약시대의 신자와 정확하게 동일한 방법으로 의롭게 된다.

갈 3:9; 롬 4:22-24.

제12장 자녀로 받아주심(Adoption)

하나님의 독생자 예수 그리스도 안에서, 예수 그리스도로 인하여, 의롭게 되는 모든 사람들은 양자로 입양되는 은혜에 참여하게 된다. 이렇게 해서 그들은 하나님의 자녀가 되고 자녀로서의 자유와 특권을 향유하게 된다. 하나님의 이름을 지니게 되고, 양자의 영을 받으며, 은혜의 보좌로 담대히 나아가, 하나님을 아바 아버지라고 부를 수 있게 된다. 하나님은 진정한 아버지로서 그들을 불쌍히 여기고, 보호해주고, 공급해주고, 연단하신다. 결코 그들을 버리지 않고 구속의 날까지 인치신다. 그들은 영원한 구원의 상속자로서 약속과 유업을 상속받는다.

> 엡 1:5; 갈 4:4-5; 요 1:12; 롬 8:17; 고후 6:18; 계 3:12; 롬 8:15; 갈 4:6; 엡 2:18; 시 103:13; 잠 14:26; 벧전 5:7; 히 12:6; 사 54:8-9; 애 3:31; 엡 4:30; 히 1:14; 6:12.

제13장 성화(Sanctification)

1. 그리스도와 연합하고 유효적 소명을 받고 거듭나고, 그리스도의 죽으심과 부활을 통해 새로운 마음과 새로운 영혼을 갖게 된 사람들은 거기에서 그치지 않고 실제적이고 인격적인 면에서 의롭게 되는 변화 즉, 성화를 얻는 단계로 나아간다. 그리스도의 죽으심과 부활의 공로 때문에, 그리고 그들 가운데 거하는 그리스도의 말씀과 성령에 의해, 그들을 전적으로 지배하던 죄의 권세는 파괴되었다. 다른 육적 욕구들은 점차 약화되고 억제된다. 그리스도의 백성들은 구원에 이르게 하는 모든 은사들로 인해 점차 생명력을 얻고 강건해진다. 따라

서 모든 참된 거룩을 열망하고 실천하게 된다. 이렇게 되지 않고서는 주 그리스도를 만나지 못할 것이다.

행 20:32; 롬 6:5-6; 요 17:17; 엡 3:16-19; 살전 5:21-23; 롬 6:14; 갈 5:24; 골 1:11; 고후 7:1; 히 12:14.

2. 이 성화는 전체 인격으로 퍼진다. 그러나 이생에서는 지속적으로 발전할 수 있지만 완성상태에 도달하지 않고 미완성의 상태로 끝난다. 부패의 찌꺼기들이, 죄의 원리가 인격의 모든 부분에서 끝까지 살아 남는다. 이 때문에, 성령에 거슬리는 욕정을 품는 육신과 그 육신을 반대하는 성령은 서로 양립할 수 없이 대립하고 양자 사이에는 지속적인 전쟁이 벌어진다.

살전 5:23; 롬 7:18, 23; 갈 5:17; 벧전 2:11.

3. 이 싸움에서, 남아 있는 부패가 크게 우세할 수도 있다. 그러나 그것은 잠시 동안일 뿐이다. 거룩의 원리는 그리스도의 거룩케 하는 영으로부터 지속적으로 힘을 공급받아 결국 죄의 원리를 이긴다. 그래서 성도들은 은혜 가운데 성장하고, 하나님을 경외하여 거룩을 완성한다. 성도들은 머리이며 왕이신 그리스도가 주신 명령을 복음적으로 순종하여 천국의 생명을 성취한다.

롬 7:23; 롬 6:14; 엡 4:15-16; 고후 3:18, 7:1.

제14장 "구원에 이르게 하는" 믿음(Saving Faith)

1. 사람은 "구원에 이르게 하는 혹은, 구원을 얻어주는 믿음,"[3] 믿음의 결단의 "씨앗인 믿음"을 스스로 발생시킬 수 없다. 이 "구속적 믿음"은 하나님의 은혜이며 값없이, 대가 없이, 하나님이 택자들에게 선물로 주시는 것이다. 다시 말하면, 그리스도의 영 즉, 성령이 택자들의 마음속에서, 정상적으로는 말씀 사역에 의하여 일으키는 믿음을 가리킨다. 이 믿음은 성령이 말씀의 사역을 통하여, 그리고 침례와 주의 만찬 그리고 기도 및 하나님이 정하신 다른 수단들에 의해 증진되고 강화된다.

> 고후 4:13; 엡 2:8; 롬 10:14-17; 눅 17:5; 벧전 2:2; 행 20:32.

2. 이 말씀은 하나님께로부터 온 것으로서 신적 권위를 가지고 있고, 이 믿음도 하나님께로부터 오고 성령과 은혜의 방편에 의해 유지되고 발전한다. 그렇기 때문에 바로 이 믿음에 의하여, 말씀 속에서 계시되는 것을 참이라고 믿게 된다. 바로 이 "구속적 믿음"에 의해, 성

---

3) 죄인이 구속받기 위해서는 은혜상태로 변화하는 시작점이 있어야 한다. 이 시작점을 이루는 믿음(하나님이 은혜로 주시는 믿음)과, 이미 변화가 시작된 상태에서 결단하고 간직하는 (행위로서의) 믿음을 논리적으로 구별하기 위해 사용하기 위한 것이다. "saving faith"이 행위로서의, 인격적 결단으로서의 믿음을 낳는다고 보는 것이 개혁파(아우구스티누스-칼빈)의 관점이다. 반면에 이 시작점은 "saving faith"이 아니라 인간의 결단이라고 보는 것이 범 펠라기우스-아르미니우스주의의 관점이다. 여기에서 "saving"은, "구원을 얻어주는," "구원을 획득해주는," "구원에 이르게 하는"을 의미한다. 그런 의미에서의 "구속적" 혹은 "구원적"이라고도 번역할 수 있다.

도는 이 말씀에 지고무상의 탁월함이 있음을 자각한다. 말씀은 하나님의 영광을 드러내고 하나님의 속성을 계시하고 그리스도의 본성과 직분들의 탁월함을 보여주기 때문이며, 성령이 그 사역과 움직임 속에서 능력과 충만함을 보여주기 때문이다.

이렇게 해서 그리스도인은 자신이 믿음으로 받아들인 진리에 자신을 맡길 수 있게 되고, 성경이 담고 있는 여러 교훈을 이해하고 응답할 수 있게 된다. 이 "구원에 이르게 하는 믿음"은 그리스도인을, 계명들을 지각하고 순종하게 하며, 그 흉조에 경외심으로 귀를 기울이게 하고, 이생과 다가올 생에 대해 하나님이 주신 약속을 받아들일 수 있는 존재로 만들어준다.

그러나 "구원에 이르게 하는 믿음"의 최초의 행위와 가장 중요한 행위들은 그리스도와 직접적으로 관련을 맺고 있다. 그때 그 영혼은 오직 그리스도만을 받아들이고 의지한다. 그리하여 은혜언약에 의해 칭의와 성화와 영생을 얻는다.

행 24:14; 시 19:7-10; 119:72; 딤후 1:12; 요 15:14; 사 66:2; 히 11:13; 요 1:12;
행 16:31; 갈 2:20, 15:11.

3. 이 믿음은 정도에 차이가 나고, 약할 수도 강할 수도 있다. 그러나 이 믿음은 가장 약할 때에라도, 일시적 신앙인들이 보여주는 그런 종류의 믿음 및 일반은총과는 그 종류와 본질이 전적으로 다르다. 그러므로 이 믿음이 자주 공격을 받고 약화되는 경우가 있기는 하지만 승리를 성취한다. 그리고 우리의 믿음을 만들어내고 완성하시는 분인

그리스도를 통해 충분한 확신으로까지 자라나는 경우가 많다.

히 5:13-14; 마 6:30; 롬 4:19-20; 벧후 1:1; 엡 6:16; 요일 5:4-5; 히 12:2; 히 6:11-12; 골 2:2.

제15장 회개와 구원(Repentance and Salvation)

1. 택함 받은 자들 중에서도 자연인의 상태로 살면서 여러 가지 정욕과 쾌락을 추구하다가 성숙한 나이에 들어 회심하는 자들에게, 하나님은 유효적 소명을 통해 생명에 이르는 회개를 주신다.

딛 3:2-5.

2. 선을 행할 뿐 전혀 죄를 짓지 않는 사람은 하나도 없다. 최선의 인간조차도 자기 안에 존재하는 부패의 능력과 기만 그리고 유혹의 우월한 능력에 의해 커다란 죄악에 빠지고 하나님을 노엽게 만들기도 한다. 그 때문에 하나님은 신자들에게 자비를 베푸셨다. 신자들이 죄를 범하고 타락할 때 구원에 이르게 하는 회개를 통해 새롭게 해 주실 것을 은혜언약 속에 정해 놓으셨던 것이다.

전 7:20; 눅 22:31-32.

3. 구원에 이르게 하는 회개는, 자신의 죄가 낳는 여러 가지 해악들을 성령에 의해 지각하게 되고 그리스도를 믿기 원하게 되는 자가 자신의 죄에 대해 경건히 슬퍼하고 자신의 죄를 혐오하고 자신을 증오하며 자신을 낮추게 되는 복음적 은혜이다. 그런 사람은, 이와 같은 회

개 속에서 용서와 은혜의 힘을 간구한다. 그리고 성령의 능력을 공급받아 하나님 앞에서 행하고 모든 일에서 하나님을 전적으로 기쁘게 해드리겠다는 목적과 열망을 품는다.

슥 12:10; 행 11:18; 겔 36:31; 고후 7:11; 시 119:6, 128.

4. 사망 즉, 지속적인 부패를 겪는 육신 때문에, 그리고 사망의 활동 때문에, 우리는 삶의 전 과정에 걸쳐 계속 회개해야 한다. 그러므로 자신의 개별적인 죄를 알게 될 때마다 그 죄를 개별적으로 회개하는 것은 모든 사람의 의무이다.

눅 19:8; 딤전 1:13-15.

5. 이 복음적 회개는, 성도들이 구원의 길에 끝까지 남아 있을 수 있도록 하기 위해 하나님께서 은혜언약 안에서, 그리스도를 통해 마련해주신 것이다. 따라서 가장 작은 죄조차도 저주를 받을 만하지만, 회개하는 자에게 저주를 불러올 만큼 커다란 죄는 없다.

사 1:16-18, 55:7.

제16장 선행(Good Works)

1. "선행" 즉, "선한 행위들"이란, 하나님이 자신의 거룩한 말씀에서 명령한 그런 일들만을 가리킨다. 성경의 보증이 없는 행위들, 인간이 맹목적인 열정으로 만들어 내거나 선량한 의도라는 구실에 입각하여 고안해 낸 행위들은 영적, 복음적 선행이 아니다.

미 6:8; 히 13:21; 마 15:9; 사 29:13.

2. "영적 선행" 즉, 하나님의 계명에 순종하여 행한 선행들은 참되며 살아있는 믿음의 열매들이요 증거들이다. 이러한 열매들에 의하여 성도들은 자신들의 감사함을 표현하고 보여주며, 자신들의 확신을 강화하고, 자신들의 형제들을 교화하고, 복음의 고백을 장식하고, 원수들의 입을 막고, 하나님을 영화롭게 한다. 성도들은 하나님의 솜씨로 만들어진 자들이다. 선행을 행하고 영생에 이르게 하는 거룩의 열매를 맺도록 하기 위해 그리스도 예수 안에서 창조된 자들이다.

약 2:18-22; 시 116:12-13; 요일 2:3-5; 벧후 1:5-11; 마 5:16; 딤전 6:1; 벧전 2:15; 빌 1:11; 엡 2:10; 롬 6:22.

3. 이런 선행을 하는 그들의 능력은 그들 자신으로부터 나오지 않고 전적으로 그리스도의 영으로부터 나온다. 그들이 회심할 때 받은 은사들과 더불어 선행을 행할 수 있기 위해서는, 하나님의 선하신 즐거움을 마음에 품고 행하도록 만들어주는 바로 그 성령의 더욱 실질적인 영향력이 반드시 있어야 한다. 그렇다고 해서 이러한 사실에 근거해서, 마치 성령이 특별한 자극을 주지 않으면 어떤 의무도 수행할 필요가 없다는 듯이 태만해져서는 안 된다. 오히려 신자들은 자기 안에 있는 하나님의 은혜를 부지런히 분발시켜야 한다.

요 15:4-5; 고후 3:5; 빌 2:13; 빌 2:12; 히 6:11-12; 사 64:7.

4. 이생에서 가장 높은 수준에까지 하나님을 순종하는 자들조차도 마

땅히 하나님께 드려야할 의무의 분량을 다 채우지 못한다. 그래서 하나님께서 요구하시는 것 이상으로 행한다는 것은 불가능하다. 즉, 잉여공덕이란 것은 존재할 수 없다.

욥 9:2-3; 갈 5:17; 눅 17:10.

5. 우리가 쌓은 최선의 공로에 의해서는 하나님으로부터 죄용서 혹은 영생을 얻어내지 못한다. 그것은 그 최선의 공적과 다가올 영광 사이에 놓여 있는 커다란 불균형 때문이며, 우리와 하나님 사이에 놓여 있는 무한한 간격 때문이다. 우리가 쌓는 공로로는, 우리가 죄를 지어 쌓아 놓은 빚에 대해 하나님을 만족시키지도 유익을 끼치지도 못한다. 우리가 할 수 있는 만큼 최선을 다했을 때에라도 우리는 단지 우리 의무를 이행한 것에 불과하다. 심지어 이것도 성령의 사역에서 나온 것이다. 사실, 우리의 이 선행조차도 우리로 인해 더럽혀져 있고, 우리의 연약함과 불완전함과 뒤섞여 있어서 하나님의 엄한 심판을 견뎌내지 못할 것이다.

롬 3:20; 엡 2:8-9; 롬 4:6; 갈 5:22-23; 사 64:6; 시 143:2.

6. 신자들은 그리스도를 통하여 개개의 영혼으로 받아들여진다. 또한 신자들의 선행도 그리스도를 통하여 받아들여진다. 그것은 신자들이 이생에서 하나님 보시기에 전적으로 책망할 것도 흠도 없기 때문이 아니다. 하나님이 그들을 하나님의 아들 그리스도 안에서 바라보기 때문이며, 약점과 불완전한 점이 많을지라도 신실한 것으로 받아들

이고 상주기를 즐거워하시기 때문이다.

엡 1:6; 벧전 2:5; 마 25:21-23; 히 6:10.

7. 거듭나지 않은 자들이 행한 것들조차 실제로는 하나님의 명령을 행한 것이며 다른 사람들을 유익하게 할 수 있기는 하다. 그러나 거듭나지 않은 자들이 행한 것들은 모두 죄악된 것이며, 하나님을 즐겁게 할 수 없다. 이런 행위를 했다고 해서 하나님으로부터 은혜 받을 만한 존재가 될 수 있는 것도 아니다. 이런 것들은 믿음에 의하여 정결하게 된 마음에서부터 나온 것이 아니기 때문이며, 하나님의 말씀에 따라 올바른 방법으로 행한 것이 아니기 때문이다. 또한 하나님께 영광을 드리겠다는 목적을 바탕에 깔고 있지 않기 때문이다. 그렇다고 해서 거듭나지 않은 사람들이 이런 행위들을 무시하는 것은 하나님 앞에 훨씬 더 큰 죄악을 쌓는 것이며 하나님을 노엽게 만드는 것이다.

왕하 10:30; 왕상 21:27-29; 창 4:5; 히 11:4-6; 고전 13:1; 마 6:2-5; 암 5:21-22; 롬 9:16; 딛 3:5; 욥 21:14-15; 마 25:41-43.

제17장 성도의 견인(The Perseverance of the Saints)

1. 하나님이 독생자 안에서 양자(養子)로 받아들이고, 성령에 의해 유효적으로 부르시고 거룩케 하셨고, 택자의 고귀한 믿음을 주신 자들은 은혜상태에서 결코 전적으로 혹은 최종적으로 떨어져나갈 수 없다. 오히려 그들은 그 은혜상태에서 끝까지 확실하게 보존되어 영원

히 구원받는다. 영원불변한 하나님이 뜻을 품고 시작하신 것이기 때문이다. 하나님은 결코 자신의 마음을 바꾸지 않으며 따라서 하나님의 은사들과 소명은 후회가 없는 것이기 때문에 그렇다. 계속해서 하나님은 그들 안에 믿음, 회개, 사랑, 희락, 소망, 그리고 성령의모든 은사들을 낳고 육성해주시어 영원히 멸망치 않게 하실 것이기 때문이다.

비록 많은 풍랑이 성도들을 덮친다 할지라도 성도들은 결코 휩쓸려 떠내려가지 않을 것이다. 성도들은 믿음에 의해 기초반석에 단단히 접붙여져 있기 때문이다. 비록 불신앙과 사탄의 유혹 때문에 하나님의 빛과 사랑이 그들에게 한동안 흐릿하게 보이거나 느껴지기는 해도 하나님은 언제나 동일하며 변함이 없으신 분이다. 분명코 하나님은 그들의 구원이 완성될 때까지, 그래서 그리스도께서 성취하여 그들에게 유업으로 주신 소유들을 향유하게 될 때까지 하나님의 능력으로 그들을 붙들어주신다. 그들은 하나님의 손바닥에 새겨진 자들이며, 그들의 이름은 영원 전부터 생명책에 기록된 자들이기 때문이다.

요 10:28-29; 빌 1:6; 딤후 2:19; 요일 2:19; 시 89:31-32; 고전 11:32; 말 3:6.

2. 성도의 이 견인은 성도 자신들에 의해 좌우되지 않는다. 성도 자신의 자유의지 즉, 성도 자신이 그렇게 하겠다는 마음의 결단에 좌우되는 일이 아니다. 성도의 견인은, 하나님 아버지의 값없고 영원불변한 사랑에서 나오는 선택작정의 불변성에, 예수 그리스도의 공로와 중

보의 유효성에, 참된 성도들이 그리스도와 맺고 있는 신비적 연합에 의거한다. 또한 하나님의 약속, 성령의 내주(內住), 성도 안에 있는 하나님의 씨, 은혜언약의 본질에 의거한다. 이 모든 요소들 때문에, 성도가 받는 보호와 견인은 확실하고 오류가 없다.

롬 8:30; 9:11-16; 롬 5:9-10; 요 14:19; 히 6:17-18; 요일 3:9; 렘 32:40.

3. 성도들도 한동안 심각한 죄에 빠지기도 한다. 그것은 사탄과 세상의 유혹 때문이며, 그들에게 남아있는 죄악된 성향이 그들을 압도하기 때문이며, 자신들을 지키라고 하나님이 공급해주신 수단들을 소홀히 하기 때문이다. 성도들도 이런 상태에 빠져서는 하나님을 불쾌하게 만들고, 성령을 슬프게 만들고, 은사와 위로를 손상시키고, 자신들의 마음을 강퍅하게 만들고, 자신들의 양심에 상처를 입히고, 다른 사람들을 해치고 모욕을 주기도 한다. 이렇게 해서 심판을 초래하기도 한다. 하지만 그들이 빠지는 이런 상태는 일시적인 것이며 그 심판도 일시적인 것이다.

성도들은 자신들의 회개를 새롭게 하고, 예수 그리스도를 믿는 믿음을 통해서 끝까지 보존된다.

마 26:70-74; 사 64:5-9; 엡 4:30; 시 51:10-12; 시 32:3-4; 삼하 12:14; 눅 22:32, 61-62

제18장 구원의 확신(Assurance of Salvation)

1. 일시적인 신앙을 가지는 자들과 구원받지 못한 다른 사람들도 자신들이 하나님의 은혜 아래에 있으며 구원받은 상태에 있다는 거짓된 희망과 육적인 억측으로 자신을 헛되이 기만할 수 있다. 그들 편에서 만들어내는 이런 희망은 결국 소멸하고 만다. 하지만 주 예수 그리스도를 참으로 믿으며 신실하게 사랑하는 자들 곧, 그 앞에서 모든 선한 양심으로 행하려고 애쓰는 자들은 이생에서 자신들이 은혜상태에 있다는 확고한 확신을 가질 수 있고, 하나님의 영광에 대한 소망 안에서 즐거워 할 수 있다. 그들의 이러한 소망은 결코 그들을 수치스럽게 만들지 않을 것이다.

욥 8:13-14; 마 7:22-23; 요일 2:3, 3:14-24, 5:13; 롬 5:2-5.

2. 이 확신은 단지 추측에 의한 신념에 불과한 것이 아니다. 또한 틀릴 가능성이 있는 희망사항에 입각한 그럴듯한 신념도 아니다. 그것은 복음에 계시된 그리스도의 피와 의에 기초한 믿음의, 무오한 확신이다. 또한 성경에 분명하게 명시된 약속과 결부된, 성령의 은사들이 드러내는 내적 증거에 입각한 것이며, 양자의 영이 내놓은 증거에 입각한 것이다. 이 양자의 영은 우리의 영과 함께, 우리가 하나님의 자녀라는 사실을 증거한다. 그리고 확신의 경험을 사용하여 우리의 심령이 겸손하고 거룩한 상태에 머물러 있게 한다.

히 6:17-18; 히 6:11, 19:5; 벧후 1:4-11; 롬 8:15-16; 요일 3:1-3.

3. 이 무오한 확신은 믿음의 본질에 속하지 않는다. 즉, 확신은 구원 받기 위한 조건이 아니며 구원 받은 자가 반드시 가져야 하는 것도 아니다. 그러나 참된 신자는 오랫동안 성숙하거나 많은 난관들과의 투쟁 끝에 이 확신을 갖기도 한다. 참된 신자는 성령에 의하여, 하나님이 자기에게 기꺼이 베푸시는 것을 알 수 있기 때문에, 별도의 예외적인 계시가 없어도 은혜의 방편들을 올바로 사용하여 이 확신을 얻을 수 있다.

그러므로 참된 신자는 성령 안에서, 자신이 받은 소명과 택함을 확실히 하여 심령의 평화와 즐거움이 더욱 커지고, 하나님에 대한 사랑과 감사가 더욱 커지고, 순종해야할 의무들을 이행하기 위한 힘과 쾌활함이 더욱 커지도록 최대한 근면해야 한다. 이러한 의무들은, 확신이 자연스럽게 맺는 열매들이다. 이 확신은 결코, 사람들을 태만하게 만들지 않는다.

사 50:10; 시 88, 77:1-12; 요일 4:13; 히 6:11-12; 롬 5:1-5, 14:17; 시 119:32; 롬 6:1-2; 딛 2:11-14.

4. 참된 신자들일지라도 구원의 확신은 여러 방법으로, 흔들리거나 줄거나 일시적으로 중단될 수 있다. 이렇게 되는 것은, 그들이 그 확신을 지키는 일에 게을렀거나, 양심에 상처를 입히고 성령을 슬프게 하는 어떤 특별한 죄에 빠져졌거나, 갑작스럽거나 강력한 유혹 때문이거나, 하나님이 자신의 얼굴 광채를 거두어 하나님을 경외하는 자들이 빛이 없는 어둠 속에서 행하게 되었기 때문이다. 그러나 참된 신

자들은 언제나, 하나님의 씨앗, 믿음의 생명, 그리스도와 형제들에 대한 사랑, 그리고 자신들의 영적 의무를 향한 마음과 양심의 신실함을 간직하고 있다. 이것들로 인하여, 성령의 역사에 의하여, 그들의 확신은 적당한 때에 되살아 날 수 있다. 그리고 이러한 은사들이 존재하기 때문에 그들은 철저한 절망에 빠지지 않는다.

아 5:2-6; 시 51:8-14; 시 116:11, 77:7-8, 31:22; 시 30:7; 요일 3:9; 눅 22:32; 시 42:5-11; 애 3:26-31.

제19장 율법 즉, 하나님의 법(The Law of God)

1. 하나님은 아담을 창조하실 때 그 마음속에 보편적 순종의 법을 새겨주셨다. 그리고 아담에게 선악을 알게 하는 나무 열매는 먹지 말라는 매우 특별한 명령을 내리셨다. 이 때문에, 아담과 아담의 모든 후손들에게는 인격적이고 전체적이며 정확하고 항구적인 순종의 의무가 생겼다. 하나님은 이 법을 준수하면 생명을, 어기면 사망을 주겠다고 약속하셨다. 아담에게는 이 법을 지킬 힘과 능력이 있었다.

창 1:27; 전 7:29; 롬 10:5; 갈 3:10-12

2. 하나님이 처음부터 사람의 마음에 새겨주신 바로 그 법은 타락 사건 이후에도 계속해서 의로움에 관한 완벽한 규칙으로 남아 있었고, 시내산에서 열 개의 계명으로 두 개의 돌판에 기록해 주셨다. 그 첫번째 돌 판의 네 계명은 하나님을 향한 우리의 의무를 담고 있고, 그

다음 돌 판의 여섯 계명은 인간을 향한 우리의 의무를 담고 있다.

롬 2:14-15; 신 10:4.

3. 하나님은 흔히 도덕법이라고 하는 이 율법 이외에도, 이스라엘 백성들에게 몇 가지 전형적인 의식을 담고 있는 의식법(儀式法)을 주셨다. 이 의식(儀式)들은 부분적으로는 이스라엘 백성들의 예배와 관련된 것들이다. 그리고 이 의식들에는 그리스도와 그리스도의 속성, 특질, 활동, 고난과 은택들이 예시되었다. 이 의식들은 여러 가지 도덕적 의무에 관한 가르침도 전달해 준다.

이 모든 의식법들의 효력은 그 기한이 정해져 있었다. 참된 메시아요 유일한 입법자 즉, 이 의식법의 목적을 이루도록 성부 하나님으로부터 능력을 부여받은 예수 그리스도께서 무효화하고 제거할 때까지만이었다.

히 10:1; 고전 5:7; 골 2:14-17; 엡 2:14-16.

4. 하나님은 이스라엘 백성들에게, 그들이 하나의 국가로 존재할 때에만 적용되는 여러 가지 사법적 법을 주셨다. 여기에 속하는 법들은 이스라엘 국가법의 일부이기 때문에 보편적 구속력은 없다. 그래서 오늘날 우리가 준수할 의무는 없다. 그러나 그 밑바탕에 깔려있는 형평의 원리는 보편적이어서 현대에도 지속적으로 적용 가능하다.

고전 9:8-10.

5. 모든 사람 즉, 의롭게 된 사람들과 그 외의 다른 사람들이 순종의

의무에 매인 것은 도덕법 때문이다. 그리고 거기에 담겨 있는 내용을 고려해서만이 아니라, 그 법을 주신 창조주 하나님의 권위에 대한 존중 때문에라도 그렇다. 어떤 점에서, 그리스도께서 복음을 통해, 이 법을 없애지 않고 오히려 이 법에 순종해야 할 우리의 의무를 의도적으로 강화한다.

　　롬 13:8-10; 약 2:8-12; 약 2:10-11; 마 5:17-19; 롬 3:31.

6. 참된 신자들은 행위언약으로서의 율법의 지배를 받지 않는다. 즉, 율법에 의하여 의롭게 되거나 정죄 받거나 하지 않는다. 그렇지만 율법은 참된 신자들을 포함한 모든 인류에게 대단히 유용하다. 율법은 생활규칙으로서 하나님의 뜻을 알려주고 그들의 의무를 알게 해준다. 그에 따라 행하도록 지도해주고 규율해주기 때문이다.

또한 이 율법은 사람들의 본성적 부패 즉, 그 심령과 삶 속에 있는 죄로 오염된 것들을 드러내고 폭로해준다. 그리고 이 율법을 자기성찰을 위해 사용하면 죄를 더 크게 깨닫게 되고 더 겸손하게 되고 자신의 죄를 더 미워하게 될 수 있다. 게다가 그리스도에 대한 필요성과, 그리스도께서 자신들을 대신하여 드린 순종의 완전성을 더욱 명확하게 알게 된다.

거듭난 사람들에게 있어서 율법은 그들의 부패 즉, 죄악된 성향을 억제하는 데에도 쓸모가 있다. 율법이 죄를 금하는 그 방식 때문에 그렇다. 율법이 가하는 위협은 그들 중생자 들이 지은 죄가 실제로 어떤 대가를 받아 마땅한지, 심지어 율법의 저주와 그 줄기찬 혹독함으로부터 해방된 중생자들이 저지르는 죄악들로 인해 이생에서 어떤 괴로움을 받게 될지를 확인해주는 역할을 한다.

또한 율법과 연결된 약속들은 신자들에게, 순종에 대한 하나님의 승인을 보여준다. 또한 비록 그들이 행위언약인 율법을 만족시켰기 때문에 축복받는 것은 아니지만 율법을 준수하고 순종할 때 어떤 축복을 기대해도 좋은지를 보여준다. 만일 율법이 선을 권하고 악을 단념시킨다는 오직 그 이유 때문에 선을 행하고 악을 멀리한다 해도, 그것이 그가 은혜 아래가 아니라 율법 아래에 있다는 증거는 결코 아니다.

롬 6:14; 갈 2:16; 롬 3:20, 7:7; 롬 6:12-14; 벧전 3:8-13.

7. 율법에 관해 위에서 언급한 용도들은 복음의 은혜와 모순되지 않는다. 오히려 받을 자격이 없음에도 불구하고, 값없이 받은 자비와 사랑의 복음에 잘 부합한다. 그리스도의 영이 인간의 의지를 억제하고, 인간의 의지가 율법에 계시된 하나님의 뜻이 요구하는 것들을 자유롭고 즐겁게 행할 수 있도록 해주기 때문이다.

갈 3:21; 겔 36:27.

제20장 복음과, 그 은혜의 범위
(The Gospel and the Extent of the Grace)

1. 행위언약은 죄에 의하여 깨졌고, 생명에는 무익하게 되었다. 그 때

문에 하나님은 그리스도를 즉, 창세기 3장에서 언급된 여인의 후손을 기꺼이 약속하셨다. 이 그리스도는, 택자들을 부르고 그 택자들 안에 믿음과 회개를 생겨나게 해 줄 수단으로 약속되었다. 바로 이 약속에서 복음의 실체가 계시되었고, 죄인들의 회심과 구원이 유효한 것임을 보여주었다.

창 3:15; 계 13:8.

2. 그리스도 그리고, 그리스도에 의한 구원이라는 이 약속은 오직, 하나님의 말씀에 의해서만 계시된다. 자연의 빛을 가진 창조와 섭리의 사역들은 그리스도 혹은 그리스도의 은혜를 개략적이든 모호하게든 계시해주지 않는다. 하물며 약속 혹은 복음에 의해 그리스도의 계시를 받지 못한 자들은, 자연의 빛에 의해서는 구원에 이르게 하는 믿음 혹은 회개에 도달하지 못한다는 것은 말할 나위 없다.

롬 1:17; 롬 10:14-17.

3. 복음은 죄인들에게, 다양한 시기에, 여러 부분으로, 약속들과 거기에서 요구된 순종해야 할 교훈들이 덧붙여져서 계시된 것이다. 이 복음은 오직 하나님의 주권적인 뜻과 선하신 즐거움에 따라서만 나라들과 개인들에게 주어졌다.

그것은 결코, 인간의 자연적 능력의 합당한 개선에 대한 어떤 약속에 의해, 복음 밖에서 받은 자연의 빛에 의해서 획득된 것이 아니다. 그들이 상식의 인도를 받아 그 삶을 올바른 것으로 향하도록 하고 자신들의 방식을 개선할 전망이 있기 때문에 받은 것도 아니다. 어느 누구도 그렇게 하지 않았고 그렇게 할 수도 없다.

그러므로 모든 시대에, 사람들과 나라들에게, 하나님의 뜻에 따라 폭넓게든 좁게든 복음을 전하였던 것이다.

시 147:20; 롬 1:18-32.

4. 복음은 그 자체로는 그리스도와 "구원에 이르게 하는 은혜"를 계시하는 유일한 외적 수단이며 이것을 성취하기에 전적으로 충분하다. 하지만, 범법 속에 죽어 있는 인간들을 거듭나게 하고 생명으로 인도할 수 있으려면, 거듭나게 할 수 있으려면, 복음 그 이상의 것이 필요하다. 즉, 성령의 역사가 있어야 한다. 인격 전체에 영향을 미쳐 새로운 영적인 생명을 만들어내는 유효적이고 저항할 수 없는, 성령의 역사가 반드시 있어야 한다. 성령의 이러한 역사 없이 다른 수단들만으로는 사람을 하나님께로 돌이키는 일이 일어나지 않는다.

시 110:3; 고전 2:14; 엡 1:19-20; 요 6:44; 고후 4:4-6.

제21장 그리스도인의 자유와 양심의 자유
(Christian Liberty and Liberty of Conscience)

1. 복음 아래에 있는 신자들을 위해 그리스도께서 획득한 자유는, 죄책과 하나님의 정죄의 진노로부터의 자유에 있고, 율법의 준엄함과 저주로부터의 자유에 있다. 그리고 악한 이 현재 세상으로부터, 사탄

에 대한 속박으로부터, 죄의 지배로부터, 고통스러운 것들에게서 해(害) 받는 것으로부터, 죽음에 대한 두려움과 그 쏘는 것으로부터, 무덤의 승리로부터, 영원한 저주로부터 구원받음에 있다.

또한 이 자유는 하나님께 자유로이 나아감에 있고, 노예의 두려움 때문이 아니라 어린아이 같은 사랑과 기꺼운 마음으로 하나님께 순종할 수 있음에 있다. 이 모든 자유는 실질적으로는, 구약의 율법 아래에 있던 참된 신자들도 누렸다. 그러나 신약의 그리스도인들에게서 이 자유는 더욱 확대되었다. 이들은 유대교회가 복종하였던 의식법의 멍에로부터 해방되었기 때문이다. 신약의 그리스도인들은 율법의 지배를 받던 신자들이 정상적으로 경험하였던 것 이상으로 은혜의 보좌에 더욱 큰 담대함으로 나아가고 자유로운 성령의 교통하심을 더욱 충분히 누린다.

갈 3:13; 갈 1:4; 행 26:18; 롬 8:3; 롬 8:28; 고전 15:54-57; 살전 1:10; 롬 8:15;
눅 1:73-75; 요일 4:18; 갈 3:9-14; 요 7:38-39; 히 10:19-21.

2. 오직 하나님만이 양심의 주(主)이시다. 그리고 어떤 면에서, 하나님의 말씀에 모순되거나 하나님의 말씀에 담겨있지 않은 모든 인간적인 교리들과 계명들로부터 양심을 해방시켜준다. 따라서 양심을 떠나 이런 교리를 믿거나 이런 계명들을 따르는 것은, 양심의 참된 자유를 배반하는 것이다. 맹목적인 신앙 즉, 구원에 이르게 하는 참된 지식이 없는 절대적이고 맹목적인 순종을 요구하는 것은 양심과 이성의 자유를 파괴하는 것이다.

약 4:12; 롬 14:4; 행 4:19, 5:29; 고전 7:23; 마 15:9; 골 2:20-23; 고전 3:5; 고후
1:24.

3. 그리스도인의 자유를 구실삼아 죄를 짓거나 사악한 탐욕을 품는
사람들은, 복음적 은혜의 목적을 왜곡하여 자기 자신을 파괴한다. 이
런 자들은 그리스도인의 자유의 목적을 즉, 우리가 모든 원수들의 손
아귀에서 구원받고 살아가는 모든 날 동안에 두려움 없이 주의 앞에
서 의와 경건으로 주님을 섬기도록 한다는 그 목적을 완벽하게 파괴
한다.

롬 6:1-2; 갈 5:13; 벧후 2:18-21.

제22장 예배와 유월절(Worship and Sabbath Day)

1. 자연의 빛은 만물에 대한 영유권과 주권과 지배권을 가지고 있으
며, 의롭고 선한 즉, 모두에게 선을 행하시는 한 분 하나님이 존재함
을 보여준다. 그러므로 그 하나님을 온 마음과 온 영혼 그리고 온 힘
을 다해 경외하고 사랑하고 찬양하고 의존하고 신뢰하며 섬겨야 한
다. 그러나 참된 하나님을 예배하는 합당한 방법은, 하나님 자신이 세
우셨다. 그러므로 우리의 예배 방법은 하나님 자신이 계시하신 뜻에
의해 제한받는다. 인간의 상상력과 고안물에 따라 그리고 사탄의 제
안에 따라 하나님을 예배해서는 안 된다. 가시적인 표현물 혹은 성경
에 규정되지 않은 다른 어떤 방법들에 의해 하나님을 예배해서도 안

된다.

렘 10:7; 막 12:33; 신 12:32; 출 20:4-6.

2. 예배는 오직 삼위일체 하나님께, 오직 그분에게만 드려야 한다. 천사, 성인(聖人), 혹은 어떤 다른 피조물을 예배해서는 안 된다. 아담이 타락 이후에는 중보자 없이는 예배를 드릴 수 없게 되었다. 오직 그리스도만이 우리의 예배를 가능하게 하는 유일한 중보자이시다.

마 4:9-10, 28:19; 요 4:23; 롬 1:25; 골 2:18; 계 19:10; 요 14:6; 딤전 2:5.

3. 기도는, 감사와 더불어 자연적인 예배의 한 부분을 이룬다. 하나님이 모든 사람에게 요구하시는 것이다. 그러나 그것이, 받아들여질 만한 것이 되기 위해서는 성자의 이름으로, 성령의 도움에 의하여, 하나님의 뜻에 따라 해야 하고, 그리고 이해와 존경과 겸손과 열정과 믿음과 사랑과 인내로 해야만 한다. 합심하여 기도할 때는 함께 알아들을 수 있는 말로 해야 한다.

시 95:1-7; 65:2; 요 14:13-14; 롬 8:26; 요일 5:14; 고전 14:16-17.

4. 합법적인 것들을 위해, 지금 살고 있고 장래에 살게 될 모든 종류의 사람들을 위해 기도할 수 있다. 그러나 죽은 자들 혹은 "죽음에 이르는 죄"를 범하였다고 알려진 사람들을 위한 기도는 안 된다.

딤전 2:1-2; 삼하 7:29, 12:21-23; 요일 5:16.

5. 성경 읽기, 하나님의 말씀을 전하고 듣는 것, 시편과 찬양과 영적인 노래 속에 있는 가르침과 훈계를 서로 전하고 듣는 것, 주님을 향

하는 마음으로 노래하는 것, 그리고 침례와 주의 만찬을 시행하는 것이 하나님께 드리는 예배를 구성한다. 이것들을 시행할 때는, 하나님을 향한 순종으로, 이해와 믿음과 존경 그리고 경건한 두려움을 가지고 해야 한다. 그리고 특별한 경우에 거룩하고 공손한 태도로 행하기 위해서, 엄숙한 겸손과 금식과 감사를 드려야 할 때가 있다.

딤전 4:13; 딤후 4:2; 눅 8:18; 골 3:16; 엡 5:19; 마 28:19-20; 고전 11:26; 에 4:16; 욜 2:12; 출 15:1-19; 시 107.

6. 복음 아래에서는 기도 혹은 예배의 다른 어떤 부분도, 예배를 거행하거나 지향하는 장소와 결부되거나 그런 것에 의해 예배가 더욱 받아들여질 만하거나 신령스러워지거나 영험한 것이 될 수 없다. 사사로운 가정에서든 일상적인 것이든, 개인이 은밀히 드리는 것이든 공적으로 회집하여 엄숙하게 드리든, 모든 곳에서 신령과 진정으로 하나님께 예배드려야 한다. 하나님이 말씀과 섭리로 우리를 예배로 이끄실 때 부주의나 고의로 무시하거나 저버려서는 안 된다.

행 10:2; 마 6:11; 시 55:17; 마 6:6; 요 4:21; 말 1:11; 딤전 2:8; 히 10:25; 행 2:42.

7. 대개, 하나님이 정하신 대로 일정한 시간을 따로 떼어내 하나님을 예배드리는 것은 자연 법칙이다. 마찬가지로 하나님은 말씀 가운데서 어떤 적극적이고 도덕적이며 항구적인 계명을, 모든 시대, 모든 사람들에게 구속력을 가지는 계명을 주셨다. 그리고 하나님은 7일 중에서 특별히 하루를 안식일로 정하여 자기를 위하여 거룩하게 지키도

록 하신 것이다. 세상을 창조하셨을 때부터 그리스도께서 부활하실 때까지 안식일은 한 주간의 마지막 날이었다. 그리스도께서 부활하신 이후엔 한 주간의 첫 번째 날로 옮겨졌고, 그 날을 "주의 날"이라고 불렀다. 그리고 세상이 끝날 때까지 이 방식을 지속하기로 하고 그 주간의 마지막 날을 준수하는 것은 폐지되었다.

출 20:8; 고전 16:1-2, 행 20:7; 계 1:10.

8. 반드시 자신의 마음을 준비하고 자신의 일상적인 일들을 미리 정리한 뒤에 자기 자신의 세속적인 직업과 여흥에 관련된 일과 말과 생각으로부터 벗어나 하루 종일 거룩한 안식을 취한다. 전체 시간을 공적 및 사적 예배활동에 드리고, 꼭 필요하고 자비로운 의무들을 수행하는 것이 안식일을 주님께 거룩하게 드리는 방식이다.

사 58:13, 느 13:15-22; 마 12:1-13.

제23장 합법적인 맹세와 서약
(Lawful Oaths and Vows)

1. 합법적인 맹세는 종교적 예배행위이다. 이 행위 속에서, 진리와 의와 엄숙한 분별로 맹세하는 사람은 자신이 맹세하는 것을 증거해 달라고 그리고 그 진실됨이나 거짓됨에 따라 자신을 심판해달라고 엄숙하게 하나님께 요청하는 것이다.

사 58:13; 느 13:15-22; 마 12:1-13; 출 20:7; 신 10:20; 렘 4:2; 대하 6:22-23.

2. 하나님의 이름에 의해서는, 오직 의로운 맹세만 해야 한다. 그리고 오직 하나님에 대한 최상의 경외심으로 맹세해야 한다. 그러므로 하나님의 영광스럽고 두려운 이름을 들먹이며, 헛되거나 성급하게 맹세하는 것 혹은, 어떤 다른 이름이나 사물에 의하여 맹세하는 것은 죄악이며, 역겹고 혐오스러운 것이라고 여겨야 한다. 그러나 중차대한 문제에서 진실성을 확증하기 위해 그리고 갈등을 종식시키기 위해 하는 맹세는 하나님의 말씀이 인정한다. 그러므로 이와 같은 경우에, 합법적인 권위가 요구하는 합법적인 맹세는 하는 것이 옳다.

마 5:34-37; 약 5:12; 히 6:16; 고후 1:23; 느 13:25.

3. 하나님의 말씀이 보증하는 맹세를 하는 자는 그 행위가 갖는 엄숙한 무게를 생각해야 한다. 자신이 진실이라고 알고 있는 것 이외의 어떤 주장을 하거나 고백해서도 안 된다. 성급하고 거짓되고 헛된 맹세는 주님을 노엽게 만들기 때문이며, 이 땅을 슬퍼하게 만들기 때문이다.

레 19:12; 렘 23:10.

4. 모호함이나 지적인 속임수 없이 단지 그 말이 가지고 있는 명백하고 일반적인 의미로 맹세를 해야한다.

시 24:4.

5. 서약은 오직 하나님께만 해야 한다. 하나님 이외의 어떤 피조물에 대하여 해서는 안 되며, 최고의 주의와 신실함으로 맹세하고 준수해야 한다. 종신, 독신, 청빈, 규율엄수에 관한 수도원 서약은 결코 고차

원적이며 완전한 수준의 서약이 아니다. 그리스도인들이 빠져들어서
는 안 되는 미신적이며 죄악 된 올무들이다.

시 76:11; 창 28:20-22; 고전 7:2, 9; 엡 4:28; 마 19:11.

제24장 공직(the Civil Magistrate)[4]

1. 세상 전체의 가장 높으신 주요 왕이신 하나님은, 하나님 자신의 영
광과 공공의 선을 위하여 자기 아래에 그리고 백성들 위에 공직자를
세우셨다. 이러한 목적 때문에, 하나님은 그들을 칼의 권세로 무장시
켜서 선을 행하는 자들을 보호하고 북돋도록 하고, 악행자들을 처벌
하도록 하셨다.

롬 13:1-4.

2. 그리스도인들이 요청받고 공직을 받아들여 그 직무를 수행하는 것
은 합법적이다. 그리스도인들이 이와'같은 직무를 수행할 때 국가의
올바르고 유익한 법을 적용하여 정의와 평화를 유지할 특별한 책임
이 있다. 또한 신약성경에 따르면, 만일 정의롭고 반드시 필요한 경우
라면 정의와 평화를 유지하기 위한 전쟁에 참여할 수 있다.

시 82:3-4; 눅 3:14.

---

4) "매지스트레이트"(magistrate)는 사법권과 행정권을 위임받은 사람을 가리킨다.
중세 독일의 변경백(邊境伯)이나 근대의 총독, 지사에 해당된다고도 볼 수 있다.
포괄적인 의미로 해석해서 "공직(자)"로 해석하였다.

3. 공직자들 즉, 정부는 위와 같은 목적을 위하여 하나님이 세우신 것이다. 그 때문에, 우리는 그들이 내리는 합법적인 모든 명령을, 단지 처벌을 피하기 위해서가 아니라 우리의 양심을 위하여 주 안에서 복종해야 한다. 우리는 지배자들과 공직자들의 통치 하에서 모든 경건과 정직함 가운데 조용하고 평화로운 삶을 살 수 있도록, 그들을 위하여 간구하고 기도해야 한다.

  롬 13:5-7; 벧전 2:17; 딤전 2:1-2.

제25장 결혼(Marriage)

1. 결혼은 한 남자와 한 여자 사이에서 이루어져야 한다. 남자가 한 명 이상의 아내를, 여자가 한 명 이상의 남편을 동시에 두는 것은 합법적이지 않다.

  창 2:24; 말 2:15; 마 19:5-6

2. 결혼은 남편과 아내가 서로 돕기 위하여, 합법적인 자녀를 통하여 인류가 번성하기 위하여, 불결을 막기 위하여 이루어져야 한다.

  창 2:18; 창 1:28; 고전 7:2, 9.

3. 건전한 판단력으로 동의할 수 있는 한, 모든 사람들은 합법적으로 결혼할 수 있다. 그러나 그리스도인은 주 안에서 결혼해야 한다. 따라서 참된 신앙을 고백하는 자들은 불신자들이나 우상숭배자들과 결혼해서는 안 된다. 경건한 자들은, 악한 삶을 살거나 심판받을 이교도적

가르침을 주장하는 자들과 결혼하여 멍에를 함께 매어서도 안 된다.

히 13:4; 딤전 4:3; 고전 7:39; 느 13:25-27

4. 하나님의 말씀에서 금지하는 범위에 드는 혈족 혹은 인척과 결혼해서는 안 된다. 이와 같은 사람들이 부부가 되어 함께 살 수 있도록 하기 위해, 인간의 법이나 합의에 의해서 근친혼을 합법적인 것으로 만들어서도 안 된다.

레 19장; 막 6:18; 고전 5:1.

제26장 교회(The Church)

1. "보편적" 혹은 "우주적 교회"는 성령과, 은혜의 진리가 수행하는 내적 사역에 의한 교회를 가리킨다. 그런 까닭에 "비가시적" 교회라고도 한다. 이 우주적 교회는 택자들 전체로 구성된다. 즉, 머리이신 그리스도 안에서 하나로 모였고 모이고 있으며 장차 모이게 될 모든 자들은 우주적 교회를 구성한다. 이 교회는 만물 안에서, 만물을 채우는 자의 아내요 몸이요 충만함이다.

히 12:23; 골 1:18; 엡 1:10, 1:22-23, 5:23-32

2. 복음에 대한 믿음과 그 복음에 따라 그리스도에 대한 순종을 고백하는, 그리고 복음의 기초를 반대하거나 뒤집는 오류들 혹은 불경건한 행위들에 의하여 자신의 고백을 파괴하지 않는, 전 세계의 모든 사람들이 이 우주적, 비가시적 교회의 가시적인 성도들이며 그러한 성

도들이라고 간주해도 좋다. 개별적인 모든 회중은, 이런 사람들로 구성되어야 한다.

고전 1:2; 행 11:26; 롬 1:7; 엡 1:20-22.

3. 하늘 아래에 존재하는 즉, 지상교회들은 우주적 교회의 일부가 역사적으로 나타난 것이다. 이 지상교회는 가장 순수한 교회들조차 거짓된 자가 들어와 섞이고 혼탁과 오류를 겪는다. 어떤 교회는 몹시 타락하여 더 이상 그리스도의 교회가 아니라 사탄의 회당이 되고 말았다. 그럼에도 불구하고 그리스도는 이 세상에 자신의 나라 즉, 그리스도를 믿고 그리스도의 이름을 고백하는 자들로 구성된 자신의 왕국을 항상 소유해 오셨고 세상이 끝날 때까지 항상 소유하실 것이다. 그러므로 지상에 참된 교회가 없었던 적은 없다.

고전 5; 계 2-3장, 18:2; 살후 2:11-12; 마 16:18; 시 72:17, 102:28; 계 12:17.

4. 주 예수 그리스도가 바로 이 교회의 머리이시다. 그 교회의 부르심, 설립, 질서, 혹은 다스림을 위한 모든 권세는 성부 하나님의 정하심에 의하여, 최고의 절대주권적인 방법으로, 그리스도에게 수여되었다. 로마 교황은 혹은 교회의 머리로 행세하는 자들은 어떤 의미에서도 교회의 진정한 머리가 될 수 없다. 단지 적그리스도 즉, 교회에서 그리스도에 반하여 자신을 높이는 죄인이요 멸망의 자식에 불과하다. 주님께서 다시 오실 때의 그 찬란한 광채에 의하여 파괴될 자이다.

골 1:18; 마 28:18-20; 엡 4:11-12; 살후 2:3-9.

5. 주 예수 그리스도는 성부 하나님이 자기에게 주신 자들을 세상으로부터, 자기에게로 불러들이신다. 그리스도는 자기에게 맡겨진 권위를 발휘하여, 자신의 말씀을 통하여, 성령에 의하여, 자기에게로 부르신 것이다. 그리하여 그는 자신의 말씀에서 그들에게 규정해준 모든 순종의 길에서, 그들을 자기 앞에서 행할 수 있도록 만드신다. 그는 이와 같은 소명을 받는 자들에게, 개별적인 교회에서 함께 하여 서로 교화를 나누고, 이 세상에 있는 동안 그들에게 요구되는 공적 예배를 적절하게 수행하라고 명령하신다.

요 10:16; 요 12:32; 마 28:20; 마 18:15-20.

6. 지상에서 이 명령을 수행하기 위해 모인 기관을 우리는 흔히 "교회" 혹은 "회중"이라고 부른다. 이 회중을 구성하는 사람들이 성도들이다. 성도라고 부르는 까닭은, 이들은 그리스도가 부르신 자들이기 때문이며, 고백하고 행함에 의해서 그 부르심에 대한 자신들의 순종을 가시적으로 나타내고 증거하는 자들이다. 이러한 성도들은 그리스도의 명령을 기꺼이 행하고, 하나님의 뜻에 따라 주님께 그리고 서로에게 자신을 내어줌으로써 복음의 규례에 따라 확고하게 복종한다.

롬 1:7; 고전 1:2; 행 2:41-42; 5:13-14; 고후 9:13.

7. 주님이 자신의 말씀에서 선포하신 대로, 주의 생각에 따라 이처럼 모인 이 교회 각각에게, 주님께서 준수하라고 세워주신 예배와 치리

질서를 지속적으로 수행하는 데 필요한 모든 능력과 권위를 부여하셨다. 또한 이 능력을 적절하고 바르게 사용하기 위한 모든 명령과 규칙들도 주셨다.

마 18:17-18; 고전 5:4-5, 5:13; 고후 2:6-8.

8. 그리스도의 생각에 따라 모여서 완벽하게 조직된 개별적인 교회는 직분자들과 회원들로 구성된다. 직분자들은 그리스도께서 선별하여 정하고 그 교회가 따로 세운 자들로서 감독 혹은 장로들과 집사들이다. 감독 혹은 장로는 동일한 직분을 가리키며, 오늘날에는 흔히 목사라고 부르는 직분이다. 직분을 맡은 자들은 성례전을 각별히 집행하고, 맡겨진 소명으로 부여하신 권세 혹은 의무를 수행하도록 임명받은 것이다. 이러한 형태의 직분제를 세상이 끝날 때까지 지속해야 한다.

행 20:17, 28; 빌 1:1.

9. 성령께서 자질과 은사를 부여한 어떤 사람을 어떤 교회의 감독 혹은 장로 직분으로 세우는 방법을 그리스도께서 정해주셨다. 그것은 교회 전체의 공통된 동의와 투표에 의한 선발이다. 이런 사람을 금식과 기도로 그리고, 그 교회 장로들이 안수하여 엄숙하게 구별해야 한다. 그리스도께서 집사를 부르시는 방법도 마찬가지이다. 교회의 공통된 동의와 투표에 의하여 선발되고 기도와 안수를 통해 구별해야 한다.

행 14:23; 딤전 4:14; 행 6:3-6.

10. 목사의 직무는, 그리스도의 교회에서, 그리스도의 말씀과 기도 사역에 의하여, 그리고 마치 주님께 보고해야 하는 자들처럼 그들이 맡고 있는 영혼들을 돌봄에 의해, 그리스도를 계속적으로 섬기는 것이다. 그 때문에, 그들이 봉직하는 교회들은 그들에게 적절한 모든 존경을 표해야 할 뿐만 아니라 자신들의 능력에 따라 그들에게 자신들의 모든 좋은 것들 가운데 일정한 몫을 나눠주어야 할 중요한 책임을 진다.

이렇게 해서, 목사들의 생활이 충분하고 세속적인 직업을 갖지 않도록 해야 한다. 다른 사람들을 후히 대접할 수 있을 정도가 되어야 한다. 자연의 순리, 우리 주 예수 그리스도의 명백한 명령이 이 모든 것을 요구한다. 주님께서는 복음을 전하는 자들이 복음에 의해 생계를 유지하도록 정하셨다.

행 6:4; 히 13:17; 딤전 5:17-18; 갈 6:6-7; 딤후 2:4; 딤전 3:2; 고전 9:6-14.

11. 교회의 장로들 즉, 목사들은 그 직무 상, 말씀을 긴급하게 전해야 하는 일차적인 책임을 지고 있다. 그러나 말씀을 전하는 일은 오직 그들에게만 한정된 일이 아니다. 그러므로 이 일을 수행하도록 성령께서 은사와 자질을 부여하셨고, 그 교회가 동의하고 소명을 부여한 다른 사람들도 설교의 직무를 수행할 수 있으며 수행할 필요가 있다.

행 11:19-21; 벧전 4:10-11.

12. 모든 신자들은 개별교회에 가입할 기회가 주어질 때, 교회에 가입해야 한다. 어떤 교회회원이 되는 혜택을 받게 된 모든 사람은, 그리

스도의 규칙에 부합하게 그 교회의 감독과 통제를 받는다.

살전 5:14; 살후 3:6, 3:14-15.

13. 교회회원들은, 교회에서 어떤 동료가 자신들에게 잘못을 범하였고 그래서 잘못을 범한 사람에게 교회가 규정한 의무를, 그가 일단 다 이행하였으면 그 잘못 때문에 어떤 식으로든 교회질서를 어지럽히고 소란케 해서는 안 된다. 그리고 이와 같은 잘못에 관한 어떤 규정들을 시행하거나 교회모임에 빠져서도 안 된다. 오히려, 그 교회가 수행하는 그 이상의 일 처리를 통해 그리스도를 섬겨야 한다.

마 18:15-17; 엡 4:2-3.

14. 각각의 교회 그리고 그 모든 회원들은 모든 곳에서, 그리스도의 모든 교회들의 유익과 번성을 위하여 지속적으로 기도해야 할 책무가 있고, 자기 주변의 모든 사람에게 자신들의 은사를 사용하여 도움을 주어야 할 책무가 있다. 따라서 하나님의 섭리에 의하여 교회가 세워지면 평화와 사랑의 증진, 상호 교화의 증진을 위하여 교제를 나눠야 한다.

엡 6:18; 시 122:6; 롬 16:1-2; 요삼 8-10.

15. 교리 문제에서든 행정 문제에서든, 전체 교회들 혹은 어느 한 교회에서, 평화와 연합과 교화에 영향을 미치는 다툼과 의견차이가 발생한 경우에는, 혹은 어떤 교회의 어떤 구성원이 말씀과 정당한 질서에 일치하지 않은 치리절차로 인하여 상처를 입은 경우에는, 함께 교

제를 나누고 있는 많은 교회들이 합당한 대표자들을 통하여 함께 생각하고, 논란되는 그 문제에 관하여 충고하고, 관련된 모든 교회에 보고하는 것이 그리스도의 생각을 따르는 것이다.

그러나 이들 대표들이 모일 때, 그들은 교회의 어떤 실질적인 권력을 부여받은 것이 아니다. 그리고 그 문제에 연루된 교회들에 대해 어떤 사법적 관할권을 부여받은 것도 아니다. 그들은 어떤 교회 혹은 인물들을 징계할 수 없고, 자신들의 판단을 그 교회 혹은 그 교회의 직분자들에게 강요해서도 안 된다.

행 15:2-6, 22-25; 고후 1:24; 요일 4:1.

제27장 성도의 교제(The Communion of Saints)

1. 모든 참된 성도들은 예수 그리스도의 영 즉, 성령에 의하여 자신들의 머리되신 예수 그리스도와 연합을 이룬다. 비록 성도들은 이런 방법으로는 예수 그리스도와 한 인격을 이루지는 못할지라도 예수 그리스도의 은사들과 고난과 죽으심과 부활과 영광에 참여한다. 성도들은 서로가 사랑으로 연합하여 서로의 은사들을 함께 나누고, 영육 간의 상호 유익을 지향하는 공적 및 사적 의무들을 질서정연하게 이행할 의무가 있다.

요일 1:3; 요 1:16; 빌 3:10; 롬 6:5-6; 엡 4:15-16; 고전 12:7, 3:21-23; 살전 5:11, 14; 롬 1:12; 요일 3:17-18; 갈 6:10.

2. 성도들은 하나님을 경배함에 있어서, 그리고 서로를 교화하는 일에 도움이 되는 다른 영적 섬김에 있어서, 거룩한 교제를 유지하기 위해 신앙고백에 의해 결속되어야 한다. 성도들은 외적인 것들에서도 여러 가지 필요와 능력에 따라 서로를 구제해야 한다. 가족 및 교회와 같은 동료 신자들의 직접적인 교제권에 들어있는 성도들이 발휘하는 것일지라도 이 교제는, 하나님이 기회를 주시는 대로 전체 믿음의 권속에게까지 확대해야 한다. 이것은 주 예수의 이름을 부르는 모든 곳에 존재하는 모든 사람들에게 해당된다. 그러나 서로 성도로서 나누는 이 교제는, 각자가 자신의 물품들과 소유물에 대하여 가지고 있는 개인적인 소유권을 제거하거나 침해하는 것은 아니다.

히 10:24-25, 3:12-13; 행 11:29-30; 엡 6:4; 고전 12:14-27; 행 5:4; 엡 4:28.

제28장 성례전(The Two Sacraments)

1. 침례와 주의 만찬 이 두 성례전은 유일한 입법자인 주 예수 그리스도께서, 적극적이고 주권적으로, 세상이 끝날 때까지 지속시킬 목적으로 자기 교회에 제정해주신 것이다.

마 28:19-20; 고전 11:26.

2. 이렇게 거룩하게 세워진 성례전들은, 그리스도께서 정하신 바에 따라 합당한 자격과 소명을 갖춘 자들만이 집전해야 한다.

마 28:19; 고전 4:1.

제29장 침례(Baptism)

1. 침례는 신약성경의 의전이며 예수 그리스도께서 제정하신 것이다. 침례 받는 사람에게 이것은 그가 그리스도의 죽음과 부활에 참여한다는, 그리스도에게 접붙여진다는, 죄들을 용서받는다는, 예수 그리스도를 통하여 하나님께 자아를 내어놓고 새생명으로 살고 행한다는 것을 가리키는 징표이다.

　　롬 6:3-5; 골 2:12; 갈 3:27; 막 1:4; 행 22:16; 롬 6:4.

2. 하나님을 향한 회개, 주 예수 그리스도에 대한 믿음과 순종을 실제적으로 고백하는 사람들이, 이 성례전을 받을 합당한 유일한 자격자들이다.

　　막 16:16; 행 8:36-37, 2:41, 8:12, 18:8.

3. 이 성례전에서 사용되는 외적인 요소는 물이다. 성부·성자·성령의 이름으로, 물로, 침례를 받는다.

　　마 28:19-20; 행 8:38.

4. 침수 즉, 사람을 물 속에 담그는 방식만이 이 성례전을 적절하게 시행하는 것이다.

　　마 3:16; 요 3:23.

제30장 주의 만찬(The Lord's Supper)

1. 주 예수의 만찬은 주님께서 배반당하여 팔리시던 그날 밤에 직접 제정하신 의전이다. 이것은 세상이 끝날 때까지 자신의 교회에서 거행토록 하여 자신의 속죄의 죽으심을 지속적으로 기억케 하고 드러내도록 하신 것이다. 또한, 신자들에게 그리스도 자신의 죽음이 가져다주는 모든 은택들을 확립해 주기 위하여 제정하신 것이다. 즉, 신자들이 그리스도 안에서 영적인 양식을 공급받고 성숙하게 하는 것, 신자들이 그리스도에게서 비롯된 모든 의무들에 더욱 헌신적으로 뛰어들도록 하는 것, 신자들이 그리스도와 및 동료 신자들과 나누는 교제의 띠요 보증물이 되도록 하는 것이 그 목적이다.

고전 11:23-26; 고전 10:16-21.

2. 이 성례전에는 그리스도를 성부 하나님께 바치는 것도, (살아 있는 자들의 것이든 죽은 자들의 것이든) 죄를 용서받기 위한 어떠한 실제적인 희생이 존재하는 것도 아니다. 오직 그리스도가 십자가 위에서 영원히 단번에 직접 드린 그 희생을 기념할 뿐이다. 하지만 이 기념에는, 갈보리 십자가로 인하여 하나님께 가능한 모든 찬양으로 드리는 영적 봉헌이 수반된다. 그러므로 교황주의적 미사 희생제의는 가장 혐오스러운 것이며 그리스도께서 드린 희생을 손상시키는 것이다. 그리스도께서 드린 희생이 택자들의 모든 죄를 씻기 위한 유일한 속죄이다.

히 9:25-28; 고전 11:24; 마 26:26-27.

3. 주 예수 그리스도는 이 성례전에서, 자신의 사역자들이 기도하고 떡과 포도주라는 요소에 축복한 뒤에, 성찬 참여자들에게 그 떡을 떼어주고 그 잔을 나누어 참여하도록 정하셨다.

고전 11:23-26.

4. 참여자들에게 잔을 나눠주기를 거부하거나, 성찬의 요소들 즉, 떡과 포도주를 예배하고 찬양을 바칠 정도로까지 높이거나, 그럴듯한 종교적인 용도로 사용하기 위하여 보존하거나 하는 행위는 이 성례전의 본성과 그리스도의 제정하심에 전적으로 반하는 것이다.

마 26:26-28, 15:9; 출 20:4-5.

5. 이 성례전에서, 그리스도께서 정하신 대로 올바르게 나누고 사용된 외적 요소들은 비록 상징적인 방식에 의해서이지만 그 외적 요소들이 가리키는 실체 즉, 그리스도의 살과 피를 가리키는 명칭으로 사용될 정도로 십자가에 달리신 그리스도와 관련을 맺고 있다. 그러나 이 외적 요소들은 실질적으로는 여전히 성례전에서 사용되기 전과 마찬가지로 진정으로 떡과 포도주로 즉, 그 어떤 신령한 것으로 변화되지 않고 그대로 남아 있다.

고전 11:27; 고전 11:26-28.

6. 일반적으로 화체설이라고 알려진 교리 즉, 사제의 축성에 의해서 혹은 어떤 다른 방법에 의해서 떡과 포도주라는 실체가 그리스도의

살과 피라는 실체로 바뀌는 변화가 발생한다고 주장하는 가르침은, 성경뿐만 아니라 상식과 이성에도 맞지 않는다. 이것은 이 성례전의 본성을 뒤엎는 것이며, 수많은 미신과 조잡한 우상숭배를 낳을 뿐이다.

행 3:21; 눅 24:6, 39; 고전 11:24-25.

7. 합당하게 참여하는 자들은 이 성례전의 가시적인 요소들을 외적으로 받아들인다. 하지만 그 요소들을 육적으로만 받아들이는 것이 아니라 참된 믿음으로 즉, 내적이며 영적으로 받아들일 때 영적이고 실제적인 효력이 발생한다. 십자가에 달리신 그리스도와 그의 죽으심이 주는 모든 은택들을, 참된 믿음에 의해 섭취하게 되는 것이다. 그리스도의 살과 피는, 그 외적 요소들 속에 혹은 그것들과 나란히, 물질적으로 혹은 육적으로 존재해 있는 것이 아니다. 그 외적 요소들은 외적인 의미로 존재하고 있으면서, 이 성례전에 참여하는 사람들의 믿음에 대해 영적으로 존재한다.

고전 10:16, 11:23-26.

8. 무지하고 불경건하여 그리스도와 교제를 나누기에 적합하지 않은 모든 사람들도 마찬가지로 그리스도의 만찬에 참여할 자격이 없다. 따라서 무지와 불경건, 불신앙의 상태에 머물러 있는 동안에, 이 거룩한 신비에 즉, 성만찬에 참여하면 그리스도께 커다란 죄를 짓는 것이다. 실제로, 합당치 않게 참여하는 자들은 그리스도의 살과 피를 범하는 죄가 있으며 심판을 먹고 마시는 것이다.

고후 6:14-15; 고전 11:29; 마 7:6.

제31장 죽음 이후의 인간 상태와 부활
(Man's State After Death and the Resurrection)

1. 인간의 육신은 죽음 뒤에는 흙으로, 먼지로 화(化)하며 부패를 겪는다. 그러나 인간의 영혼은 죽지도 잠들지도 않으며, 소멸되지 않는 실체를 가지고 있다. 그래서 영혼은 즉시 주신 하나님께로 돌아간다. 의로운 자들의 영혼은 그때에 완벽하게 거룩한 존재가 되며, 낙원에 들어가 그리스도와 함께 거하며, 영광과 광채 속에서 하나님의 얼굴을 바라보면서 자신들의 육신이 완전히 구속받기를 기다린다.

사악한 자들의 영혼은 지옥에 던져진다. 그들은 지옥에서 고통과 어둠 속에서 마지막 심판을 받는 저 위대한 날이 오기를 기다린다. 이 두 장소 이외에, 육신으로부터 분리된 영혼들을 위한 다른 어떤 장소를 성경은 언급하지 않는다.

> 창 3:19; 행 13:36; 전 12:7; 눅 23:43; 고후 5:1, 6-8; 빌 1:23; 히 12:23; 유 6-7; 벧전 3:19; 눅 16:23-24.

2. 종말의 날이 닥치면, 그때까지 살아있는 성도들은 잠들지 않고 변화될 것이다. 그리고 모든 죽은 자들은 바로 그들 자신의 육신으로, 하지만 변화된 특성을 가지고 부활하게 된다. 그리하여 이 육신들은 자신들의 영혼과 영원토록 결합한다.

> 고전 15:51-52; 살전 4:17; 욥 19:26-27; 고전 15:42-43.

3. 불의한 자들의 육신은 그리스도의 능력에 의해, 수치의 부활을 하

게 된다. 의로운 자들의 육신은 성령에 의하여 존귀한 부활을 하게 되며, 자신의 영광스러운 몸에 일치하게 된다.

행 24:15; 요 5:28-29; 빌 3:21.

제32장 최후 심판(The Last Judgement)

1. 하나님은 예수 그리스도에 의하여 즉, 성부 하나님으로부터 모든 권세와 심판권을 부여받은 예수 그리스도에 의하여 세상을 의로 심판하실 한 날을 정하셨다. 이 날에는 배교한 천사들뿐만 아니라, 지상 위에서 살았던 모든 사람들이 심판받는다. 그들은 그리스도의 보좌 앞으로 나와서 생각과 말과 행실에 대하여 보고하고, 육신에 거하면서 행한 대로 선악 간에 판단 받을 것이다.

행 17:31; 요 5:22, 27; 고전 6:3; 유 6; 고후 5:10; 전 12:14; 마 12:36; 롬 14:10-12; 마 25:32-46.

2. 하나님이 이 날을 정하신 목적은, 택함 받은 자들의 영원한 구원에서 자신의 자비의 영광됨을 드러내기 위한 것이며 그리고 유기된 자들 즉, 사악하고 불순종하는 자들의 영원한 저주에서 자신의 정의로움을 드러내기 위한 것이다. 그때에 의로운 자들은 복된 영생에 들어가 주님이 계신 그곳에서 충만한 기쁨과 영광을 영원한 상급과 함께 받게 될 것이다. 그러나 사악한 자들 즉, 하나님을 알지 못하고 예수 그리스도의 복음에 순종하지 않은 자들은 영원한 고통 속에 던져지

고, 우리 주님의 임재로부터 그리고 주의 권세의 영광으로부터 나오는 영원한 파멸로 처벌받게 될 것이다.

롬 9:22-23; 마 25:21, 34; 딤후 4:8; 마 25:46; 막 9:48; 살후 1:7-10.

3. 모든 사람으로 하여금 죄를 단념하게 하고, 경건한 자들이 그 역경 중에 보다 큰 위안을 얻도록 하기 위해 심판의 날이 올 것이라는 명확한 확신을 그리스도께서 우리에게 주셨다. 하지만 사람들에게 그 정확한 날짜를 알려주지 않으신다. 이것은 사람들이 모든 육적 보증을 갖지 못하도록 하고, 주님이 오실 그 시간을 알지 못하기 때문에 언제나 경성하도록 하기 위한 것이다. 오호라, 사람들이 "주 예수여! 속히 오소서!"라고 말하도록 하기 위한 것이다. 아멘.

고후 5:10-11; 살후 1:5-7; 막 13:35-37; 눅 12:35-40; 계 22:20.